研究生教育管理系列专著

王战军 总主编

研究生教育
资源配置理论与模型

Theory and Model of
Resource Allocation in Graduate Education

李 侃　屈少杰◎著

国家自然科学基金重点项目"'互联网+'时代研究生教育管理变革与创新研究"成果

科学出版社

北 京

内 容 简 介

本书是一部探索研究生教育资源配置理论与模型研究的学术专著,其动机源自对于高等教育的责任与使命的思考,域变换理论是本学术专著的核心理论框架。本书共八章,融合古代先贤的思想精华,汇聚跨学科智慧,提出了研究生教育资源配置的域变换理论,分析了影响资源配置的多种因素和模式,构建了资源配置模型和评价指标体系,并通过实证研究为理论提供了实际验证。本书通过研究研究生教育资源配置模式,为我国高等教育事业的发展贡献一份微薄之力。

本书史料翔实,内容丰富,可以作为国内外学位与研究生教育领域和教育科学领域研究人员的研究参考,也可作为研究生教学用书,同时,供广大研究生教育管理干部阅读参考。

图书在版编目(CIP)数据

研究生教育资源配置理论与模型 / 李侃,屈少杰著. —北京:科学出版社,2024.7

(研究生教育管理系列专著 / 王战军总主编)

ISBN 978-7-03-077030-1

Ⅰ. ①研… Ⅱ. ①李… ②屈… Ⅲ. ①研究生教育—教育资源—资源配置—研究—中国 Ⅳ. ①G643

中国国家版本馆 CIP 数据核字(2023)第 220819 号

责任编辑:王丹妮 / 责任校对:张亚丹
责任印制:张 伟 / 封面设计:有道设计

科学出版社 出版

北京东黄城根北街 16 号
邮政编码:100717
http://www.sciencep.com

北京九州迅驰传媒文化有限公司印刷
科学出版社发行 各地新华书店经销

*

2024 年 7 月第 一 版 开本:720×1000 1/16
2024 年 11 月第二次印刷 印张:12
字数:240 000

定价:136.00 元

(如有印装质量问题,我社负责调换)

Abstract

This book is an academic monograph exploring the theory and model research of graduate education resource allocation, motivated by the reflection on the responsibility and mission of higher education. Domain transformation theory is the core theoretical framework of this academic monograph. This book is composed of eight chapters. It integrates the essence of ancient sages and gathers interdisciplinary wisdom. It puts forward the domain transformation theory of graduate education resource allocation, analyzes various factors and modes that affect resource allocation, builds a resource allocation model and evaluation system, and provides practical verification for the theory through empirical research. This book contributes to the development of higher education in China by studying the allocation model of graduate education resources.

This book is full of historical data and rich in content, which can be used as a research reference for researchers in the field of degree and graduate education and educational science at home and abroad, as well as a teaching book for graduate students, and at the same time, as a reference for the majority of graduate education management cadres.

"研究生教育管理系列专著"编委会

"研究生教育管理系列专著"序

管理科学是数学、社会科学与经济学等学科相互渗透并在它们的边缘上发展起来的新学科，它既有理工学科的属性，也有社会学科的属性。管理作为一门正在蓬勃发展的学科，为各行各业带来了生机和推动力。从中华人民共和国成立伊始的百废待兴，到研究生规模位居世界前列，我国研究生教育走过了从小到大、从弱到强的不平凡历程，造就了一大批具有国际水平的战略科技人才、科技领军人才、青年科技人才和高层次人才，为实施创新驱动发展战略和建设世界重要人才中心与创新高地奠定了重要基石。

截至 2022 年，我国研究生教育在学规模已经达到 365 万多人，研究生培养单位达到 820 余个，学位授权点超过 10 000 个，成为名副其实的世界研究生教育大国。庞大的研究生教育体系，复杂的多层级、多部门、多样化管理需要现代管理科学的指导，还需要数字化、智能化信息技术的支撑。

随着我国实施学位制度、研究生教育规模逐渐扩大，研究生教育管理越来越成为管理科学研究的一个重要领域，研究生教育管理实践问题也越来越突出。例如，我国博士学位授权布局调整如何满足社会发展和人的发展需求？如何构建国家研究生教育管理组织机构体系？如何优化配置博士生招生指标？如何做好研究生教育发展预测与规划？如何重塑学位与研究生教育评估体系？等等。尤其是进入"互联网+"时代之后，不断更新迭代的信息技术驱动着研究生教育管理从经验驱动的传统决策模式，向数据驱动的科学决策模式转型，并塑造"互联网+"时代以人际互动、资源共享、知识跨界为特征的研究生教育管理的新形态。

我本人和团队长期关注、研究"学位与研究生教育管理与变革"，积累了系列研究成果，在此基础上申请了国家自然科学基金重点项目，获得国家自然科学基金委员会管理学部批准立项，项目名称为"'互联网+'时代研究生教育管理变革与创新研究"（项目编号：71834001）。

这个重点项目开展研究五年来，在"互联网+""大数据""人工智能"等新理论、新技术的驱动下，项目组组织了北京理工大学、清华大学、教育部学位与研究生教育发展中心、剑桥大学、加利福尼亚大学等高校和机构的教育学、管理学、计算机科学方向的国内外专家学者，针对研究生教育管理中存在的资源分配经验导向"一阵风"、绩效评价结果导向"一把尺"、调整方式行政导向"一刀切"等突出问题,聚焦"互联网+"时代"人-物-知识"融合的研究生教育资源形态、学校形态变革,研究生教育的课程、教学和评价等方式变革,以及研究生教育的管理创新等问题。通过创新研究生教育管理理论体系,建立数据驱动的研究生教育管理科学范式;基于研究生教育大数据,提出研究生教育资源配置的常态监测技术和动态调整方法,建立"能进能出""能增能减""能上能下"的资源配置与评价的科学模式;建立融合多源异构海量数据的研究生管理决策大数据分析平台,为我国"双一流"建设、研究生教育管理组织变革、博士学位授权审核、研究生教育发展预测与规划、研究生教育知识管理等管理问题提供理论依据、决策模式、评估范式。前期研究已经在《高等教育研究》《中国高等教育》《中国高教研究》《清华大学教育研究》《学位与研究生教育》等重要期刊上发表了 80 多篇高水平学术论文,其中 7 篇被《新华文摘》全文转载和摘编,申请国家发明专利 2 项,提交研究和政策咨询报告 8 份,其中一份得到了中央主要领导批示,研制的"'双一流'建设监测指标体系"被教育部采纳,等等。

在此基础上,围绕"研究生教育管理",我组织项目组成员撰写"研究生教育管理系列专著"。系列专著聚焦"互联网+"的时代背景,突出数智赋能研究生教育管理,以管理科学、教育科学、信息科学为理论基础,撰写了《变革与创新:数智时代研究生教育管理》《研究生教育大数据采集与处理》《研究生教育资源配置理论与模型》《数智时代研究生教育发展预测》《数智时代学科监测评估理论与方法》等五部专著。

本系列专著的撰写是开创性的,填补了管理科学研究领域的空白,也是研究生教育管理学的第一套系列专著。因此,在撰写过程中,没有可借鉴的经验,在一大批跨学科领域专家指导下,项目组成员潜心研究、反复研讨,有时候争论得面红耳赤,不同学科知识碰撞,产生了一系列火花。感谢中国学位与研究生教育学会会长杨卫院士,教育部原副部长赵沁平院士,四川大学原校长谢和平院士,中国高等教育学会原会长瞿振元教授,西北工业大学原党委书记张炜研究员,清华大学长江学者石中英教授,中国人民大学长江学者周光礼教授,北京师范大学长江学者刘宝存教授、周海涛教授,中国学位与研究生教育学会张淑林副会长、丁雪梅副会长,北京大学陈洪捷教授,中国教育科学研究院原副院长马陆亭研究员,北京外国语大学秦惠民教授,中国高等教育学会原副秘书长王小梅研究员,特别感谢境外的英国巴斯大学的 Catherine Montgomery 教授、英国剑桥大学的 Susan Robertson 教授、加拿大西安大略大学的李军教授、美国加利福尼亚大学的常桐善教授等专家学者的指导,还要感谢国务院学位委员会办公室的有关领导,感谢国家自然科学基金委员会管理学部的资助、指导,感谢科学出版社经管分社社长马跃先生,他从策划到撰写、出版全程给予指导、帮助，感谢项目组全体成员，是你们的付出成就了这套系列专著，开创了管理科学研究的新领域，开创了研究生教育学的新领域。我要感谢的人太多了，一定是挂一漏万，希望得到你们和读者的批评指正。

期待这套系列专著能丰富我国管理科学理论，丰富研究生教育学理论，为我国建设研究生教育强国，支撑世界重要人才中心和创新高地做出贡献。

2023 年夏

Preface

Management science is a new discipline which grows through the interaction of mathematics, social science and economics. Therefore, it is of both science & technology attributes and social science attributes. As a booming discipline, management science has brought vitality and impetus to all walks of life. China graduate education started from scratch at the founding of the People's Republic of China, and now the student number ranked among the top in the world. It has gone through an extraordinary course from the small to the large, from the weak to the strong, and has produced a large number of strategic scientific and technological talents with international standards, scientific and technological leaders, young scientific and technological talents and high-level talents. It has laid an important cornerstone for implementing the strategy of innovation-driven development and building an important talent center and innovation highland in the world.

By 2022, China's graduate education has reached more than 3.65 million students. There are more than 820 graduate training institutes, and more than 10,000 degree awarding disciplines, which makes China a veritable major graduate education power in the world. The huge graduate education system, complex multi-level, multi-department, diversified management needs not only the guidance of modern management science, but also the support of digital and intelligent information technology.

With the implementation of the degree system in China, the scale of graduate education has gradually expanded, and it has become an important field of management science research. The practical issues of graduate education management are becoming more and more prominent. For example, how to adjust China's doctoral degree awarding institutes and disciplines layout to meet the needs of social development and human development? How to construct the national graduate education management organization system? How to optimize the allocation of doctoral enrollment? How to forecast and plan the development of postgraduate education? How to reshape the degree and graduate education evaluation system? And so forth. In particular, entering the "Internet +" era, the constantly updated and iterative information technology drives the transformation of graduate education management from the traditional decision mode-driven by experience, to the data-driven scientific decision mode, and meanwhile shapes the new form of graduate education management characterized by interpersonal interaction, resource sharing and cross-border knowledge.

My team and I have paid attention to and studied "Degree and Graduate Education Management and Transformation" for a long time, and accumulated a series of research results. On this basis, I applied for a key project of National Natural Science Foundation of China, and "Research on Graduate Education Management Transformation and Innovation in the 'Internet +' Era" (No.71834001) was approved by the Department of Management of the National Natural Science Foundation of China.

In the past five years, with new theories and technologies such as "Internet +", "big data" and "artificial intelligence", my team has organized experts and scholars of education, management and computer sciences from universities and institutions such as Beijing Institute of Technology, Tsinghua University, China Academic Degrees and Graduate Education Development Center, University of Cambridge and University of California. In view of the outstanding problems existing in the management of graduate education, such as the experience-based resource allocation, the result-based performance evaluation, and the administration-based adjustment mode, my team focuses on the graduate education resource form of "people-property-knowledge", university form transformation, the curriculum, teaching and evaluation transformation of graduate education, the management innovation of graduate education and so on in the era of "Internet+". By innovating graduate education management theory system, establishing data-driven graduate education management science paradigm, putting forward the normal monitoring technology and dynamic adjustment method of graduate education resource allocation based on the big data of graduate education, establishing the scientific model of resource allocation and evaluation in terms of "either enter or leave", "either increase or decrease", "either add or cancel", establishing a big data analysis platform for graduate management decision-making that integrates multi-source heterogeneous mass data, my team aims to provide theoretical basis, decision-making model and evaluation paradigm for China "double first-class" construction, graduate education management organization reform, doctoral degree awarding assessment, graduate education development prediction and planning, graduate education knowledge management and other management issues. The preliminary research has published more than 80 academic papers in important journals such as *Journal of Higher Education, China Higher Education, China Higher Education Research, Tsinghua Journal of Education, Academic Degrees & Graduate Education*, among which 7 papers have been reprinted and edited in full by *Xinhua Digest*, 2 national invention patents have been applied for, and 8 research and policy advisory reports have been submitted, one of which has been instructed by the central leadership, and "The 'Double First-Class' Construction Monitoring Indicator System" has been adopted by the Ministry of Education, and so on.

On this basis, focusing on "Graduate Education Management", I organized project members to write a series of monographs on graduate education management. These monographs focus on the "Internet +" era, highlight the education management of graduate students empowered by digital intelligence, and based on the theories of management science, education science and information science. We composed *Transformation and Innovation: Graduate Education Management in the Digital Intelligence Era, Big Data Acquisition and Processing in Graduate Education, Theory and Model of Resource Allocation in Graduate Education, Prediction of Graduate Education Development in the Digital Intelligence Era, The Theory and Method of Discipline Monitoring Evaluation in the Digital Intelligence Era* and other monographs.

The series of monographs is pioneering, filling the gap in the field of management science research, and is also the first series of monographs in graduate education management. Therefore, in the process of writing, there was no experience for reference. Under the guidance of many interdisciplinary experts, my team members devoted themselves to research and repeated discussions, and sometimes argued red-faced, and capitalized on the knowledge of different disciplines, generating a series of sparks. I am particularly grateful to Yang Wei, president of Association of Chinese Graduate Education and a member of the Chinese Academy of Sciences, Zhao Qinping, former Vice Minister of the Ministry of Education of the People's Republic of China and a member of the Chinese Academy of Engineering, Xie Heping, former president of Sichuan University and a member of the Chinese Academy of Engineering, Professor Qu Zhenyuan, former president of the China Association of Higher Education, Researcher Zhang Wei, former Party secretary of Northwestern Polytechnical University, Professor Shi Zhongying, a Changjiang Scholar at Tsinghua University, Professor Zhou Guangli, a Changjiang Scholar at Renmin University of China, Professor Liu Baocun, a Changjiang Scholar at Beijing Normal University, and Professor Zhou Haitao, vice president Zhang Shulin and vice president Ding Xuemei of

Association of Chinese Graduate Education, Professor Chen Hongjie of Peking University, Researcher Ma Luting, former vice president of China National Academy of Educational Sciences, Professor Qin Huimin of Beijing Foreign Studies University, and former deputy secretary general of the China Association of Higher Education, Wang Xiaomei. I also want to extend thanks to Professor Catherine Montgomery from the University of Bath, Professor Susan Robertson from the University of Cambridge, Professor Li Jun from the University of Western Ontario, Professor Chang Tongshan from the University of California and other experts and scholars abroad for their guidance. I would also like to thank the relevant leadership of the Office of Academic Degrees Committee of the State Council, the funding and guidance of the Department of Management of the National Natural Science Foundation of China, President Ma Yue of the sub-branch of Science Press for his guidance and help from planning to writing and publishing, and all the project team members, who have made this series of monographs a success and created a new field of management science research. It has created a new field of graduate education. There are so many people to thank that I may be missing some, and I hope to get readers' feedback or suggestions.

It is expected that this series of monographs can enrich China's Management Science Theory, enrich the Graduate Pedagogy Theory, and contribute to China's construction of a graduate education power, supporting the world's important talent center and innovation highland.

Summer 2023

前　言

　　当代社会高等教育发展水平是一个国家发展水平和发展潜力的重要标志，而研究生教育则被认为是培养创新型人才、推动科学研究和社会进步的重要途径。然而，随着社会的不断变革和发展，研究生教育资源的配置也面临着诸多新的挑战和问题。资源分配的不合理和不充分，可能影响到研究生的培养质量和创新能力的培养。为了深入探讨研究生教育资源配置的问题，本学术专著旨在提出域变换理论，分析研究生教育资源配置的影响因素和模式，构建资源配置模型和评价指标体系，并进行实证研究，为研究生教育资源的合理配置提供理论和实践的指导。

　　古有文："修身齐家治国平天下。"这句古训传承了教育的多重任务，从个体的修身养性到社会的和谐稳定，都需要通过教育来实现。同样地，研究生教育资源的配置也不仅仅是为了单一的目标，而是要在培养创新人才的同时，兼顾知识传承、社会需求和国家战略。在这个意义上，本学术专著的研究正是在借鉴古代智慧的基础上，探寻研究生教育资源配置的新途径和新模式。中国哲学史中曾有"天人合一"的思想，强调天地与人之间的和谐关系，提倡人与自然相互融合，正如域变换理论中不同领域之间的有机连接和转化，以实现资源的协同发展。《周易·系辞下》中有言"穷则变，变则通，通则久"，讲述变化之道，强调变通和适应环境的能力，这与域变换理论中的"变换"思想一致，强调资源配置应根据情境和需求灵活变化。墨家提出的"兼爱非攻"思想提倡兼顾多方利益，避免冲突，而域变换理论也关注不同领域之间的平衡和协调，以实现资源配置的多赢。

　　域变换理论的意义在于，它提供了一种全局性的思考方式，帮助我们更好地理解研究生教育资源的本质和特点。不同领域的知识和技能之间存在着复杂的联系和互动，我们需要在资源配置中实现这些领域的有机融合，以培养具有跨学科素养和创新思维的研究生人才。域变换理论的提出，正是在古代智慧的启发下，为研究生教育资源的合理配置提供了新的视角和方法。

　　在学术研究中，理论的探讨和方法的选择同样重要。本学术专著将结合实际情况，运用定量和定性的研究方法，深入剖析影响研究生教育资源配置的关键因素和模式。通过对不同学科领域、不同层次的资源配置进行实证研究，我们可以更准确地把握资源配置的实际情况和变化趋势，为决策者提供科学的依据和参考。

实证研究的意义在于，它可以将理论与实践相结合，为研究生教育资源配置的改进和优化提供具体的方案和建议。通过深入的数据分析和案例研究，我们可以识别出资源配置中的问题和不足之处，找到改进的切入点和路径。在这个过程中，我们也可以借鉴古代智慧，将经验和教训运用到实际问题的解决中，为研究生教育资源的配置贡献一份力量。

在这个信息爆炸的时代，研究生教育资源的合理配置成为一个迫切需要解决的问题。本学术专著旨在借鉴古代智慧，提出域变换理论，深入分析资源配置的影响因素和模式，构建资源配置模型和评价指标体系，并进行实证研究，为研究生教育资源的优化提供理论和实践的支持。我们希望通过这个研究，能够为研究生的培养提供更有针对性和创新性的资源配置方案，为我国高等教育事业的发展贡献一份微薄之力。

Foreword

The development of higher education in contemporary society has become a significant indicator of a nation's level of development and development potential.Graduate education is considered a crucial pathway for nurturing innovative talents, advancing scientific research, and driving social progress. However, with the continuous changes and developments in society, the allocation of resources for graduate education faces numerous new challenges and issues. Unreasonable and insufficient resource allocation could potentially impact the quality of graduate training and the cultivation of innovation capabilities. In order to delve into the issue of resource allocation in graduate education, this academic monograph aims to introduce the theory of domain transformation, analyze the factors and patterns influencing the allocation of resources for graduate education, construct resource allocation models and evaluation systems, and conduct empirical research to provide theoretical and practical guidance for the rational allocation of graduate education resources.

Ancient literature: "Cultivate themselves, regulate their families, govern their states, and pacify the world." This ancient wisdom emphasizes the multifaceted tasks of education, spanning from personal character development to societal harmony and stability, all of which are achieved through education. Similarly, the allocation of resources in graduate education is not solely directed at a singular goal; it must simultaneously address knowledge transmission, societal demands, and national strategies while cultivating innovative talents. In this sense, the research presented in this academic monograph draws inspiration from ancient wisdom to explore new approaches and models for allocating resources in graduate education. Just as the Chinese philosophy advocates the harmony between heaven and humanity, encouraging the integration of humans and nature, the theory of domain transformation highlights the organic connections and transformations between different domains to achieve coordinated resource development. Similarly, the concept of change from the section "*Xici Xia*" of *The Book of Changes*, emphasizing "When one is impoverished, there is transformation; when there is transformation, there is communication; when there is communication, there is endurance." aligns with the "transformation" ideas of the domain transformation theory, emphasizing flexible adjustments based on contexts and needs.

The principle of "universal love and non-aggression" from the Mohist philosophy promotes the consideration of multiple interests to avoid conflicts. Likewise, the domain transformation theory focuses on balance and coordination between different domains to achieve a win-win situation in resource allocation.

The significance of the domain transformation theory lies in its provision of a holistic thinking approach, aiding us in better understanding the essence and characteristics of resources in graduate education. Complex connections and interactions exist among knowledge and skills from different fields, and we need to achieve an organic integration of these domains in resource allocation to cultivate interdisciplinary competence and innovative thinking in graduate students. The introduction of the domain transformation theory offers a new perspective and method for the rational allocation of resources in graduate education, building upon ancient wisdom.

In academic research, the exploration of theory and the selection of methods are equally crucial. This academic monograph combines practical circumstances with both quantitative and qualitative research methods to thoroughly analyze the key factors and patterns affecting the allocation of resources in graduate education. Through empirical research on resource allocation in various disciplinary fields and at different levels, we can gain a more accurate understanding of the actual situation and trends in resource allocation, providing decision-makers with scientific grounds and references.

The significance of empirical research lies in its ability to integrate theory and practice, providing specific solutions and recommendations for the improvement and optimization of resource allocation in graduate education. Through in-depth data analysis and case studies, we can identify problems and shortcomings in resource allocation, finding entry points and paths for improvement. In this process, we can also draw upon ancient wisdom, applying lessons and experiences to the practical resolution of issues, contributing our efforts to the allocation of resources in graduate education.

In this age of information explosion, the rational allocation of resources in graduate education has become an urgent matter. This academic monograph seeks to draw inspiration from ancient wisdom, introduce the theory of domain transformation, deeply analyze the factors and patterns influencing resource allocation, construct resource allocation models and evaluation systems, and conduct empirical research to offer theoretical and practical support for optimizing graduate education resources. Through this research, we hope to provide more targeted and innovative resource allocation strategies for graduate education, making a modest contribution to the development of higher education in our country.

目　　录

Contents

第1章 绪　　论

研究生教育是我国高层次人才培养的重要途径和国家创新体系重要组成部分，承担着培养拔尖人才的重要使命。坚持教育创新，深化教育改革，合理配置教育资源，对于提高研究生教育质量和管理水平具有重要的意义。李克强在第十二届全国人民代表大会第三次会议上所作的《政府工作报告》提出，"制定'互联网＋'行动计划"[①]，让各行各业与互联网深入融合。"互联网＋"教育是将新一代信息技术与教育融合发展，实现教育的数字转型，引领教育服务创新方向，探索教育数字化转型新路径，从而提升教育质量和教育治理水平。怀进鹏部长在2023年世界数字教育大会上指出，"数字化转型是世界范围内教育转型的重要载体和方向"[②]。应充分利用数字技术的互联互通、即时高效、动态共享特征，提升研究生教育管理水平，合理进行研究生教育资源配置。

1.1　研究生教育资源配置的内涵

1.1.1　资源

资源是一国或一定地区内拥有的物力、财力、人力等各种物质的总称。管理学中的资源是指能够为组织提供生命动力的元素，也称为管理要素，包括人力、物力、财力、时间和信息。从资源属性的角度，资源可以分为自然资源和社会资源。自然资源是指人类可以利用的自然形成的物质与能源。社会资源是指在一定时空条件下，人类通过自身劳动，在开发利用资源过程中所提供的物质和精神财富，包括人力资源、智力资源、信息资源、技术资源和管理资源等。

1.1.2　研究生教育资源

著名教育经济家王善迈认为教育资源是"教育领域通过社会总资源配置所取

---

① 政府工作报告（全文）. https://www.gov.cn/govweb/guowuyuan/2015-03/16/content_2835101.htm[2023-10-24].
② 数字变革与教育未来——在世界数字教育大会上的主旨演讲. http://www.moe.gov.cn/jyb_xwfb/moe_176/202302/t20230213_1044377.html[2023-10-24].

得的所有人力资源、物力资源和财力资源的总和"①，即教育资源是指投入到教育领域内人力、物力和财力构成的资本总和，其概念带有明显的经济学特征。随着相关学者对这一领域的逐步深入研究，以及研究领域的扩展，教育资源也被赋予了更加广泛的定义。有学者认为教育是一种复杂的社会现象，对其研究应放在更广泛的社会背景下进行，提出教育资源是维持、组成、参与并服务于教育系统的一切资源，包括人力资源、物力资源、财力资源、时空资源、信息资源、文化资源、权力资源、制度资源、政策资源、关系资源等，这些构成了一个完整的教育资源系统②。

关于研究生教育资源的概念，目前国内学术界尚未有统一的界定。但研究生教育资源隶属于高等教育资源的范畴，因此可参考高等教育资源的定义。蒋南平和陈瑾将高等教育资源定义为一种综合性资源，这种资源能对培养高层次人才、促进高等事业发展和高等教育机制正常运行起重要作用，并将这种资源划分为人才资源、财力资源、物力资源、时间资源、空间资源、管理资源、科技资源、信息资源等八种资源③。教育资源的投入是教育过程的开始，英国教育经济学家约翰·希恩曾指出"教育部门，同其他经济部门一样，要使用一部分宝贵资源"。基于此，彭安臣认为教育是从投入资源、利用资源到人才产生的生产过程，而投入到高校，用于研究生教育的人力、物力和财力的总和为高校研究生教育投入，即研究生教育资源④。彭莉君认为研究生教育资源是高校在实施研究生教育、培养研究生的过程中，所需的一切资源的综合，并将其划分为人力资源、财政资源、物质资源、政策资源等四个方面⑤。可以看出，不同学者对教育资源、高校教育资源、研究生教育资源的界定都包含了人力资源、物力资源、财力资源等多方面的内容。研究生教育资源可以理解为研究生培养过程中所需要的，与研究生培养相关的政府、企业、高校、社会等各利益主体投入研究生教育领域，能够促进研究生教育发展的所有教育资源。从研究生教育资源的来源来看，研究生教育资源可以分为外部研究生教育资源和内部研究生教育资源。内部研究生教育资源是指高校或研究机构为了更好地实现研究生教育而在内部产生的资源，如教学设施、各类电化教室、教学软件、大型开放式网络课堂（massive open online courses，MOOC）、图书与文献等、科研与教学实验室、实验中心、实训与实习基地、体育运动场（馆）、网络资源（网络中心、网络设施、宽带、机房、软件开发）、生活资源（食堂、公寓、宿舍、医疗）等各种设施设备资源，以及教育知识、经验、技能、费用、制

① 王善迈. 教育经济学简明教程. 北京：高等教育出版社，2000：122.
② 许丽英. 教育资源配置理论研究——缩小教育差距的政策转向. 长春：东北师范大学，2007.
③ 蒋南平，陈瑾. 论市场经济条件下高等教育资源合理配置问题. 高等教育研究，1999，15（4）：26-30.
④ 彭安臣. 高校研究生教育资源配置效率的实证分析. 武汉：华中科技大学，2006.
⑤ 彭莉君. 我国高校研究生教育资源配置现状研究. 合肥：中国科学技术大学，2012.

度、品牌、理念和教育领域内外人际关系等。外部教育资源指高校或研究机构因研究生教育而获得、授予或拨付的教育资源，如研究生招生人数、拨付的教育经费、学位授予权等。但在本书中，研究生教育资源配置所重点关注的资源是与人力、物力以及财力资源等相关的外部教育资源。

1.1.3　研究生教育资源配置

1. 资源配置

资源配置是指对相对稀缺的资源在各种不同用途上加以比较做出的选择。对于经济主体而言，资源配置是指经济主体（主要是指企业、家庭和政府等）为了生产、交换或服务而发生的各种资源的组合和结合。例如，生产型企业为了完成一定数量的某型号产品需要配置什么样的生产资料进行生产；城市家庭所拥有的可支配收入如何分配其家庭消费、教育支出、家庭投资等各项支出；政府的财政收入如何配置从而进行合理的行政开支、基础设施建设、教育文化投入等不同的具体业务。在更大范畴上，资源配置主要是指在各种经济主体行为的基础上所形成的各种资源在各地区、各部门以及各种社会主体之间的分布状况。例如，根据我国东部、中部和西部地区经济发展水平的差异，从而配置不同的资源。资源的最优配置是将资源用于生产消费者最需要的产品组合上，同时把资源分配给生产效率最高的使用者，以有限的资源生产出更多的符合社会需要的产品。

2. 教育资源配置

教育资源配置就是各种教育资源，包括人力、物力、财力、知识、信息、制度、文化、关系等，在各种不同的使用方向之间的分配。刘晖将高等教育资源的配置分为了两个层次：宏观层次方面，在国家的宏观调控与市场的基础作用下如何有效地将总体教育资源分配于不同的地区或高校，使教育资源流向最适宜的、可能取得最大效益的地方；微观层次方面，在高教资源分配既定的条件下，一个地区或高校如何组织并利用这些资源，使对资源合理而充分的利用发挥出最大的效益[①]。曹春霞对研究生教育资源配置的定义如下：研究生教育资源配置是指将可用于研究生教育的经费、师资、平台等资源在不同方面、不同地区、不同高校，以及高校内部不同领域、不同学科之间进行分配以发挥投入资源的最大效益，并取得研究生教育产出的最大化[②]。虽然不同的学者给出了不同的定义，但是我们可以看到，相对于高等教育资源配置主体，即利益主体，如政府、高校、企业、家

---

① 刘晖. 论高等教育资源的合理配置. 教育研究, 1994,（12）：39-42.
② 曹春霞. 创新强省视野下浙江高校研究生教育资源配置研究. 杭州：浙江工业大学, 2012.

庭等而言，不同的教育资源均是配置客体，高等教育资源配置主要是一组与教育资源分享有关的利益主体的相互关系的规则。结合本书对研究生教育资源的阐述，研究生教育资源配置是指资源配置主体对研究生教育事业投入的内部教育资源及外部教育资源在不同使用方向上的分配，以期满足社会、经济发展的需求，达到整体收益最大化。

3. "互联网+"时代研究生教育资源配置

"互联网+"是将互联网的创新成果与经济社会各领域深度融合，形成更广泛的以互联网为基础设施和创新要素的经济社会发展新形态①。"互联网+"时代的到来给传统的教育资源配置模式注入了新的活力，互联网作为促进教育资源合理配置的重要载体，其信息的开放共享性、传递的高效性、强大的存储性、丰富的交互性为资源的获得与分配提供了便利。

"互联网+"时代研究生教育资源配置是运用互联网平台和技术，将互联网和教育进行深度融合，发挥互联网在教育资源配置中的优化与传播作用，高校或研究机构合理配置研究生教育资源，提升研究生教育质量和发展速度，形成更广泛的以互联网为基础设施和创新要素的教育发展新形态。研究生教育是国家教育体系的最高层次，作为培养高层次人才和释放人才红利的主要途径，提升人才培养质量，既是国家所需，也是时代所需。研究生教育资源是决定研究生培养质量的核心保证，但资源是稀缺的，研究生教育在教育资源有限的情况下，合理进行资源配置，能够更好地提高资源利用的效率，提高科研产出，对学科建设和国家科研的发展具有重要意义。研究生教育资源的合理配置是全面提升我国教育质量和管理水平、促进区域产业结构发展与升级、提升国家文化软实力的重要保障。

1.2 国内外研究生教育资源配置的发展概述

1.2.1 国外研究生教育资源配置的发展概述

西方教育资源配置研究属于教育经济学范畴，其中，具有代表性的教育经济学理论有马克思的劳动价值论和舒尔茨（Schultz）的人力资本理论。西方教育资源优化配置研究主要分为两方面：一方面注重于教育自身的经济效益，即如何优化教育资源配置，将稀缺教育资源可用效率发挥到最大化；另一方面主要探讨教育与社会、经济之间的相互关系，即在一个既定的经济条件下，对教育需求总量

① 中华人民共和国中央人民政府.国务院关于积极推进"互联网+"行动的指导意见. https://www.gov.cn/zhengce/zhengceku/2015-07/04/content_10002.htm[2018-08-16].

的研究，以及教育资源在推动社会发展中起到的作用。20 世纪 80 年代之前，准确来说，从第二次世界大战后到 20 世纪 80 年代以前，西方经济从国家宏观调控下的市场经济转变为更为自由的市场经济模式。当时，国外的研究内容主要从以下几个维度展开：①利用投资收益理论对资源配置的有效性进行研究；②从人力资本和劳动力维度对高校的资源配置及产出状况进行分析。20 世纪 80 年代后，专家对高校相关的资源配置的影响因素的探索逐渐增多。同时，由于苏联、东欧等国家的转型，计划经济体系发生改变，导致当时对教育资源配置的研究的关注点也发生了变化，专家开始分析各个影响因素对高校资源配置以及产出的影响。但是因为国情的不同，发达国家的经济制度以市场经济体制为主，因此市场机制在国外研究生教育资源配置中的作用更加重要。

西方国家对于研究生教育资源配置的研究内容主要包括：关于高等教育资源配置效率的理论研究；关于高等教育资源配置效率的测度研究和影响高等教育资源配置效率的因素研究。

理论研究是资源配置的基础。人力资本理论是将人力资本作为生产要素。与物质资本不同，人力资本以人为主体，即对生产者进行教育培训时的支出和生产者在接受教育时的机会成本的总量，表现为一个人的生产知识、技能和素质的存量总和。舒尔茨指出，国民经济收入中，人力资本的贡献度远高于物质资本，尤其在教育领域中。Sandra Fisher（桑德拉·菲舍尔）认为一味地追求配置效率的最优化组合会对教育投入产生不利的影响，教育公平才是高校资源配置的先行条件[①]。20 世纪的欧洲就存在一所或几所院校处于教育体系的顶端，而其余院校处于下层的现象，这种现象加大了各个院校间的差距，导致各地区、院校间的资源配置不均衡问题加剧[②]。效率与公平相伴而生且两者又存在矛盾。如果只为了提高办学质量而对教育资源分配进行有重点、有方向的分配，教育公平就会受到威胁，但如果平均分配教育资源，教学质量和效率便会随之下降。为了探索出一个相对平衡的投入比例，Baker 等构建了高等教育资源配置公平理论体系，将教学水平、教育经费、办学质量等因素归纳在高等教育配置公平理论体系中[③]，为高等教育资源配置的边界研究提供了新思路。

资源配置过程中需要对资源配置的效率进行测度，使用较广泛的测度分析方法为数据包络分析法（data envelopment analysis，DEA），它是研究经济生产边界的一种方法，通常被用来测量生产效率。该方法可以有效找出统计意义上的效率

① Fisher S. Does the "Celtic Tiger" society need to debate the role of higher education and the public good？. International Journal of Lifelong Education，2006，25（2）：157-172.

② Benson C. S. The Economics of Public Education. 3rd ed. Boston：Houghton Mifflin，1973.

③ Baker B，Farrie D，Sciarra D G. The changing distribution of educational opportunities：1993-2012//Kirsch I，Braun H. The Dynamics of Opportunity in America. New York：Springer，2016：97-136.

最优组织，并验证该效率值是否为被评价组织中的最高效率值。Breu 和 Raab 运用 DEA 测度分析美国公立大学的配置效率，输入指标包括教育经费、师生比、入学成绩、学费指标等，输出指标包括学生毕业率与入学率指标[①]。McMillan 和 Datta 运用 DEA 分析了加拿大 45 所大学，输入指标包括三级职称的教师数、理科教师数、其他教师数、总费用、其他费用等，产出指标为本科生人数、硕士生人数、博士生人数等[②]。高校资源配置效率具有波动性，各高校需要建立健全的评价机制，在保证教育公平的前提下最大化教育资源配置效率。

影响教育资源配置的因素研究是教育资源配置的重要研究领域，它与经济发展、社会变化密切相关。经济因素主要包括生产力水平、经济发展水平以及产业结构变化而引发的高等教育人力资源需求。Kempkes 和 Pohl 指出人均国内生产总值（gross domestic product，GDP）会影响高等教育资源配置的效率，地区间经济发展水平的不同导致人均教育经费和教育资源配置差距显著[③]。Dufrechou 以拉丁美洲国家 1970～2010 年的经济数据作为研究对象，得出公共教育支出是影响资源配置效率的重要因素之一，而公共教育的支出水平与当地经济发展水平息息相关[④]。Colbert 等提出学生生源的资料是影响高等教育资源配置的重要因素[⑤]。

1.2.2 我国研究生教育资源配置的发展概述

1950 年，教育部颁布了《高等学校暂行规程》，指出大学及专门学院为培养及提高师资，加强研究工作，经中央教育部批准，得设研究部或研究所。1951 年，我国出台了第一个研究生招生办法，即《中国科学院所属研究机构、中央教育部所属高等学校研究部一九五一年暑期招收研究实习员、研究生办法》。1953 年，高等教育部发布了《高等学校培养研究生暂行办法（草案）》，由高等教育部统一制定每年的研究生培养计划。1963 年，教育部颁发了《高等学校培养研究生工作暂行条例（草案）》，建立了研究生招生的各项基本制度，初步形成了研究生招生

---

① Breu T M，Raab R L. Efficiency and perceived quality of the nation's "top 25" National Universities and National Liberal Arts Colleges：an application of data envelopment analysis to higher education. Socio-Economic Planning Sciences，1994，28（1）：33-45.

② McMillan M L，Datta D. The relative efficiencies of Canadian universities：a DEA perspective. Canadian Public Policy，1998，24（4）：485-511.

③ Kempkes G，Pohl C. The efficiency of German universities-some evidence from non-parametric and parametric methods. Applied Economics，2010，42（16）：2063-2079.

④ Dufrechou P A. The efficiency of public education spending in Latin America：a comparison to high-incomecountries. International Journal of Educational Development，2016，49（C）：188-203.

⑤ Colbert A，Levary R，Shaner M. Determining the relative efficiency of MBA programs using DEA. European Journal of Operational Research，2000，125（3）：656-669.

由教育部统一管理、计划招生、统一考试的基本模式。1977 年 10 月,国务院批转教育部《关于高等学校招收研究生的意见》,指出在办好本科教育的同时,积极招收研究生①。这是北京大学、清华大学、浙江大学等高校恢复研究生制度后,其他高校恢复研究生招生的重要转折点②。至此,我国研究生教育开始全面恢复。本书主要总结自 1977 年以来研究生教育实践 40 多年发展历程中研究生教育资源配置的发展历程。

1. 研究生教育资源配置初步形成阶段:1977~1984 年

这一阶段,我国研究生教育的办学规模较小,研究生教育资源有限,研究生教育完全采用计划模式:招生按指令性计划进行,学生按计划分配。高度集中的计划管理体制适合这一时期的我国研究生教育,它最大限度地整合了研究生教育资源。

1) 研究生招生

这一阶段研究生招生配置完全按照计划经济模式开展,这也符合当时改革开放初期我国国情发展。1978 年,教育部、国家计划委员会(简称国家计委)发布《关于下达一九七八年全国研究生招生计划的通知》。1981 年,教育部发布了《关于做好一九八一年攻读博士学位研究生招生工作的通知》,博士生招生开始独立运行。1982 年,教育部发布了《关于招收攻读博士学位研究生的暂行规定》,指导招生单位开展博士生招生工作。1984 年 1 月,教育部发布了《关于制订一九八四年招收攻读博士学位研究生计划的通知》,该通知鼓励高校或研究机构"积极招收攻读博士学位研究生"。全国共有 177 个单位、926 个专业点、1333 名指导教师可以招收博士研究生,计划招收 2080 名攻读博士学位研究生③。同年的硕士招生中,全国共有 349 所高校和 178 个科研机构录取硕士研究生 19 696 人、研究生班学员 1324 人、委托培养研究生 1901 人,合计 22 921 人。1985 年博士学位研究生录取 1962 人,其中提前攻读博士学位的硕士生有 107 人④。1984 年 12 月,教育部发出《关于转发清华大学、西安交通大学等十一所高等工科院校〈关于培养工程类型硕士生的建议〉的通知》,并安排首批 11 所院校试点招收工程类型硕士生。同时,教育部发布了《关于硕士生提前攻读博士学位问题的通知》,单位除硕士生提前攻读博士学位外,还必须有部分名额公开招收博士生。第五届全国人民代表大会第五次会议批准通过了《中华人民共和国国民经济和社会发展第六个五年计划

---

① 我国学位和研究生教育大事记(1977—1983). 学位与研究生教育,1984,(1):92-98.

② 王扬宗. 中国科学技术事业的历史性转变——回望 1978 年全国科学大会. 中国科学院院刊,2018,33(4):351-361.

③ 左庆润. 我国学位和研究生教育大事记(续). 学位与研究生教育,1985,(1):101-103.

④ 我国学位和研究生教育大事记(续). 学位与研究生教育,1986,(2):105-108.

（1981—1985）》，计划"1985 年招收研究生 2 万人，比 1980 年增长 4.5 倍""计划部门和教育部门要组织学校、科研单位与用人单位共同制定招生计划和培养计划"。

在这个阶段，博士研究生和硕士研究生分开选拔，按计划招收研究生。这种计划分配的方式在很大程度上提升了我国研究生教育质量，培养了一批高层次人才，缓解了我国人才紧缺的情况。此后，随着改革开放的逐步深入，社会需求日益多元，高层次人才需求也随之变化，国家也开始尝试从社会需求角度出发进行研究生需求分析与预测。1983 年，在中央部委领导下，专家通过长达一年多的调研，对不同层次教育规模进行了预测分析，研究生招生也随之有所变化和调整。

2）学科、学位授予

1980 年 2 月，第五届全国人民代表大会常务委员会第十三次会议审议通过了《中华人民共和国学位条例》，并于 1981 年 1 月 1 日正式施行。同年 12 月，国务院学位委员会第一次（扩大）会议审议通过了《关于审定学位授予单位的原则和办法》，决定设立学科评议组负责学位审定工作。1981 年 5 月，国务院批准实施《中华人民共和国学位条例暂行实施办法》，明确规定"学位按下列学科的门类授予：哲学、经济学、法学、教育学、文学、历史学、理学、工学、农学、医学"。同年 11 月，国务院批准了首批博士学位授予单位 151 个，博士学位授予单位的学科、专业点 812 个，博士研究生指导教师 1155 人；硕士学位授予单位 358 个，硕士学位的学科、专业点 3185 个[①]。国务院学位委员会从学术力量、教学工作质量、科学研究基础、管理工作水平等方面，按学科、专业进行综合考察，坚持条件，严格审核，从而确定有权授予各级学位的单位，硕士、博士学位授予单位的审定由教育部归口审核。1983 年 3 月，国务院学位委员会第四次会议公布了《高等学校和科研机构授予博士和硕士学位的学科专业目录（试行草案）》，将学科专业分为哲学、经济学、法学、教育学、文学、历史学、理学、工学、农学和医学共 10 个学科门类，在这 10 个学科门类中共包含 63 个一级学科和 638 种学科、专业（二级学科），国务院学位委员会按其进行研究生招生。同年 12 月，国务院学位委员会第五次会议审议通过了第二批博士和硕士学位授予单位及其学科、专业名单，并决定增设军事学学位。至此，研究生学科专业共有 11 个学科门类。1984 年，国务院批准第二批博士学位授予单位 45 个，有权授予博士学位的学科、专业点 316 个，博士研究生指导教师 601人；新增硕士学位授予单位 67 个，有权授予硕士学位的学科、专业点 1052 个[②]。这一阶段中央集权模式发挥了核心作用，学位授权审核细化到授予单位的每个学科甚至博士研究生导师，学位制度使研究生教育更加规范。

---

① 我国学位和研究生教育大事记（1977—1983）. 学位与研究生教育，1984，（1）：92-98.
② 左庆润. 我国学位和研究生教育大事记（续）. 学位与研究生教育，1985，（1）：101-103.

3）财政

这一阶段国家处在计划经济下，财政资源配置在很大程度上体现在了研究生助学金方面。1977 年 12 月，教育部、财政部印发的《普通高等学校、中等学校和技工学校学生实行人民助学金制度的办法》规定，研究生、高等师范、体育和民族学院学生，一律享受人民助学金，享受比例按 100%计算[1]。1979 年 8 月，教育部、财政部、国家劳动总局颁发实行职工助学金的规定，指出一般学生实行人民助学金制度，除高等师范、体育、民族学生全部享受人民助学金外，其他学生的人民助学金享受面按 75%计算[1]。1981 年，教育部和财政部颁布了《关于改变研究生学习期间生活待遇问题的通知》，该通知指出研究生生活待遇包括人民助学金、副食品价格补贴和书籍费。1982 年，助学金标准为硕士生每人每月 46 元、博士生每人每月 57.5 元。此外，书籍费标准为硕士生每人每年 40 元、博士生每人每年 60 元[2]。1983 年 7 月，教育部和财政部联合发出的《普通高等学校本、专科学生人民助学金暂行办法》和《普通高等学校本、专科学生人民奖学金试行办法》，缩减了部分助学金的发放比例，设立了人民奖学金。虽然此时人民奖学金所占的比例还很小，但迈出了我国大学生资助制度改革的重要一步[2]。

2. 研究生教育资源配置体系形成阶段：1985～1999 年

这一阶段我国的学科、学位授予、研究生招生等都进行了不同程度的改革，进一步完善了研究生教育资源配置，形成了研究生教育资源配置体系。

1）研究生招生

1985 年全国硕士生报考人数为 161 071 人，实际录取 36 888 人（含委托培养），研究生进修班（简称研究生班）6528 人，合计 43 416 人。录取的硕士生中，在职人员为 20 003 人，占新生总数的 46.1%，比 1984 年录取的在职人员增加近 1 万人。1986 年首次开展推荐优秀的大学应届本科毕业生面试研究生试点，试点高校 169 所，推荐面试人数 3300 多人。1986 年，《国家教育委员会关于编报一九八六年攻读博士学位研究生招生计划的通知》改变博士生年度招生计划为跨年执行，把社会需要与培养条件相结合，考虑生源数量，减少计划编制的盲目性。同年，全国 378 所高校、326 所科研机构共录取研究生 39 328 人，其中国家计划内的硕士生 30 504 人，研究生班 2877 人，委托培养硕士生 4577 人，国家计划研究生班 1370 人[3]。在职人员在新生中的比例达到了 43%，在新生入学后在学研究生人数达到了 11 万人。

---

① 中华人民共和国教育部. 中国学生资助 70 年. http://www.moe.gov.cn/jyb_xwfb/s5147/201909/t20190924_400640.html[2019-09-23].

② 范先佐，唐斌，郭清扬. 70 年学生资助工作的系统回顾与经验总结. 华中师范大学学报（人文社会科学版），2019，58（5）：1-15.

③ 我国学位和研究生教育大事记（1986 年）. 学位与研究生教育，1987，（4）：74-76.

1986 年，国家教育委员会（简称国家教委）发布了《关于改进和加强研究生工作的通知》，全面总结了 1978 年以来的研究生工作经验，强调"应以国家计划招收的研究生为主，同时逐步增加委托培养研究生的人数。接受委托培养研究生的高等学校要按国家规定收委托培养基建投资和经费，不得挤占国家计划招生任务的培养条件""保证质量，稳步发展"①。

1986 年 10 月，国家教委发出《关于 1986～1987 年度资助部分高等学校选派博士生与国外合作培养的通知》，该通知指出要积极开辟中外合作进行科学研究和培养博士生的途径②。合作培养的博士生一般在国内学完我国学位条例所规定的学位课程后，根据博士论文工作的需要到国外进行一定时间的学习和研究工作，回国进行博士学位论文答辩，由派出学校授予博士学位。这一政策先在部分培养博士多、国际学术交流基础好的高等学校进行试点，选派 100 名博士生开展国外合作培养。

1988 年，国家教委、国家计委、财政部和人事部联合印发了《关于进一步改进研究生招生工作的几点意见》③，将招生计划分为国家招生计划和用人单位委托培养招生计划两类。国家改变了研究生招生计划工作体制，实行国家计划招生和委托培养招生两种基本形式，并将国家计划内的定向培养和国家计划外的委托培养作为今后研究生招生的重要形式，以解决重点单位、边远地区和一部分企事业单位对高层次人才的需求。

1989 年 3 月，国家教委、国家计委和人事部联合发布了《关于下达一九八九年全国研究生招生计划的通知》④。1989 年全国研究生招生计划共安排 39 296 名，其中高等学校 34 950 名、科研机构 4224 名、中央党校 122 名。博士生国家招生计划 4482 名，硕士生招生计划为 33 542 名，研究生班国家招生计划为 1272 名。1989 年硕士生招生计划数包括国家计划内硕士生招生计划、国家计划外委托培养硕士生和国家计划外研究生班计划。同年 6 月，国家教委发布了《关于加强培养工程类型工学硕士研究生工作的通知》，对培养工程类型硕士生的指导思想、招生工作、培养规格要求、学制、培养方式作了具体规定。同年 12 月，国家教委发布了《关于对一九九〇年研究生招生工作进行若干调整的通知》，指出要适当提高从应届本科毕业生中招收硕士生的比例，增加推荐应届本科毕业生报考硕士生的数量。1989 年 63 所高等学校共录取工程类型硕士生 2167 人，占当年工科专业录取硕士生总数 11 892 人的 18.2%。在 2167 人中，在职人员 1271 人，约占 59%，来自厂矿企业、工程建设等单位并为原单位定向或委托培养的有 720 人，来自其他

① 国家教育委员会. 关于改进和加强研究生工作的通知. 学位与研究生教育，1987，（1）：1-4.
② 我国学位和研究生教育大事记（1986 年）. 学位与研究生教育，1987，（4）：74-76.
③ 我国学位与研究生教育大事记（1988 年）. 学位与研究生教育，1989，（3）：76-78，72.
④ 我国学位与研究生教育大事记（1989 年）. 学位与研究生教育，1990，（4）：58-62.

单位为厂矿企业、工程建设等单位定向或委托培养的有 181 人，两者合计 901 人，约占在职人员录取人数的 71%[1]。

1990 年全国研究生招生计划共安排 3 万名，其中高等学校 2.7 万名，科研机构 0.3 万名，硕士生 2.5 万名，博士生 0.5 万名。1990 年全国共录取攻读硕士学位研究生 26 362 人。

1991 年，国家教委研究生工作办公室下发了《关于进行工商管理硕士学位试点工作和进一步开展研讨工作的通知》，国家教委办公厅发出《关于做好检查一九九二年文科部分专业博士、硕士研究生招生准备工作的通知》，国务院学位委员会发出《关于开展建筑学专业学位研究工作的通知》，分别对开展设置和试办工商管理硕士学位的试点工作、建筑学专业学位研究的原则要求和课题内容等进行了相关说明和指导。

为全面贯彻落实中共中央、国务院 1993 年颁布的《中国教育改革和发展纲要》及其实施意见，国家教委 1995 年发出《关于进一步改进和加强研究生工作的若干意见》，提出需要探索合理有效的研究生招生调控机制，科学规划研究生教育发展规模和速度。在 1995 年招生规模基础上至 2000 年，通过逐年增加招生数，2000 年在校研究生达到 20 万人左右[2]。1990 年和 1997 年，分别设置工商管理硕士和临床医学博士，开启在硕士、博士阶段设立专业学位的先河，意味着我国研究生招生原则进一步向满足社会需求靠拢[3]。1995 年 11 月，国家教委印发了《关于进一步改进和加强研究生工作的若干意见》，明确了今后一段时期研究生教育改革与发展的基本方针：立足国内、适度发展、优化结构、相对集中、推进改革、提高质量。

1993 年，国家教委、国家计委、人事部联合印发了《关于编制一九九四年研究生招生计划的通知》，允许培养单位在招收计划内研究生的基础上，可根据培养单位的培养能力和实际情况招收自筹经费的学生。1993 年研究生招生数量为 42 145 人，比 1992 年增加 26%，1994 年招生 50 864 人，1995 年保持同一水平。1994 年，《国务院关于〈中国教育改革和发展纲要〉的实施意见》印发，进一步明确规定了高等学校逐步实行并轨招生，逐步实行学生缴费上学，大多数毕业生自主择业的制度。1996 年 5 月，国家教委研究生工作办公室向清华大学等 15 所高校发出《关于在部分高校试点按工程领域培养工程硕士的通知》[4]，推动面向经济建设主战场，培养应用型、复合型高层次工程技术和工程管理人才的改革工作。

---

① 我国学位与研究生教育大事记（1989 年）. 学位与研究生教育，1990，（4）：58-62.

② 国家教育委员会. 关于进一步改进和加强研究生工作的若干意见. 学位与研究生教育，1996，（1）：3-6.

③ 王坦. 我国研究生招生制度的变迁逻辑与经验启示——基于历史制度主义的视角. 教育学术月刊，2020，334（5）：46-53.

④ 我国学位与研究生教育大事记（1996 年）. 学位与研究生教育，1997，（5）：76-79.

1997 年 9 月，国务院学位委员会下达了前四批博士、硕士学位授权点基本条件合格评估的结果，共有 1718 个博士点和 3814 个硕士点列入本次评估范围，其中未通过合格评估的博士点为 77 个，未通过合格评估的硕士点为 394 个。同年 10 月，国务院学位委员会、国家教委印发了《关于开展在职攻读教育硕士专业学位工作的通知》，从 1998 年起，开展基础教育教学和管理人员在职攻读教育硕士专业学位的工作。同年 11 月，国务院学位委员会、司法部联合下发《关于开展在职攻读法律硕士专业学位工作的通知》。

1999 年，国务院批转教育部《面向 21 世纪教育振兴行动计划》，提出"扩大高校办学自主权""研究生在校生规模应有较大的增长"[①]。随着高校扩招工作顺利完成，研究生招生数量也实现了大幅增长，1999 年全国招收研究生 9.22 万人，比上年增加 1.97 万人，增长超 20%，其中博士生 1.99 万人，硕士生 7.23 万人；在学研究生 23.35 万人，其中博士生 5.40 万人，硕士生 17.95 万人[②]。这一年，教育部、国家发展计划委员会、人事部发布了《关于编制 2000 年全国研究生招生计划的通知》，坚持分层次办学，促进中西部地区社会和经济的发展，加快为这些地区培养高层次人才。

2）学科、学位授予

1985 年 5 月，《中共中央关于教育体制改革的决定》出台，明确指出"根据同行评议、择优扶植的原则，有计划地建设一批重点学科。重点学科比较集中的高校，将自然形成既是教育中心，又是科学研究中心"。此决定的发布标志着我国研究生教育进入深化改革的历史阶段。

1986 年 4 月，《国务院学位委员会授权部分学位授予单位审批硕士学位授权学科、专业的试行办法》发布[③]，它是一项改革学位授权审核工作的指导性办法。同年 7 月，国务院学位委员会第七次会议审议通过了第三批博士、硕士学位授予单位。第三批新增博士学位授予单位 41 个，新增博士学位授权学科、专业点 675 个，新增博士生指导教师 1791 人；新增硕士学位授予单位 100 个，新增硕士学位授权学科、专业点 2000 个。1986 年 11 月，国务院学位委员会、国家教委和卫生部联合印发了《关于〈培养医学博士（临床医学）研究生的试行办法〉的通知》，决定把医学门类博士研究生的培养规格分成两类：一类以培养科学研究能力为主；一类以培养临床实际工作能力为主。后一类研究生达到博士水平的，授予医学博士（临床医学）学位。

1988 年 3 月，国务院学位委员会办公室下发了《关于同意备案的 1987 年自

---

① 面向 21 世纪教育振兴行动计划（摘要）. 中国高等教育，1999，（6）：3-7.

② 中华人民共和国教育部. 1999 年全国教育事业发展统计公报. http://www.moe.gov.cn/jyb_sjzl/sjzl_fztjgb/tnull_841.html[2000-05-30].

③ 我国学位和研究生教育大事记（1986 年）. 学位与研究生教育，1987，（4）：74-76.

行审批硕士学位授予单位学科、专业的通知》，同意 12 个授权单位自行审批硕士学位授权学科、专业点 38 个[①]。逐步下放审批权遵循社会发展规律，是国家发展阶段性和规律性的必然体现，更是我国高等教育自身发展的迫切需要。

1989 年 3 月，国务院学位委员会办公室发出《关于报送第四批学位授权审核计算机数据软盘的通知》[②]，要求各申报单位直接报送申报数据软盘，并依托全国学位和研究生工作计算机管理研究协作组实施此项工作。采用计算机软盘报送申报情况是历次学位审核工作中第一次尝试，标志着学位工作向现代化管理的新阶段迈进了一步。1991 年 1 月，国务院学位委员会办公室发出《关于报送全国学位授予信息数据软盘的通知》，这是实现利用计算机对学位工作进行科学管理的一项重要措施。1991 年 12 月，国务院学位委员会办公室为加强学位和研究生教育信息工作的管理和指导，决定在北京大学等 22 个有一定计算机管理工作基础的学位授予单位，试建学位和研究生教育信息处理工作站，承担汇总软盘数据、技术咨询与培训等任务[③]。1995 年 7 月，国务院学位委员会办公室派员参加了湖南省学位委员会成立大会。同月，国务院学位委员会办公室、国家教委研究生工作办公室出版《学位与研究生教育统计资料》（1991—1994）[④]。

1990 年 10 月，国务院学位委员会第九次会议审核批准了全国第四批授予博士、硕士学位的学科、专业及其博士生指导教师，新增授予博士学位的学科、专业点 277 个，博士生指导教师 1509 人，授予硕士学位的学科、专业点 839 个[⑤]。同年，国务院学位委员会办公室发布了《关于同意第四批自行审批硕士学位授权学科、专业的通知》，同意 33 所试办研究生院的高等学校和中国科学院、中国社会科学院的 264 个硕士点有权授予硕士学位[⑥]。此次审核批准的授予博士学位的学科、专业点占全国已有博士点的 15.2%，博士生指导教师占已有博士生指导教师总数的 39.8%；授予硕士学位的学科、专业点 839 个，占全国已有硕士点总数的 13.1%。这次学位审核增补了一批中青年博士生指导教师，逐渐形成了一支年龄合理的学术梯队；增加了一些高技术和新兴边缘学科及其应用性强的学科的博士、硕士授权点，进一步调整了学科结构。在这次学位审核的过程中，强调了坚持政治思想和学术业务两个方面的标准，对哲学、社会科学学位授权的审核注意了学术研究的马克思主义指导和社会主义方向。

---

① 我国学位与研究生教育大事记（1988 年）. 学位与研究生教育，1989，（3）：76-78，72.
② 我国学位与研究生教育大事记（1989 年）. 学位与研究生教育，1990，（4）：58-62.
③ 我国学位与研究生教育大事记 1991 年. 学位与研究生教育，1992，（4）：55-60.
④ 学位与研究生教育 1995 年大事记. 学位与研究生教育，1996，（6）：69-73.
⑤ 国家第四次博士、硕士学位授权审核. http://www.acgs.pku.edu.cn/ACGSXuewei/system/auditing/system_auditing-4.html[2023-10-13].
⑥ 王崇东，范文曜. 我国学位与研究生教育大事记（1990 年）. 学位与研究生教育，1991，（5）：54-60.

1993 年，为贯彻落实《中国教育改革和发展纲要》，面向 21 世纪重点建设 100 所左右的高等学校和一批重点学科的"211 工程"计划，决定成立"211 工程"协调小组和领导小组，下设"211 工程"办公室。同年 8 月，"211 工程"办公室组织召开了"211 工程"规划研讨会。会议就"211 工程"的总体框架、各学科规划、实施政策和公共服务体系规划的原则和制定办法进行了研讨。

1993 年 12 月，国务院学位委员会第十二次会议审议通过了第五批学位授权审核结果，共新增博士学位授予单位 24 个，硕士授予单位 35 个，新增博士点 306 个、硕士点 942 个，新增博士生导师 2600 人。自此，我国共有博士学位授予单位 271 个，硕士学位授予单位 586 个、博士点 2398 个、硕士点 8467 个、博士研究生导师 8043 人。

1996 年 4 月，国务院学位委员会在北京召开第十四次会议，会议审议批准第六批博士、硕士学位授权学科、专业名单，审议通过了《国务院学位委员会学科评议组组织章程》（修订稿）[1]和国务院学位委员会学科评议组调整换届方案，以及《专业学位设置审批办法》，批准设置和试办教育硕士专业学位。此批共有博士学位授予单位 277 个、硕士学位授予单位 633 个、博士点 2604 个、硕士点 9799 个。

1998 年 6 月，国务院学位委员会下达了经国务院学位委员会第十六次会议批准的第七批博士和硕士学位授予单位及授权学科、专业名单。第七次博士和硕士学位授权审核共增列博士点 341 个、硕士点 363 个[2]。

3）财政

1986 年，国家教委和财政部发布了《高等学校财务管理改革实施办法》，确定"高等学校年度教育事业费预算，由主管部门按照不同科类、不同层次学生的需要和学校所在地区的不同情况，结合国家财力的可能，按'综合定额加专项补助'的办法进行核定"，即将"基数加增长"的教育事业费拨款模式改变为"综合定额加专项补助"模式，同时执行"包干使用，超支不补，节余留用，自求平衡"原则。其中，综合定额部分主要由政府主管部门按定额标准和学生人数核定下达，专项补助对"综合定额"补充，主要包括学科建设经费、中远期教师队伍培训建设费等，由财政部门和教育部门根据国家政策导向和学校特殊需要核定下达[3]。

1990 年 12 月，国家教委发出《关于下达我委直属高等学校部分重点学科点补助经费的通知》《关于下达国务院有关部委所属部分高等学校重点学科点补助经费的通知》《关于下达中央民族学院、中国政法大学两高等学校重点学科点补助经费的通知》。为了支持高等学校重点学科点的建设，国家教委通过各种渠道筹集了

---

① 我国学位与研究生教育大事记（1996 年）. 学位与研究生教育，1997，（5）：76-79.
② 王红乾. 新中国学位与研究生教育史上的十次学位授权审核回顾. 文教资料，2008，（11）：154-158.
③ 徐孝民，莫蕾钰. 我国公立高校投入模式：变迁、分析与思考. 北京教育（高教），2020，909（11）：12-16.

部分专项经费,重点补助 916 个全国高等学校重点学科点中约 200 个没有获得过较大支持的点,为这些学科点能够率先出高水平的科研成果、培养高质量的高层次人才创造必要的条件。有关主管部门和高等学校也相应采取了以主管部门为主的多渠道支持的措施[①]。

1991 年 6 月,国家教委发出《关于下达国务院有关部委所属院校部分高等学校重点学科补助经费的通知》[②],对于部分高等学校重点学科给予一次性经费补助,以支持这些重点学科的设备补充和更新,加强重点学科的建设和发展。

3. 研究生教育资源配置体系完善阶段:2000～2012 年

这一阶段,研究生教育资源采用"重点建设、带动全局"的建设方式,集中资源建设重点大学与学科,改变当时实行的以学生在校人数为唯一依据的拨款方式,建立监测系统,综合考察各高校办学的水平、社会效益及对资源的利用率等各项指标,使资源合理地流向那些最需要、资源利用率最高的学校,希望能够通过"重点"扶持与建设,快速提高部分学科水平,以优势学科带动整体发展[③]。

1) 研究生招生

随着研究生教育规模的不断扩大,全日制研究生年招生人数由 1978 年恢复研究生教育时的 1 万人增加到 2001 年的 16.5 万人。在学研究生总人数由 1980 年的 2.1 万人增加到 2001 年的 39.3 万人[④]。2002 年,《中国学位与研究生教育发展战略报告(2002—2010)》提出了我国 2002～2010 年学位与研究生教育的战略蓝图。2004 年,《教育部 国家发展改革委 国家民委 财政部 人事部关于大力培养少数民族高层次骨干人才的意见》对中央部委所属院校招生规模做出了部署,逐步缓解和根本扭转了少数民族高层次骨干人才匮乏状况,改善了人才层次结构。该意见提出"从 2005 年开始选择部分中央部委所属院校试点招生 2500 人(其中博士生 500 人,硕士生 2000 人),经过总结实践经验,至 2007 年达到年招生 5000 人的规模,其中博士生 1000 人(按国家统一学制执行),硕士生 4000 人(学习时间四年,其中一年为基础强化培训时间)"[⑤]。

2009 年,《教育部关于做好全日制硕士专业学位研究生培养工作的若干意见》提出"开展以应届本科毕业生为主的全日制硕士专业学位研究生教育""满

---

① 王崇东, 范文曜. 我国学位与研究生教育大事记(1990 年). 学位与研究生教育, 1991, (5): 54-60.

② 我国学位与研究生教育大事记 1991 年. 学位与研究生教育, 1992, (4): 55-60.

③ 江小惠. 试论我国高等教育资源配置在市场经济中的变革及抉择. 江苏理工大学学报, 1996, (1): 71-77.

④ 樊晓平, 文大为. 新形势下我国研究生教育的现状与对策. 湘潭师范学院学报(社会科学版), 2003, (5): 107-110.

⑤ 中华人民共和国教育部. 教育部 国家发展改革委 国家民委 财政部 人事部关于大力培养少数民族高层次骨干人才的意见. http://www.moe.gov.cn/srcsite/A09/moe_763/200407/t20040708_77777.html[2004-07-08].

足社会多样化需求、加快培养高层次应用型专门人才"①。同年,《教育部关于做好 2010 年招收攻读硕士学位研究生工作的通知》提出"扩大全日制专业学位研究生招生范围""凡经国务院学位委员会批准设立的专业学位类别和领域均可安排招生"②。这一年,国务院学位委员会办公室决定 2009 年开展高校教师在职攻读硕士学位工作仅限定为中部和西部地区 22 个省(自治区、直辖市)的博士或硕士学位授予高校,同时对各招生单位均设定招生计划上限③。同年 10 月,教育部印发了《高等学校和科研机构开展联合培养博士研究生工作暂行办法》,对联合培养工作的目的和意义、联合培养工作原则、联合培养的招生工作和培养工作、联合培养的管理工作都加以说明。

2011 年 10 月,国务院学位委员会批准清华大学等 25 个学位授予单位作为首批招收培养工程博士专业学位研究生试点单位,于 2012 年开始招生。工程博士是一种专业学位,与学术学位中的工学博士属同一层次,都属于我国高等教育的最高阶段,没有高低之分,只有规格不同,培养目标不同,质量评价标准侧重不同④。2012 年《国家教育事业发展第十二个五年规划》提出推动高等学校"走以质量提升为核心的内涵式发展道路""积极发展专业硕士研究生教育,开展专业硕士培养模式改革试点"⑤。同年 3 月,由科技部重大专项办公室和国务院学位委员会办公室联合召开的"面向国家科技重大专项培养工程博士高校-企业对接会"在京举行。会议就通过校企对接,加快推进面向国家科技重大专项培养工程博士专业学位研究生试点工作进行了部署。教育部、科技部、各重大专项实施管理办公室和专项技术负责人、清华大学等 25 所工程博士专业学位研究生培养试点单位和部分承担国家科技重大专项重点任务的企业代表参加会议。会议就国家科技重大专项"十二五"重点任务、2012 年工程博士培养需求、工程博士专业学位试点工作情况进行了介绍,并就如何落实校企对接提出具体要求。

2)学科、学位授予

2000 年 4 月,国务院学位委员会办公室发布《关于申报公共管理硕士(MPA)专业学位试点单位的通知》⑥,从 2000 年起,在我国开展公共管理硕士(master of

---

① 中华人民共和国教育部. 教育部关于做好全日制硕士专业学位研究生培养工作的若干意见. http://www.moe.gov.cn/srcsite/A22/moe_826/200903/t20090319_82629.html[2009-03-19].

② 中华人民共和国教育部.教育部关于做好 2010 年招收攻读硕士学位研究生工作的通知. http://www.moe.gov.cn/srcsite/A15/moe_778/s3113/200909/t20090929_79982.html[2009-09-29].

③ 中国学位与研究生教育大事记(2009 年). 学位与研究生教育,2010,(4):72-77.

④ 国务院学位办负责人就工程博士专业学位研究生教育有关情况答记者问. http://www.moe.gov.cn/jyb_xwfb/s271/201207/t20120717_139517.html[2012-07-17].

⑤ 教育部关于印发《国家教育事业发展第十二个五年规划》的通知. http://www.moe.gov.cn/srcsite/A03/moe_1892/moe_630/201206/t20120614_139702.html[2012-06-14].

⑥ 中国学位与研究生教育大事记(2002 年). 学位与研究生教育,2003,(5):41-44.

public administration，MPA）专业学位试点工作。2001 年国务院学位委员会办公室发布《关于批准开展公共卫生硕士（MPH）专业学位教育试点工作单位的通知》。试点单位有北京大学、哈尔滨医科大学、复旦大学、华中科技大学、四川大学等22 所机构。2002 年 5 月，国务院学位委员会发出《关于批准军事硕士专业学位试点院校的通知》，批准中国人民解放军国防大学等 14 所院校为首批军事硕士专业学位试点院校。同年 7 月，国务院学位委员会发出《关于开展高级管理人员工商管理硕士（EMBA）专业学位教育工作的通知》，要求积极发展 EMBA 专业学位教育，确保 EMBA 教育培养质量①。2003 年 7 月，国务院学位委员会第二十次会议审议新增 35 个博士学位授予单位，新增一级学科博士学位授权点 291 个、博士点 728 个；新增硕士学位授予单位 59 个、硕士点 4170 个。被批准为新增博士、硕士学位授予单位及其授权学科、专业的，便相应取得了招收、培养博士生或硕士生，以及授予博士、硕士学位的资格。第九次学位授权审核后，我国博士一级学科学位数量增长到了 974 个，博士点为 1707 个、硕士点为 12 590 个，博士学位授予单位增长到 341 个，硕士学位授予单位增长到 775 个。2005 年 4 月，国务院学位委员会部署第十次博士、硕士学位授权审核工作，明确第十次博士、硕士学位授权审核工作的指导思想，对增列博士学位授权一级学科点、增列博士点、增列硕士学位授权一级学科点、增列硕士点等事项进行了说明。同年 6 月，国务院学位委员会办公室印发了《关于 2005 年招收在职人员攻读硕士学位工作的通知》。2005 年在职人员攻读硕士学位招生类别为：①在职人员攻读硕士专业学位，包括法律硕士、教育硕士、体育硕士、艺术硕士、工程硕士、农业推广硕士、兽医硕士、风景园林硕士、公共卫生硕士、军事硕士、工商管理硕士、会计硕士、公共管理硕士；②高等学校教师在职攻读硕士学位；③中等职业学校教师在职攻读硕士学位。通知对报名及考试、招生限额、录取工作等进行了说明。

　　2006 年 1 月，国务院学位委员会第二十二次会议审批了《中国学位与研究生教育发展纲要（2006—2020 年）》《第十批博士和硕士学位授权学科、专业名单》。2007 年 5 月，国务院学位委员会办公室发出通知，批准北京大学等 25 所研究生培养单位开展汉语国际教育硕士专业学位教育试点工作；批准北京大学等 15 所研究生培养单位开展翻译硕士专业学位教育试点工作。同年 6 月，教育部学位管理与研究生教育司本着"调整结构，优化布局，择优确定，公平竞争"的指导思想，决定开展国家重点学科增补工作。同年 8 月，国务院学位委员会办公室同意北京大学试点培养国际法律硕士，以加强国际合作与交流，拓宽法律硕士的培养模式。2008 年 1 月，国务院学位委员会第二十五次会议审议并通过了《博士、硕士学位授权审核办法改革方案》。2011 年 10 月，国务院学位委员会发布了"服务国家特

---

① 中国学位与研究生教育大事记（2002 年）. 学位与研究生教育，2003，（5）：41-44.

殊需求人才培养项目"学士学位授予单位开展培养硕士专业学位研究生试点工作单位及试点工作建设单位的名单。北京电子科技学院等 51 所学校获得授权开展培养硕士专业学位研究生试点工作。试点工作以 5 年为期，即从 2012 年 7 月到 2017 年 7 月，实行动态管理，国务院学位委员会办公室将组织专家对试点单位进行前期检查、中期考核和后期验收。根据人才需求变化和试点工作实施质量决定是否继续授权。中央司法警官学院等 12 所高校成为试点工作建设单位，在 2012 年 8 月前，接受国务院学位委员会办公室组织的专家组实地检查和评估。通过评估的高等学校将被列入学士学位授予单位开展培养硕士专业学位研究生试点工作的单位名单，并从 2013 年起开始有关专业学位研究生的招生、培养和学位授予工作。2012 年 5 月，教育部、卫生部联合发文，决定共同实施"卓越医生教育培养计划"，开展包括临床医学硕士专业学位研究生培养模式改革等试点工作。

3）财政

2002 年 12 月，财政部批准了"2002 年研究生教育改革专项经费"的预算，批复了北京大学等 11 所高等学校的"研究生教育创新工程"的有关建设项目。

从 2002 年开始，财政部对中央直属高校的预算核定模式改革为：基本支出预算加项目支出预算[①]。这种提质增效拨款模式为高校财政拨款奠定了基本的制度基础，基本支出在以生均定额拨款为主的基础上不断完善，教育部直属高校项目支出重构为"双一流"引导专项、改善办学条件专项、捐赠配比基金和绩效拨款等六大专项，均为高校发展提供了基础性支持。

2004 年，为加强"985 工程"专项资金的管理，提高投资效益，财政部、教育部下发了《"985 工程"专项资金管理办法》，对"985 工程"专项资金的预算、支出、决算、监督检查与绩效考评做出了明确的规定。

2005 年 12 月，教育部学位管理与研究生教育司公布了 2005 年研究生教育创新计划批准项目。2005 年共有 61 个单位承担了研究生教育创新计划项目，总计经费 2000 万元[②]。

2006 年 10 月，教育部制定并印发了《国家重点学科建设与管理暂行办法》，以规范和加强国家重点学科的管理，促进国家重点学科建设。该办法分为总则、建设与经费、考核与认定、管理与职责、附则等五个部分。

2008 年，为进一步规范公立高校投入管理，财政部、教育部印发《关于完善中央高校预算拨款制度的通知》，提出中央高校预算拨款制度改革的总体思路：完善支持体系，突出高校职能；细化综合定额，体现办学差异；稳定专项投入，明

---

① "改革完善中央高校经费投入机制研究"课题组. 中央直属高校财政拨款模式的历史变迁与改革思路. 华中师范大学学报（人文社会科学版），2014，53（6）：149-156.

② 中国学位与研究生教育大事记（2005 年）. 学位与研究生教育，2006，(11)：69-76.

确支持重点；增加绩效拨款，构建激励机制。具体操作中，项目拨款占比提升，参考高校绩效进行拨款；同时，将更多社会资源转化为育人资源，着力构建高校与实务部门、科研院所和行业企业协同培养人才的有效机制，开启综合定额加专项补助的多元筹资探索。同年 8 月，"211 工程"部际协调小组办公室分别印发了《关于"211 工程"三期重点学科建设项目审批等有关问题的通知》和《关于编制 2008 年"211 工程"建设项目经费预算的通知》，要求各校按照建设项目管理程序及相关规定的要求，分别报送《"211 工程"三期重点学科建设项目投资计划表》和《2008 年"211 工程"项目经费预算表》等材料①。

2009 年 3 月，教育部学位管理与研究生教育司批准了 2009 年研究生教育创新计划项目 259 个，涉及全国 130 个单位。

2010 年 4 月，教育部学位管理与研究生教育司、财政部教科文司印发《关于做好编制"特色重点学科项目"建设方案工作的通知》，部署有关学校和有关主管部门做好"特色重点学科项目"建设方案的编制及审核工作②。

4. 研究生教育资源配置体系变革阶段：2013 年至今

2015 年 10 月，国务院印发《统筹推进世界一流大学和一流学科建设总体方案》，为推进世界一流大学和一流学科建设"加强系统谋划，加大改革力度，完善推进机制"。建设世界一流大学和一流学科是党中央、国务院作出的重大战略决策，是我国扎根中国大地办大学、实现教育大国向教育强国转变的历史性跨越。"双一流"是"211 工程"和"985 工程"的继承与创新，根本目标是坚持正确办学方向，服务国家发展需求，聚焦人才培养和重点项目攻坚克难，与研究生教育发展密切相关。一方面，一流的研究生教育是世界一流大学和一流学科建设的重要体现和主要抓手；另一方面，"双一流"建设为新时代我国研究生教育内涵式发展与质量提升奠定了政策基调。

2016 年 1 月，国务院学位委员会第三十二次会议在北京召开，审议通过了《关于深化博士硕士学位授权审核办法改革的意见》。2017 年 1 月，教育部、国务院学位委员会印发了《学位与研究生教育发展"十三五"规划》，规划了我国 2020 年以前学位与研究生教育改革发展的路线图。2020 年 9 月，教育部、国家发展和改革委员会（简称国家发展改革委）和财政部联合下发了《关于加快新时代研究生教育改革发展的意见》，这份文件的制定背景是中国特色社会主义进入新时代，各行各业对高层次创新人才的需求更加迫切，研究生教育的地位和作用更

---

① 中国学位与研究生教育大事记（2008 年）. http://www.acgs.pku.edu.cn/ACGSXuewei/milestones/events/events-2008-3.html[2023-10-13].

② 中国学位与研究生教育大事记（2010 年）. 学位与研究生教育，2011，（7）：72-77.

加凸显。其主要内容包括：加强思想政治工作，健全"三全育人"机制；对接高层次人才需求，优化规模结构；深化体制机制改革，创新招生培养模式；全面从严加强管理，提升培养质量；切实加强组织领导，完善条件保障。为了落实全国研究生教育会议精神，教育部计划推进"十大专项行动"，包括学科专业建设改革行动、交叉学科高质量发展行动、产教融合建设行动、一流学科培优行动、关键领域核心技术高层次人才培养行动等。这些行动旨在更好地发挥指导、督导和引导作用，以加快推进高层次人才培养。这些改革举措将有助于提升研究生教育的质量和水平，为中国的经济社会发展提供更强大的人才支持[①]。

党的二十大报告中新增了"聚天下英才而用之"以及"加快建设世界重要人才中心和创新高地"[②]，的表述。"得人才者得天下"，包括经济实力、科技实力、国防实力和民族凝聚力在内的综合国力的竞争，说到底是人才的竞争。"聚天下英才而用之"是做好人才工作的基本要求，是我国主动应对并参与国际人才竞争引智的重要一环。人才短缺是世界性的现象，世界各国都把人才资源开发放在突出位置，制定了各自的人才开发战略，在加强本国人才培养的同时，千方百计吸引国外优秀人才。目前，我国在国际人才争夺战中还处于不利地位，国际人才竞争引智具有重要性与紧迫性。必须实行更加积极、更加开放、更加有效的人才引进政策，用好全球创新资源，精准引进急需紧缺人才，形成具有吸引力和国际竞争力的人才制度体系。

1) 研究生招生

2013 年 3 月，教育部、国家发展改革委下达了 2013 年全国研究生招生计划，对于招生学科和专业的结构调整，博士生招生计划的管理，高等学校与科研机构开展联合培养博士（硕士）研究生试点工作，已经开展的联合培养博士或硕士学位研究生工作，在中西部地区、民族地区、边疆地区以及东北地区等老工业基地定向或委托培养研究生的招生工作，农村学校师资计划、强军计划、援藏计划、"高校思想政治理论课教师攻读马克思主义理论博士学位"和"高校辅导员攻读思想政治教育博士学位"专项计划，"少数民族高层次骨干人才"研究生专项招生计划等工作都做了安排。

2013 年，教育部、国家发展改革委和财政部下发了《关于深化研究生教育改革的意见》，指出"深化招生计划管理改革""全日制和非全日制研究生招生计划实行统一管理""取消国家计划和自筹经费'双轨制'""逐步建立研究生教育规模、结构、布局与经济社会发展相适应的动态调整机制""通过增量安排和存量调控，

---

① 中国学位与研究生教育大事记（2020 年）．学位与研究生教育，2021，（6）：89-93.

② 习近平：高举中国特色社会主义伟大旗帜 为全面建设社会主义现代化国家而团结奋斗——在中国共产党第二十次全国代表大会上的报告. https://www.gov.cn/xinwen/2022-10/25/content_5721685.htm[2023-10-23].

积极支持优势学科、基础学科、科技前沿学科和服务国家重大需求的学科发展"①。

2015 年 6 月，国务院学位委员会、教育部联合下发《关于增设网络空间安全一级学科的通知》，决定在"工学"门类下增设"网络空间安全"一级学科，学科代码为"0839"，授予"工学"学位。国务院学位委员会办公室决定自 2016 年起，开展教育硕士（职业技术教育）专业学位研究生招生和培养工作，并于 2015 年 6 月 11 日下发了《关于做好开展教育硕士（职业技术教育）专业学位研究生教育试点单位确认工作的通知》。

2017 年，《学位与研究生教育发展"十三五"规划》提出"保持研究生培养规模适度增长，千人注册研究生数达到 2 人，在学研究生总规模达到 290 万人。专业学位硕士招生占比达到 60%左右"，要"稳步发展博士研究生教育""适度扩大博士研究生教育规模"②。2018 年 8 月，教育部办公厅下达了 2019 年"退役大学生士兵"专项硕士研究生招生计划。2019 年全国共安排"退役大学生士兵计划"5000 人，由北京大学、清华大学等 455 所普通高等学校承担。2019 年 11 月，教育部办公厅印发《关于做好 2020 年高校思想政治工作骨干在职攻读博士学位专项计划工作的通知》，决定在 2020 年继续实施高校思想政治工作骨干在职攻读博士学位专项计划。2020 年 1 月，教育部、国家发展改革委、财政部联合印发《关于"双一流"建设高校促进学科融合　加快人工智能领域研究生培养的若干意见》。同年 7 月，教育部办公厅、国家卫生健康委员会（简称国家卫生健康委）办公厅联合发布《高层次应用型公共卫生人才培养创新项目指南》，并拟选取部分单位实施高层次应用型公共卫生人才培养创新项目，以完善具有中国特色的公共卫生人才培养体系和学位体系，培养一批具有较强学术背景、丰富专业知识和实践能力的高层次应用型公共卫生人才。同年 9 月，教育部、国家发展改革委、财政部印发了《关于加快新时代研究生教育改革发展的意见》，提出"博士研究生招生规模适度超前布局，硕士研究生招生规模稳步扩大。招生规模统筹考虑国家需求、地区差异、培养条件、培养质量等因素，实行动态调整，差异化配置"③。国务院学位委员会、教育部印发了《专业学位研究生教育发展方案（2020—2025）》。该方案从专业学位研究生教育的成就与挑战、专业学位研究生教育的发展与目标、着力优化硕士专业学位研究生教育结构、加快发展博士专业学位研究生教育、大力提升专业学位研究生教育质量、专业学位研究生教育发展方案的组织实施等六个

① 教育部 国家发展改革委 财政部关于深化研究生教育改革的意见. http://www.moe.gov.cn/srcsite/A22/s7065/201304/t20130419_154118.html[2013-04-19].

② 教育部 国务院学位委员会关于印发《学位与研究生教育发展"十三五"规划》的通知. http://www.moe.gov.cn/srcsite/A22/s7065/201701/t20170120_295344.html[2017-01-21].

③ 教育部.教育部 国家发展改革委 财政部关于加快新时代研究生教育改革发展的意见. http://www.moe.gov.cn/srcsite/A22/s7065/202009/t20200921_489271.html[2020-09-21].

方面规划了专业学位研究生教育的改革与发展。

2021 年 1 月，教育部办公厅发出通知，要求相关部门和单位做好 2021 年高校思想政治工作骨干在职攻读博士学位专项计划工作。2021 年该专项计划指定中国人民大学等 68 所高校招收培养 300 名高校思想政治工作骨干在职攻读博士学位。同年 2 月，教育部学位管理与研究生教育司、司法部律师工作局联合发出《关于实施法律硕士专业学位（涉外律师）研究生培养项目的通知》，决定自 2021 年起，选取北京大学等 15 所高校实施法律硕士专业学位（涉外律师）研究生培养项目。10 月，教育部办公厅下达了 2022 年"退役大学生士兵"专项硕士研究生招生计划。2022 年该专项计划在全国拟招收 6770 名硕士研究生。11 月，国务院学位委员会印发了《交叉学科设置与管理办法（试行）》。该试行管理办法共 5 章 24 条，对试点交叉学科设置与退出、目录编入与退出、管理与监督等进行了规定①。

2022 年 6 月，教育部召开"教育这十年""1＋1"第四场新闻发布会，介绍党的十八大以来研究生教育改革发展成效。研究生教育取得了历史性成就，近年来，研究生教育紧密服务"四个面向"战略部署，持续完善学科专业结构、人才培养结构，全国 800 多个研究生培养单位向经济社会发展主战场输送了 60 多万名博士和 650 多万名硕士，"双一流"建设高校承担了全国超过 80% 的博士生和近 60% 的硕士生培养任务，为党和国家事业发展提供了有力人才支撑②。

2012～2021 年，我国研究生招生规模持续增长，招生总量由 2012 年的 58.97 万人，增长到 2021 年的 117.65 万人，2021 年是 2012 年的近 2 倍，平均增速 7.98%。其中，硕士生招生数量由 2012 年的 52.13 万人增长到 2021 年的 105.07 万人，增幅 101.55%，平均增速 8.10%。博士生招生数量由 2012 年的 6.84 万人增加到 2021 年的 12.58 万人，增幅 83.92%，平均增速 7.00%。2021 年，在学研究生 333.24 万人，比上年增加 19.28 万人，增长 6.14%；其中，在学博士生 50.95 万人，在学硕士生 282.29 万人。③

2）学科、学位授予

2013 年，教育部、国家发展改革委、财政部联合印发了《关于深化研究生教育改革的意见》，确立了"服务需求、提高质量"的总体思路，提出了 26 条深化研究生教育改革的意见，研究生教育综合改革全面启动。"服务需求、提高质量"成为我国研究生教育事业发展的生命线。自此，提高质量成为这一阶段我国研究生教育改革的首要任务，质量第一成为这一阶段我国研究生教育发展的共识和基本原则。5 月，教育部、国家卫生和计划生育委员会批准北京大学等 64 所高校为第一批临床医学硕士专业学位研究生培养模式改革试点高校，探索临床医学硕士

---

① 中国学位与研究生教育大事记（2021 年）. 学位与研究生教育，2022，（7）：89-93.

② 介绍党的十八大以来研究生教育改革发展成效. http://www.moe.gov.cn/fbh/live/2022/54521/sfcl/202206/t20220614_637227.html[2022-06-14].

③ 根据 2012～2021 年全国教育事业发展统计公报整理得来。

专业学位研究生教育与住院医师规范化培训制度的有机衔接。11 月，国务院学位委员会下发通知，决定开展增列硕士专业学位授权点审核工作[①]，本次授权审核实行限额审核、总量控制。

2015 年 7 月，教育部学位管理与研究生教育司发文组织开展 2015 年博士生参加"'蓝火计划'博士工作团"试点工作，意在加强产学研合作、创新人才培养模式、促进高校科技成果转化。同月，国务院学位委员会办公室公布了教育硕士（职业技术教育）专业学位研究生教育试点单位的确认结果，北京理工大学等 45 所院校获准开展教育硕士（职业技术教育）专业学位研究生教育试点工作[②]。

2017 年 1 月，教育部、财政部、国家发展改革委制定并印发了《统筹推进世界一流大学和一流学科建设实施办法（暂行）》。实施办法分为总则、遴选条件、遴选程序、支持方式、动态管理、组织实施、附则七个部分，共 29 条，对实施的原则，一流大学和一流学科建设高校的遴选条件和遴选程序，建设资金、政策、资源等支持，动态管理以及推进实施等做出了规定。3 月，国务院学位委员会印发了《博士硕士学位授权审核办法》。《博士硕士学位授权审核办法》分为总则、组织实施、新增博士硕士学位授予单位审核、新增博士硕士学位点审核、自主审核单位新增学位点审核、质量监管、附则等七章，共 35 条，对博士、硕士学位授权审核工作进行了具体规定。学位授权审核包括新增学位授权审核和学位授权点动态调整两种方式。新增学位授权审核由国务院学位委员会统一部署，每 3 年开展一次。9 月，教育部、财政部、国家发展改革委公布世界一流大学和一流学科建设高校及其建设学科名单，共有 137 所高校入围。其中，一流大学建设高校共计 42 所，一流学科建设高校共计 95 所。

国务院学位委员会印发《关于开展 2017 年博士硕士学位授权审核工作的通知》，决定 2017 年开展博士硕士学位授权审核工作。2017 年博士硕士学位授权审核分为新增博士硕士学位授予单位审核、学位授予单位新增博士硕士一级学科与专业学位类别审核、自主审核单位确定[③]。

2018 年 4 月，国务院学位委员会印发了《关于高等学校开展学位授权自主审核工作的意见》，对稳步推进高等学校开展学位授权自主审核工作提出了十点意见。2019 年 5 月，国务院学位委员会下达了 2019 年增列的可开展学位授权自主审核的单位名单，共有 11 所高校。2020 年 9 月，国务院学位委员会下发文件，部署 2020 年博士硕士学位授权审核工作。2020 年博士硕士学位授权审核分为新增博士硕士学位授予单位审核、学位授予单位新增博士硕士一级学科与专业学位

---

① 中国学位与研究生教育大事记（2013 年）. 学位与研究生教育，2014，（8）：72-77.
② 中国学位与研究生教育大事记（2015 年）. 学位与研究生教育，2016，（9）：75-77.
③ 中国学位与研究生教育大事记（2020 年）. 学位与研究生教育，2021，（6）：89-93.

类别审核、自主审核单位确定等三类审核工作。新增硕士学位授予单位原则上只开展专业学位研究生教育，新增博士学位授权点向专业学位倾斜。西部地区、民族高校在申请新增博士硕士学位授予单位和新增博士硕士学位授权点时，申请条件可降低20%。从严控制新增博士硕士学位授予单位和自主审核单位数量。同年11月，教育部办公厅、国家卫生健康委员会办公厅发文批准北京大学、吉林大学、哈尔滨医科大学、复旦大学、南京医科大学、华中科技大学、中南大学、中山大学、四川大学、西安交通大学、中国疾病预防控制中心等11个单位为高层次应用型公共卫生人才培养创新项目立项单位。12月，国务院学位委员会向各省（自治区、直辖市）学位委员会、新疆生产建设兵团学位委员会、军队学位委员会印发了修订后的《博士、硕士学位授权学科和专业学位授权类别动态调整办法》。《博士、硕士学位授权学科和专业学位授权类别动态调整办法》经国务院学位委员会第三十六次会议审议批准，内容包括总则、学位授予单位自主调整、省级学位委员会统筹调整、其他等四个部分共二十条。国务院学位委员会、教育部发出通知，决定设置"交叉学科"门类（门类代码为"14"）、"集成电路科学与工程"一级学科（学科代码为"1401"）和"国家安全学"一级学科（学科代码为"1402"）。

2021年10月，《国务院学位委员会关于下达2020年审核增列的集成电路科学与工程一级学科学位授权点名单的通知》发出，决定增列"集成电路科学与工程"一级学科博士、硕士学位授权点。同年12月，中央全面深化改革委员会第二十三次会议召开，审议通过了《关于深入推进世界一流大学和一流学科建设的若干意见》，要突出"培养一流人才、服务国家战略需求、争创世界一流的导向，深化体制机制改革，统筹推进、分类建设一流大学和一流学科"。办好世界一流大学和一流学科，必须扎根中国大地，办出中国特色。要牢牢抓住人才培养这个关键，坚持为党育人、为国育才，坚持服务国家战略需求，瞄准科技前沿和关键领域，优化学科专业和人才培养布局，打造高水平师资队伍，深化科教融合育人，为加快建设世界重要人才中心和创新高地提供有力支撑。

3）财政

2013年2月，财政部、国家发展改革委、教育部联合印发了《关于完善研究生教育投入机制的意见》，对我国对研究生教育投入进行改革，明确从2014年秋季学期起，全面实行研究生教育收费制度，硕士生每生每年不超过8000元，博士生每生每年不超过10 000元，构建以政府投入为主、受教育者合理分担培养成本、高等学校等研究生培养机构多渠道筹集经费的研究生教育投入机制，即财政拨款、奖助、教育收费相结合的研究生教育投入机制①。

① 财政部 国家发展改革委 教育部关于完善研究生教育投入机制的意见. http://www.moe.gov.cn/jyb_xxgk/moe_1777/moe_1779/201303/t20130302_148129.html[2013-02-28].

《中央高校建设世界一流大学（学科）和特色发展引导专项资金管理办法》中教育部和财政部重申：人员经费支出用于人才引进的，东部地区高校不得用于从中西部、东北地区引进人才，高校之间、高校与科研院所等单位之间不得片面依赖高薪酬高待遇竞价抢挖人才。

多年来，通过实施"211 工程""985 工程"以及"优势学科创新平台""特色重点学科项目"等重点建设，一批重点高校和重点学科建设取得重大进展，带动了我国高等教育整体水平的提升，为经济社会持续健康发展做出了重要贡献。同时，重点建设也存在身份固化、竞争缺失、重复交叉等问题，迫切需要加强资源整合，创新实施方式，推进我国从研究生教育大国向研究生教育强国转变[①]。

2020 年 7 月，我国召开了新中国成立以来第一次全国研究生教育会议，这是我国研究生教育史上的重要里程碑。会前习近平总书记对研究生教育作出重要指示，李克强总理作出重要批示，孙春兰副总理出席会议并作重要讲话[②]。同年 9 月，教育部、国家发展改革委、财政部联合印发了《关于加快新时代研究生教育改革发展的意见》，就加快新时代研究生教育改革发展进行了部署。其中，在"切实加强组织领导，完善条件保障"部分，特别提到了"改革完善资助体系"。

改革开放以来，我国在研究生教育经费资源配置方面进行了大胆的尝试，成效明显，为研究生规模与质量的显著提高提供了重要的财力保障。但就整体而言，研究生资助投入总额和力度还明显不足，在结构方面也存在区域差异较大，与经济发展、科技发展和人才需求关联不够紧密，仍然面临着坚持需求导向，更好地匹配国家战略发展的重大使命与任务。

1.3 研究生教育资源配置的相关理论

1.3.1 资源配置理论

资源配置理论起源于古典经济学，亚当·斯密在其著作《国富论》（全称为《国民财富的性质和原因的研究》）中把市场机制比喻为"一只看不见的手"，探讨了资源配置问题，认为实现资源配置的唯一方式是自由市场，并提出成为古典经济学资源配置理论的基石的资源配置一元论[③]。

---

① 国务院关于印发统筹推进世界一流大学和一流学科建设总体方案的通知. http://www.moe.gov.cn/jyb_xxgk/moe_1777/moe_1778/201511/t20151105_217823.html[2015-10-24].

② 教育部发布会介绍《关于加快新时代研究生教育改革发展的意见》等有关情况. https://www.gov.cn/xinwen/2020-09/23/content_5546215.htm[2020-09-23].

③ 斯密 A. 国富论（上卷）. 郭大力, 王亚南, 译. 北京：商务印书馆, 1979.

19世纪末意大利经济学家维尔弗雷多·帕累托在《政治经济学讲义》中首次提出生产资源最适度配置问题，他最早在关于经济效率和收入分配的研究中使用帕累托最优（Pareto optimality），也被称为帕累托效率理论，该理论的提出是为了把有效资源进行合理分配以达到最佳的利用效率。它主要用来测量一个组织或者政策是否能够取得最大化的效率。该理论的基本思想是：只有使资源分配最优化时，一个组织才能获得最大化的效率和收益。根据帕累托效率理论，一个组织或政策的资源配置应该是有效的、充分的、可靠的以及均衡的。换句话说，它应该满足以下几个要求。

（1）有效性：配置的资源和投入应该能够达到预期的目标。

（2）充分性：缺乏资源和投入会影响目标的实现。

（3）可靠性：资源和投入应该具有可靠性，以达到预期的效果。

（4）均衡性：资源应该均衡地配置，以达到最优化的结果。

古典经济学强调应该由市场配置资源，通过使用供求关系来调整市场需求和供给，从而提高社会总体的生产效率。同时，古典经济学认为，政府的介入可能会干扰市场机制，影响市场的效率，从而使社会总体的生产效率降低。因此，古典经济学强调，政府的作用应该仅限于法律法规的制定和执行，而不应该干预市场机制。亚当·斯密在《国富论》中提出"看不见的手"会对市场经济进行调节，并阐述市场对稀缺资源配置的作用机理：在市场秩序下，每个人都努力把他的资本尽可能用来支持私人产业，并努力实现其私人产业价值最大化，结果必然导致整个社会福利最大化。当资源投入的领域利润下降时，人们会降低资源而投入利润更高的领域，从而实现了资源的自动调节和合理配置。

经济体系的资源和产量配置达到帕累托最优状态是指资源配置达到公平与效率的理想状态，不可能再有帕累托改进的余地，调整资源配置已经不能增加任何社会成员福利的状态。帕累托最优是在既定的前提下考察资源的最优配置，是剥离影响社会福利收入分配的其他因素，仅从配置效率角度论证社会福利的极大化。在完全市场竞争中，商品的均衡价格实现了生产和交换的帕累托最优状态。

以亚当·斯密为代表的古典经济学影响了西方经济发展长达一个多世纪。然而，随着生产力的迅速发展，世界性经济危机的频繁爆发，古典经济学在研究和实践运用过程中均不能满足要求。新古典综合派资源配置理论代表人物萨缪尔森认为，依靠市场进行资源配置或依靠政府进行资源配置都可能存在配置失灵，并提出基于市场调节和政府干预在资源配置中共同发挥作用的资源配置二元论，资源配置理论至此形成了相对完整的理论结构体系。此后，新制度经济学对新古典经济学资源配置理论进行了修订，并引入了制度分析，使不同制度安排下的资源配置方式有了规范化的比较基础。

从 19 世纪 70 年代开始，出现了以边际效用价值论、一般均衡论以及边际生产力论为主要内容的边际革命，这标志着新古典经济学的诞生。新古典经济学的资源配置理论以资源稀缺性为假设出发点，即"人力资源和非人力资源的数量都是有限的""能够生产各种商品的全部资源的有限性，使得人们必须在各种相对稀缺的商品中间进行选择"。人类社会面临生产什么和生产多少、如何生产以及为谁生产的三大基本经济问题，但是，由于人类社会处于人的资源有限性与人的欲望无限性的两难境地，因此，资源的优化配置成为新古典经济学的核心研究问题。新古典经济学分析资源配置的理论基础为"均衡价格论"，其假设经济系统是一个由生产者和消费者两大经济行为体构成的封闭系统，所有生产要素与产品都是通过市场交换达到系统内物质流和信息流的循环，进而实现稀缺资源在消费者与生产者之间的流通。在市场交换的过程中，存在一种利益驱动机制，促使经济上实现效用最大化和利润最大化，自发调节需求与供给，最终达到某种均衡的状态，实现资源的有效配置。

1.3.2　正义论

正义和公平理论是由美国心理学家亚当斯在 1965 年提出的，该理论通过分析工人动机与工资的关系，研究工资报酬分配的合理性、公平性和职工的积极性。教育公平是社会公平的一个分支，也是社会公平的重要组成部分，是评价社会公平的标准之一。

教育机会均等理论由科尔曼提出。1966 年，科尔曼调查了 4000 所学校的 64 万名学生并撰写了调查报告《教育机会平等》。科尔曼以教育机会均等来阐述教育公平，科尔曼在报告中提出了五种不均等的界定，包括社区对学校的投入差异、学校对学生的投入差异、教师对学生的投入差异、相同能力学生教育结果的界定差异和不同能力学生的教育结果界定差异。

教育起点公平、过程公平和结果公平理论是由胡森提出的。其从"公平"和"机会"两个方面对教育机会均等进行阐述。胡森认为教育起点公平是指每个人都可以公平无歧视地获得受教育的机会进行学习；其认为教育过程公平是指不同种族和社会的人在受教育的过程中得到平等的对待；教育结果公平是指入学或者教育成果得到平等的对待和评价。

分配公平理论是由罗尔斯提出的，其研究了社会机构在分配资源时的权利和义务，他指出正义的主要问题是分配及权利和义务的社会主要制度，以及决定由社会合作产生的利益的划分方式。罗尔斯的正义是指社会制度的正义和分配的正义。

　　研究生教育资源配置中的公平和效率问题是一个非常重要的问题。一方面，公平是配置教育资源的基本原则，也是社会的基本要求，教育资源配置应该公平，以确保所有学生都能够拥有平等的机会，接受高质量的教育；另一方面，教育资源配置应该尽可能有效地利用有限的教育资源，尽可能地达到最大的效益，使更多的学生能够受益，如果因为绝对的公平，资源配置效率低下，妨碍研究生教育的发展，也就无所谓什么公平。因此，研究生教育资源配置应该兼顾公平和效率，既要保证教育资源的公平分配，又要确保教育资源的有效利用，同时尽可能减少资源的浪费。

1.3.3　生产理论

　　生产理论是一种经济学理论，主要研究商品和服务的有效生产方式，以及如何以最小的成本获得最大的产出。它试图把经济活动抽象为基本的变量，如劳动、资本和技术，以期更好地理解它们在经济增长中扮演的角色。

　　资源配置生产理论是一种经济学理论，旨在研究如何有效地配置有限的资源来产生最大的经济效益。它认为，一个经济体可以采取最有效的资源分配方式来最大限度地提高其生产能力，进而实现经济增长和发展。它强调有效的资源分配是获得最大经济效益的关键，并建议采取最有效的资源分配模式，以及改善经济结构，以实现高效的资源配置。资源配置生产理论是指一种经济理论，它以资源分配为重点，研究如何最有效地将资源分配到各个行业的过程，以及如何使用资源来最大限度地提高生产效率。资源配置理论的主要目的是解决资源的有效配置，因此它着重于对资源的分配效率进行评估，而不是单独地考虑各个行业的增长率或经济利益。资源配置生产理论认为，资源的有效配置能够提高生产率，给社会带来经济效益。

　　资源配置生产理论是指在给定的资源限制下，企业的利润最大化的经济理论。它的核心思想是企业应当根据市场情况，合理配置其有限的资源，以满足消费者的需求，从而获得最大的利润。资源配置理论把企业资源配置分为三个层次：资源选择、配置和调整。资源选择是指企业识别其有限的资源，根据市场情况，选择或购买资源；资源配置是指根据市场的需求，企业分配资源，确定产品的结构、功能和价格；资源调整是指根据市场的变化，企业调整资源的配置，以达到最佳的经济效益。

　　资源配置生产理论应该遵循以下几个原则。

　　（1）发展原则，资源配置应该能够推动生产和社会的发展。

　　（2）科学原则，资源配置应尽可能地发挥经济效益和社会效益，科学合理地配置资源。

（3）均衡原则，资源配置应注重均衡发展。

（4）分工原则，研究生教育资源配置应充分发挥各方面的优势，实行分工合作，建立资源共享机制。

（5）可持续性原则，资源配置应确保可持续发展，使资源有效利用，实现高效率、低成本的可持续发展。

1.3.4 博弈论

博弈论，又称为对策论（game theory）、赛局理论等，既是现代数学的一个新分支，也是运筹学的一个重要学科。博弈论主要研究被公式化的激励结构间的相互作用，是研究具有斗争或竞争性质现象的数学理论和方法。博弈论考虑游戏中的个体预测行为和实际行为，并研究它们的优化策略。生物学家使用博弈论来理解和预测进化论的某些结果。

博弈论初期并非用于资源配置领域，而劳动资源配置博弈论是一种应用博弈论的研究方法，它考虑了企业决策者在投资和决策过程中的劳动资源配置问题。它涉及企业决策者如何分配企业的劳动资源，以最大化企业的效率和利润，最大化劳动力的收益，并解决企业与劳动力之间可能存在的冲突。劳动资源配置博弈论在企业决策中占有重要地位，因为它能够指导企业决策者如何有效地配置劳动资源，从而获得更多的收益。

博弈论已经成为经济学的标准分析工具之一。在金融学、证券学、生物学、经济学、国际关系、计算机科学、政治学、军事战略和其他很多学科都有广泛的应用。根据自组织理论，竞争是系统行为变化最根本的动力，它能够提高资源配置效率，有利于资源配置达到经济上的合理性，而行为主体间的竞争性决定了配置行为的博弈性，主要表现在争夺既有资源和开发新资源两个方面，分别与资源存量配置、增量配置相对应[①]。

资源存量配置是对资源的不合理布局进行调整，由于信息资源效用难以计量，加之人们对资源效用的认识、挖掘和接受能力有限，资源的效用通常不可能仅在一次配置与共享信息资源活动过程中全部发挥，"溢出"的效用可以通过资源共享渠道的再次配置，让其他主体共同享用。当然，一定数量的资源效用是有限的，不可能在所有主体中无限制地共享，而是各主体根据其能力、适应性程度和博弈条件，采取有利的博弈策略和行为。资源增量配置是对新增信息资源的配置。为了竞争取胜，并保持和提高自身的生存与适应能力，各行为主体竭力改善竞争条件、手段和策略。行为主体在全面、准确地了解资源分布现状、预测需求变化以

---

① 陈明红. 信息生态系统中资源配置的博弈行为分析. 情报理论与实践, 2010, 33（9）: 17-22.

及不同地区和组织需求变化的基础上，不断创新，开发新资源，增加资源数量，动态调整能满足战略需求层面的资源体系。

在人类社会演化过程中，资源存量配置和增量配置交互进行。资源效用的不确定性、配置行为的可选择性以及主体具有的自适应性和自组织性决定了配置过程必然存在博弈。博弈行为可能发生在争夺有限资源和开发新资源的过程中，如商品的买卖双方、创新技术和产品的研发人员、政府与公共资源管理部门等在资源的开发、利用、共享与分配方面都存在不同程度的博弈。配置过程中的博弈行为既可避免资源的重复生产，减少环境污染、产生垃圾，节约资源建设的人力、物力、财力和时间，又可提供更符合人类需求的资源。经过多次博弈，最终会实现配置的最优状态，即帕累托最优。

一场博弈需要包含以下五个要素。

（1）博弈参与者：能够独自提出每个回合的对策，做出相应行动，并能够承担结果的人或集体。

（2）博弈信息：参与者可以获取的对提出对策、做出行为有所帮助的情报、资料等信息。

（3）博弈对策集合：参与者可以做出的全部行为、对策的集合。

（4）博弈次序：参与者做出策略选择的先后顺序。

（5）博弈方收益：各博弈方做出决策选择后产生的得失结果。

1.4　"互联网+"时代研究生教育资源配置面临的挑战

资源配置主要分为政府主导的研究生教育资源配置、市场主导的研究生教育资源配置和混合资源配置，政府主导的研究生教育资源配置有利于教育公平，但是无法把握社会对高等教育的需求，无法达到资源利用率的最大化。市场主导的研究生教育资源配置能够最大化地利用教育资源，但是忽视了教育的公平性。伴随着我国高等教育的大众化进程，研究生教育规模快速扩张，研究生教育中的物质资源（如人力、物力、财力）、非物质资源（如知识、信息、管理制度）、思想教育资源（如地域文化、家庭）等资源的分配导致不同学校在办学条件、师资队伍、人才培养等方面存在差距。

目前研究生教育资源配置存在的问题主要包括空间区域性差异过大、层次结构布局不合理、研究生资源利用率不高、资源配置不均匀、传统资源配置理论不能满足"互联网+"时代资源配置需要等问题。

研究生教育资源配置的空间区域性差异过大，由于经济发展的不平衡，优质教育资源主要集中在经济发达地区。张玉峰指出，我国由于地理、历史等原因，东部地区经济比中、西部地区更加繁荣，教育经费更加充足，院校数量更多①。如图 1.1 所示，截至 2020 年，东部地区、西部地区、中部地区、东北地区普通高校数量分别为 1028 所、734 所、718 所、258 所。其中，在中央部门办 118 所高校中，东部地区占 76 所，西部地区占 18 所，东部约是西部的 4.2 倍，区域差异明显。

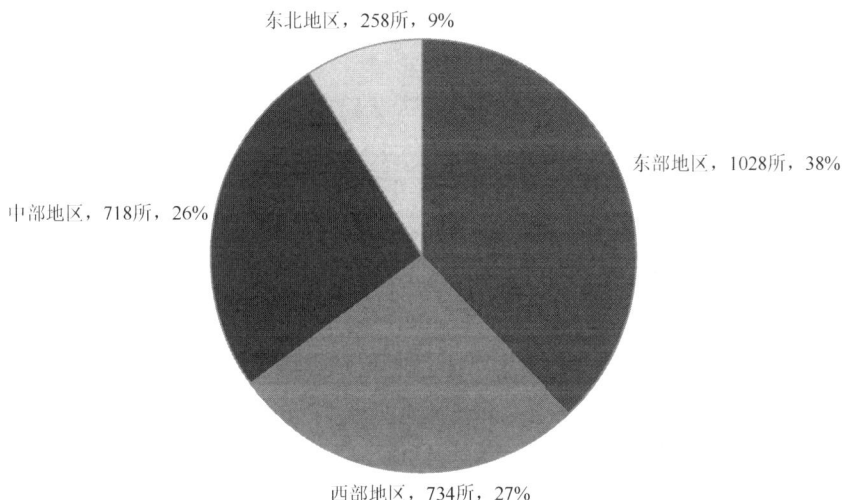

图 1.1　2020 年我国各区域普通高校数量分布情况

资料来源：教育部网站

　　根据 2020～2021 年度我国研究生学校数量地区分布情况，研究生教育资源主要集中在我国中、东部地区，西部地区整体教育资源薄弱，青海、西藏、内蒙古、贵州、宁夏五个地区的高校数量均不到十所，山东一个地区的高校数量几乎与这五个地区的高校总数持平。东部沿海区域和发达区域在获取教育资源上更为容易，而西部地区和东北地区在获得资源上更为困难。

　　31 个省区市中，拥有"双一流"高校数量最多的 6 个省区市的高校数量已经占据了全国这些高校的一半以上。按校本部所在地算，北京、江苏和上海的"双一流"高校均达到 10 所以上，而在广西、贵州、云南等西部地区，"双一流"高校数量较少。在研究生招生过程中，不同地区差异也十分明显。北京作为全国的政治经济文化中心，其经济以及教育享有得天独厚的发展优势。北京拥有 57 所具有研究生培养资质的高校，无论办学资源、教研产出、学术声誉还是研究生教育质量与影响力，都是其他省区市所无法企及的。2020 年，北京研究生报考人数达 42.5 万人，

----

① 张玉峰. 高等教育不公平问题分析及对策研究. 太原：山西财经大学，2013.

招生人数达 14.3 万人，占全国研究生招生人数的 13%，独占鳌头。上海、江苏凭借较强的办学条件、良好的发展势头也吸引了大量考生。湖北、广东、辽宁、山东等教育大省，也占据了相当的份额。受地理位置的影响，一些西部地区，如宁夏、青海、西藏等，办学条件相对较弱，招生人数和报考人数十分有限。在博士研究生招生单位的布局上，东、西部地区也存在巨大差异。由此可见，研究生教育的地域优势非常明显，区域经济是研究生教育发展的决定因素，经济水平较高的地区能为研究生教育发展提供充足的物质基础和经济保障。

层次结构布局不合理，社会急需的人才受到招生计划指标的限制，部分高校可能会出现偏好特定专业或研究方向的现象，从而影响教学质量。国务院学位委员会、教育部印发的《专业学位研究生教育发展方案（2020—2025）》明确到 2025 年，"将硕士专业学位研究生招生规模扩大到硕士研究生招生总规模的三分之二左右"。国家需要大量硕士专业学位研究生人才，以适应经济和科技发展需求。2012～2021 年，我国培养了 60 多万名博士和 650 多万名硕士。在进一步完善学科结构、加强学科建设的同时，专业学位得到大力发展，硕士专业学位授予人数占比从 2012 年的 35%增长至 2021 年的 58%，博士专业学位授予人数占比从2012 年的 5.8%增长至 2021 年的 9%。

研究生资源使用率不高，开放和共享率不足。区域内重复建设现象频发，各个学校抱着人有我的思想，投入大量资源建设使用率不高的实验室、小众数据库等资源。同时，大量且优异的资源集中在高级职称的员工手中，导致对资源的利用率不高。因此，高校建设需要克服小而全的思想，通过高校联盟、合作院校等方式，开放共享实验室、共享图书馆等资源。

研究生教育资源配置不均匀，如设备使用、经费投入等。研究生在研究学习中需要用到许多实验设备，但学校的设备投入不足，使得实验设备的配备不合理，影响研究生的实验学习和研究工作，从而影响了他们的创新能力。此外，高校教师配备不合理，导致教师不能及时有效地指导研究生，影响了研究生学习水平的提高。随着我国研究生规模的迅速扩大，研究生导师队伍的发展相对滞后。导师数量主要体现在生师比上，即一位导师带多少名学生[1]。通过对在读研究生的意愿进行调查，得出研究生期望每位导师最多带 6 名研究生，即每届 2 人[2]。根据所调查的学生、所访谈的导师和有关的教学管理者心目中合理的班级规模、教师上一门课所必须完成的基本工作（包括授课和必要的作业批改等）等要素，计算在师生心目中的合理生师比情况。通过考察国内外的生师比情况，确定了在我国现有

---

[1] 陈世海，宋辉，滕继果. 高校导师与研究生关系研究——以华中地区某高校为个案. 青年探索，2003，（6）：27-30.

[2] 施华昀. 我国高校硕士生教育的生师比问题研究. 厦门：厦门大学，2006.

的教育规模和水平下，硕士研究生教育的合理生师比在 7 与 8 之间，即每位研究生导师每届带 3 人左右。

根据教育部网站公布的数据（图 1.2），2013～2016 年，全国研究生招生扩招幅度较为稳定。2017 年，全国研究生招生人数超过 80 万人，同比增长 21%。同年，研究生指导教师人数仅增长了 4%。2020 年，全国研究生招生人数超过 110 万人，全国共有研究生指导教师 46.21 万人，虽然同 2017 年相比，研究生指导教师人数增长了近 22%，但是同迅速扩大的研究生招生规模相比，仍有不小的差距。据调查，不同的研究生导师可招人数不尽相同，有的导师可能每届只能带 1～2 人，有的导师却能带 5～6 人，这与其年龄、职称等因素挂钩。普遍来看，每名研究生导师一届可招 3～4 人，也就是一名导师所带学生可能超过 10 人。2021 年陕西××大学研究生扩招 45%，研究生与导师比例高达 15∶1。

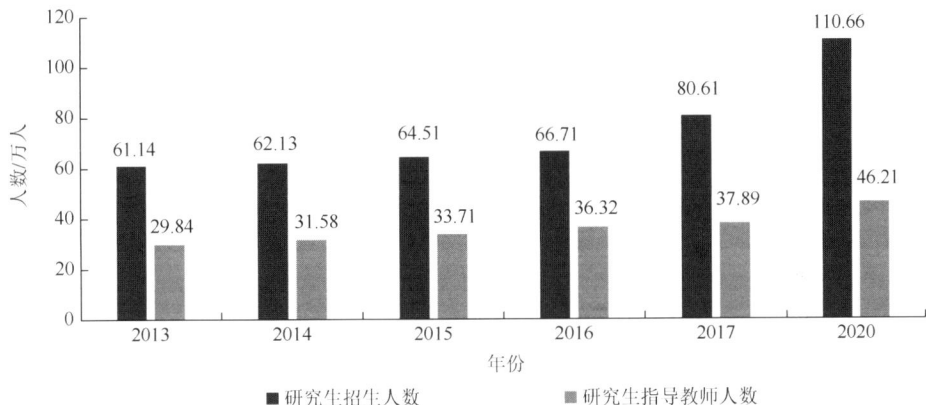

图 1.2　全国研究生招生人数及指导教师人数增长情况

资料来源：教育部网站

另外，随着研究生规模的扩张，我国研究生数量不断上升，优质的教师资源向重点高校流动。这种定向的单向流动导致高校间人力资源的差距加剧，不利于研究生教育的均衡发展，其中西部地区和不发达地区都处于劣势。研究生培养过程中人力资源配比失衡，研究生导师在每位研究生身上难以投入充沛的精力，可能导致指导的深度不够，研究生培养质量下滑。

此外，研究生教育资源配置也受到财政投入、专业及研究方向和政策等因素的影响，从而使得部分高校的研究生资源分配不公平。充足且稳定的财力资源是提高研究生教育水平的保证，其来源渠道主要有政府拨款和民间资本（社会及个人的捐助）。蒋义通过对世界各国教育投入历史数据的比较分析，发现一国教育投入与经济发展水平之间具有非常明显的正相关效应，4% 的教育投入水平事实上成为公共教育支出占 GDP 比重必须达到的一种分配规律[1]。2021 年全国两会期间，全国政协委员贺云翱对记者谈起"十三五"期间我国财政教育投入的成果不断巩固，为"超 4"行动点赞。但是，他也直言，全球教育开支占 GDP 比重均值为 4.487%，在世界有可比数据的 190 个国家和地区中，4.04%这一数字仅居第 110 位。"美国教育总支出占 GDP 比重约为 7%。作为 GDP 全球排名第二的大国，我们的教育投入占比还未达到世界均值。"[2]可见，我国教育经费的投入还应进一步提升。研究生教育经费大部分来源于政府拨款，民间资本参与度相对较低。同时，科学研究是研究生培养过程中的重要任务，科研经费是其基本保障。因此，我们可以通过高校科研经费的情况去推断研究生教育资源中财力投入的大致情况。如表 1.1 和表 1.2 所示，本节在选取 11 所境内大学（其中一些高校的部分年份数据无法获取）、AAU（Association of American Universities，美国大学协会）、RG（The Russell Group，罗素大学集团）和 Go8（Group of Eight，八校联盟）中的 8 所英国、美国大学以及其他 4 所亚洲一流大学 2019～2023 年五年的预算经费和专任教师数量数据，并对数据进行了统计和对比。其中，美元、英镑、港元对人民币的汇率采用当年全年的平均汇率；数据中存"约"表示当年高校未公布具体的专任教师数量，采用往年的专任教师数量进行计算。

表 1.1　2019～2023 年境内外 23 所高校师均预算经费情况

高校名称	师均预算经费/万元				
	2019 年	2020 年	2021 年	2022 年	2023 年
北京大学	415.70	402.23	650.69	590.62	588.00
清华大学	852.80	871.53	871.46	968.70	1070.89
浙江大学	512.70	547.90	544.50	595.48	671.01
复旦大学	389.84	413.98	416.59	479.20	475.65
上海交通大学	510.62	509.58	531.30	581.44	716.76
南京大学	约 356.814	约 365.06	约 397.74	430.48	约 448.43
中国科学技术大学	约 384.83	约 407.30	约 410.11	417.98	810.50
西安交通大学	约 236.52	约 271.39	—	约 358.54	392.33
武汉大学	—	—	279.41	489.12	392.02
中山大学	458.28	464.00	466.75	431.89	413.12

---

① 蒋义. 4%：公共教育支出占 GDP 比重必须达到的分配规律——基于世界各国教育投入历史数据的比较分析//中国教育学会教育经济学分会. 2010 年中国教育经济学学术年会论文集，2010：540-557.

② 全国政协委员贺云翱：将财政教育经费支出占 GDP 比例提升至 5%～6%. https://baijiahao.baidu.com/s?id=1693532799819421380&wfr=spider&for=pc[2024-03-01].

续表

高校名称	师均预算经费/万元				
	2019 年	2020 年	2021 年	2022 年	2023 年
北京航空航天大学	—	—	580.0	492.41	455.81
麻省理工学院	2568.65	2541.19	2392.03	2683.52	3037.26
斯坦福大学	约 3726.41	3774.59	3945.92	4448.40	4998.45
哈佛大学	约 1671.84	约 1629.76	1489.18	1729.99	1897.69
剑桥大学	1042.61	1016.53	约 1049.10	约 981.39	约 1194.92
约翰霍普金斯大学	1308.27	1320.34	1271.02	1481.73	1719.10
华盛顿大学	约 2238.95	约 2246.01	约 2230.16	约 2725.86	2960.86
帝国理工学院	725.56	664.18	710.40	710.65	811.54
耶鲁大学	约 2270.92	约 2349.17	约 2369.0	约 2594.42	2884.23
香港科技大学	648.33	815.19	782.20	575.07	723.92
香港大学	866.71	1017.27	1097.35	819.43	1140.12
南洋理工大学	约 382.12	约 428.22	约 768.12	约 385.80	约 300.67
新加坡国立大学	147.67	12.67	569.13	144.19	209.08

资料来源：各高校官网信息公开

表 1.2 2019～2023 年各地区部分高校师均预算经费情况

地区	师均预算经费/万人民币				
	2019 年	2020 年	2021 年	2022 年	2023 年
境内一流大学均值	457.57	472.55	514.86	530.53	584.96
英国、美国一流大学均值	1944.15	1942.72	1932.10	2169.50	2437.26
亚洲一流大学均值	552.22	591.19	789.83	580.64	672.11

资料来源：各高校官网信息公开

可以看到，清华大学在这五年里师均科研经费均高于亚洲一流大学均值，但境内一流大学均值与亚洲一流大学均值依然存在差距。美国一流大学师均科研经费仍领跑英国、澳大利亚高校。近年来，我国不断强化科教资源投入，但美国一流大学的霸主地位依然难以撼动，我们仍需继续保持并提高科研经费的投入产出比与利用率，加快追赶世界一流大学发展的步伐。

传统的研究生教育资源配置理论不能满足"互联网+"时代的需要。研究生教育资源配置在互联网时代发生了重大变革，甚至是革命性的。首先，研究生教育资源在网络上可以更容易获取，学生可以利用网上的资源获取研究生教育资源，从而提高自己的知识水平。其次，研究生教育资源分发也发生了变化，学生可以轻松地从互联网上获取到自己需要的资源，而不用去参加实体教室的课程。研究生教育资源的内容也发生了变化，学生可以从互联网上获取到更加丰富多样的资源，而不仅仅是学术类的资源，还可以获取到和生活相关的资源，有助于学生更好地掌握知识。

目前研究生教育资源配置在配置知识产出、指标体系、配置模型、评价体系等方面已无法适应"互联网+"时代，"互联网+"时代的研究生教育资源配置需要重视汇聚、重构和牵引。汇聚是指借助"互联网+"，促进人际互动、资源共享与成果转化；重构是指借助"互联网+"，创新内部管理模式；牵引是指完善教育治理体系。因此，亟待建立大数据驱动的研究生教育资源配置新模式，为研究生教育重点建设过程监测、宏观政策调控提供科学依据和动态支撑。"互联网+"时代研究生教育管理是以互联网为基础和动力的研究生教育管理新形态。"互联网+"时代研究生教育资源配置包括知识生产、影响因素、配置理论、指标体系、配置模型等方面。配置理论为研究生教育资源配置提供理论基础。指标体系用于聚合研究生教育资源配置的影响因素并选择合适指标。配置模型解决互联网配置中的具体问题。表 1.3 列举了传统研究生教育资源配置与"互联网+"时代研究生教育资源配置的不同之处。传统研究生教育资源配置的知识生产存在来源单一、生产缓慢、结构简单等特点，"互联网+"时代研究生教育资源配置的知识生产的特点是多源异构、海量数据、快速产出；传统研究生教育资源配置是局部且片面的，而"互联网+"时代研究生教育资源配置全局且总体；传统研究生教育资源配置的配置理论为人力资源理论、公平论，而"互联网+"时代研究生教育资源配置的配置理论是域变换、博弈、对抗；传统研究生教育资源配置使用的指标多为静态指标、传统指标，"互联网+"时代研究生教育资源配置采用的指标除了传统指标外，还增加了互联网相关的指标和动态指标；在配置模型上，传统的研究生教育资源配置采用传统配置模型，如层次分析法等方法，而"互联网+"时代研究生教育资源配置采用深度学习、对抗学习等学习算法。

表 1.3　传统研究生教育资源配置与"互联网+"时代研究生教育资源配置比较

项目	传统研究生教育资源配置	"互联网+"时代研究生教育资源配置
知识生产	来源单一、生产缓慢、结构简单	多源异构、海量数据、快速产出
影响因素	局部、片面	全局、总体
配置理论	人力资源理论、公平论	域变换、博弈、对抗
指标体系	静态指标、传统指标	互联网指标、动态指标、传统指标
配置模型	传统配置模型，如层次分析法	深度学习、对抗学习

1.5 研 究 内 容

本书针对目前研究生教育资源配置在配置模型、评价指标体系等方面难以适应"互联网+"时代需求的情况,在研究生教育资源理论、模型等方面开展研究并进行实例分析。本书的主要内容如下。

(1)总结了国内外研究生教育资源配置的发展状况,提出了"互联网+"时代研究生教育资源配置面临的挑战。

(2)研究资源配置理论,提出了一种新的理论——资源配置域变换理论,从域变换定义、域变换影响因素、域变换机制、域变换策略以及域变换方式等方面对域变换理论进行系统阐述。

(3)研究"互联网+"时代研究生教育资源配置模式,分析了研究生教育资源配置主体,提出了研究生教育资源配置的域变换机制、域变换策略和域变换方式。

(4)在分析"互联网+"时代研究生教育资源配置特点的基础上,研究"互联网+"时代研究生教育资源配置模型,针对层次分析法等静态分析法无法揭示指标间隐含的语义关系、权重难以有效确定的问题,研究"互联网+"时代研究生教育资源配置评价指标体系。

(5)以博士生招生指标为实例,介绍了在"互联网+"时代实现研究生教育资源配置的具体方法。

基于域变换的研究生教育资源配置可以更加有效地结合资源管理的优势,更加合理地分配研究生教育资源,提升资源配置的效能,提高研究生人才培养的质量。

1.6 本 章 小 结

本章首先阐述了研究生教育资源配置的内涵,分析了国内外相关研究状况,重点回顾总结了1977年至今我国研究生教育资源配置的发展历程,以及在这些年我国研究生教育资源配置的特点。其次,本章列举了包括资源配置理论、正义论、生产理论和博弈论等资源配置相关理论。最后,分析了"互联网+"时代研究生教育资源配置面临的挑战。

第2章 资源配置域变换理论

资源配置是一个复杂的系统工程，资源配置涉及分配者与被分配者等多个主体及相互之间的关系。资源配置目标是通过资源的合理配置与利用，使有限的资源取得最大的经济和社会效益。研究生教育资源配置是将研究生教育所需的人力、物力、财力等各类资源进行有效的组合、调配，以最大限度利用资源，提高研究生教育的质量和效益。本书提出一种新的理论——资源配置域变换理论。基于域变换的资源配置可以更有效地结合资源管理的优势，更加合理地分配资源，提升资源配置的效能。

本章首先分析了现有资源配置理论的不足，之后分别从域变换的定义、域中的主体、影响因素、域变换的模式等方面对域变换理论进行阐述。

2.1 现有资源配置理论分析

传统的资源配置理论以经济学中的资源配置为主，提供了一套可用的理论方法和框架来分析和调整资源分配，以便实现最大价值和最高效地使用资源。资源配置理论、正义论、生产理论和博弈论都在资源配置过程中发挥了重要的作用。

资源配置理论最初应用于经济领域，强调市场机制的作用，更多的是以经济学的视角来看待资源配置，忽略了社会价值观以及政治因素；传统的资源配置理论忽略了资源的动态性和可替代性。传统的资源配置理论认为资源是固定的，只能进行静态配置，但实际上，资源是动态变化的，可以根据需要进行替代；传统的资源配置理论局限于经济学理论，无法满足研究生教育资源配置的需要。传统的资源配置理论缺乏对反馈机制的考虑，更多的是以短期的利益为主，无法考虑资源配置的长期影响。

正义论认为资源配置是一个客观、均衡的过程，其核心思想是均衡资源，但是它忽略了资源配置过程中受资源配置影响的主体的偏好、能力和需求等因素的影响；正义论偏重资源配置的“公正性”，而忽略了资源利用的有效性、资源管理的可持续性和资源使用的安全性等因素；正义论忽略了资源配置中不同受益者之间的利益冲突，只关注资源分配的公正性，缺乏有效解决这些冲突的机制。

生产理论关注的是效率的最大化，而不是公平的最大化，生产理论只关注物质资源配置，而忽略了精神资源配置。生产理论忽略了资源配置的多样性，缺乏对资源类型的多样性的考虑。生产理论的模型结构过于简单，无法真正反映实际生活中资源配置的复杂性。

目前传统的资源配置在资源的动态性和时效性、外部因素的影响、资源的多样性等方面难以满足当下研究生教育资源配置的实际需求。为此，本书提出一种新的理论——资源配置的域变换理论。

2.2　域变换理论的相关定义

域变换理论基于域的变化对域所支配资源产生影响，本节就域、主体、域变换等定义做相关阐述。

定义 2.1　域是由一个主体、一个域或多个域和其拥有的资源及其关系组成的资源空间。域是一个递归定义，最小的域是由一个主体和其拥有的资源及其关系组成。

$$D = \{A, R, L\} \tag{2.1}$$

其中，D 表示一个域；A 表示由一个主体、一个域或多个域组成的集合；R 表示 A 拥有的资源；L 表示域之间的关系。

以研究生教育资源配置为例，在研究生教育资源配置领域中，一个高校及其拥有的资源，以及与其他域的关系就是一个域。一个域可以包含一个或多个子域。

定义 2.2　主体是指分配或被分配资源并具有一定管理功能的个体。

域中分配资源的主体分配资源并期待产出的最大化，域中被分配资源的主体获得资源并尽力取得最优产出。个体可能会同时作为资源的分配者和被分配者。

定义 2.3　域变换是指由域的衍生、内生、裂变、合并以及消亡而引起的域、拥有的资源或关系的变化。

域的衍生是指产生新的域。

域的内生是指域拥有资源或者关系发生的变化。

$D = \{A, R, L\}$ 表示原域，$D = \{A', R', L'\}$ 表示内生后的域，则域的内生指 $D \to D'$。

域的裂变是指域分裂成更多的子域。

$D = \{A, R, L\}$ 表示原域，$D_1, D_2, \cdots, D_n$ 表示由 D 分裂的 n 个子域 $D_1 = \{A_1, R_1, L_1\}$，$D_2 = \{A_2, R_2, L_2\}$，$\cdots$，$D_n = \{A_n, R_n, L_n\}$，$A = A_1 \cup A_2 \cup \cdots \cup A_n$，$R = R_1 \cup R_2 \cup \cdots \cup R_n$，$L = L_1 \cup L_2 \cup \cdots \cup L_n$。

域的合并是指两个或两个以上的域合并成一个域。

$D_1, D_2, \cdots, D_n$ 表示 n 个域，其中 $D_1 = \{A_1, R_1, L_1\}$，$D_2 = \{A_2, R_2, L_2\}$，$\cdots$，$D_n = \{A_n, R_n, L_n\}$，合并后的域 $D = \{A, R, L\}$，则 $A = A_1 \cup A_2 \cup \cdots \cup A_n$，$R = R_1 \cup R_2 \cup \cdots \cup R_n$，$L = L_1 \cup L_2 \cup \cdots \cup L_n$。

域的消亡是指域在发展过程中由各种原因导致的域中子域、资源和关系的消失。域消亡后其拥有的资源会被其余域所抢占。

$D = \{A, R, L\}$，$D' = \phi$，D' 是 D 消亡后的空域。

以研究生教育资源配置为例，各个高校作为域的主体，会拥有不同的财政拨款、人力、招生指标等资源。在竞争资源和发展自身的过程中，高校占有的经费、人力、招生指标等资源不断发生变化，并且随着资源的变化，高校域也会进行衍生、内生、分裂等。

定义 2.4　域的关系是子域之间或者子域内的主体存在对抗、竞争或合作的关系。域变换中的对抗指子域内部的主体之间、子域之间存在对抗。域变换中的合作指子域内部和子域之间存在合作。域变换中的竞争指子域内部的主体之间、子域之间存在竞争。

资源具有相对确定性和绝对变化性，在某一时刻资源的总量是确定的，但是随着社会的发展，资源的总量会不断变化。域变换的目的是在资源竞争中处于支配地位，占有更多的资源。在资源有限的情况下，高校域获得的超额资源必然会导致某些高校域占有资源的减少。域为了获得更多的资源，需要进行对抗、博弈，也可以通过合作增强竞争力来获取更多的资源。

合作是指不同的利益相关者之间共同努力，携手实现共同的目标，共同分享资源，以获得共同的利益。例如，教育机构和政府之间可以合作，共同为研究生提供更多的资源，以满足他们的教育需求。对抗是指不同的利益相关者之间为获得更多利益而彼此对抗，双方都在努力抢占资源，以实现自己的利益最大化。博弈是指不同的利益相关者之间在游戏的过程中，以衡量最终结果的方式来分配资源，实现各自的利益最大化。

以研究生教育资源配置为例，在特定时间政府发布的招生指标数量固定，不同的高校要竞争数量固定的招生指标，某些高校招生指标的增加必然会影响其他高校的招生指标。高校需要通过特定的策略发展自身，和其他高校进行博弈以获得最佳的资源配置效果。不同的高校之间可通过合作来共同提高研究生教育的质量。一般而言，合作的形式包括学术交流、资源共享、师资培养等。学术交流主要是指不同高校之间进行学术会议、学术论文交流、学术观点交流等。资源共享主要是指不同高校之间进行计算机系统的联合使用、科研实验设备的共享使用等。师资培养是指不同高校之间进行科研合作，共同培养研究生，增强教师队伍的专业能力。

2.3　域变换理论主体

域变换理论中的主体包括分配资源的个体和被分配资源的个体，其中分配资源的个体负责特定区域内资源的配置，并希望得到产出的最大化。被分配资源的个体被动接收资源，并依赖分配到的资源发展自身。

主体中的分配者和被分配者不是一成不变的，某个主体可能向上作为资源的接受方接受资源的分配，同时主体向下作为资源的配置方向下配置资源。

由于主体的目的是希望资源的产出更大，所以主体间存在资源的竞争关系。

同时各个主体为了发展自身，在资源相对确定的某个时刻，通过博弈竞争更多的资源。

2.4　域变换理论影响因素

资源配置域变换理论影响因素包括外部因素和内部因素。外部因素主要包括国家战略需求与国家政策、社会发展需求、社会态度、经济发展水平、国际形势等。内部因素主要包括域内的主体、域的发展策略、域间的关系等。

2.4.1　外部因素

1. 国家战略需求与国家政策

国家战略需求与国家政策是影响资源配置的直接因素。以我国研究生教育资源配置为例，国家大力实施科教兴国战略，教育优先发展的战略地位凸显，而研究生教育代表着一个国家人才培养水平和科技创新能力。

《中华人民共和国国民经济和社会发展第十四个五年规划和 2035 年远景目标纲要》提出要在 2035 年建成教育强国[①]。作为"教育强国"的重要组成部分，研究生教育肩负着由"做大"转向"做强"的历史使命。通常而言，政策目标的调整常常涉及政策价值选择的转变，带动高等教育的整体发展。1999 年国务院批转教育部的《面向 21 世纪教育振兴行动计划》，提出"研究生在校生规模应有较大的增长"，因此在这样的政策下，2000 年招生人数增幅达到 50%，达到 10 293 人。2016 年，教育部办公厅下发《关于统筹全日制和非全日制研究生管理工作的通知》，2017 年研究生招生人数增长 22%，达到 722 225 人。从整体趋势上来看，自党的十八大以来，我国研究生招生人数由 2012 年 58.97 万人，增长到 2021 年的 117.65 万人，其中，硕士生招生人数由 52.13 万人增长到 2021 年的 105.07 万人；博士生招生人数由 2012 年的 6.84 万人增长到 2021 年的 12.58 万人。

---

① 中华人民共和国国民经济和社会发展第十四个五年规划和 2035 年远景目标纲要. http://www.moe.gov.cn/jyb_xwfb/xw_zt/moe_357/2021/2021_zt01/yw/202103/t20210315_519738.html[2021-03-13].

2. 社会发展需求

社会发展需求需要相应配套的资源配置，而与之匹配的资源配置又促进经济与社会发展，服务构建新发展格局。以我国研究生招生人数配置为例，研究生招生资源是研究生培养单位提高学科评估水平、科研能力等的不竭动力，也是各地区开展经济建设、服务社会民生等的重要人才支柱。社会需求在资源配置中作用的发挥是研究生教育管理改革的重要突破，对解决当前制约我国社会发展的深层次矛盾至关重要。建设高水平人才培养体系，是应对外部挑战，建设高等教育强国的紧迫要求；是适应现代化社会转型升级的迫切需求；是实现内涵式发展，满足人民群众不断提升的高质量高等教育需求的根本途径[1]。调整资源配置结构，创新资源配置模式等，变革研究生培养单位的招生资源配置，实现整体的动态平衡，以满足不同的研究生招生需求。

3. 社会态度

社会态度对研究生教育资源配置有着重要的影响。优先考虑研究生教育配置的社会态度可以促进研究生教育的发展，促进研究生教育资源的优化配置、科学配置以及有效利用。社会对研究生教育资源配置的态度将影响政府和其他机构对研究生教育的投入，也会影响研究生教育的发展方向和重点。如果社会认可研究生教育的重要性，政府就会投入更多的资源来支持研究生教育。如果社会不认可研究生教育，政府就不太可能投入资源去支持研究生教育，这样就会影响研究生教育资源的配置。此外，社会对不同领域研究生教育的认可程度也会影响研究生教育资源的配置，如社会认可某一领域的研究生教育，政府就会投入更多的资源去支持该领域的研究生教育，从而更好地利用研究生教育资源。

4. 经济发展水平

经济发展水平会直接影响研究生教育资源的配置。经济发展水平是一个国家实施研究生教育政策的直接指标。当经济发展水平较低时，政府往往会减少对研究生教育资源的投入，甚至减少研究生教育资源的供给。而当经济发展水平较高时，政府会加大对研究生教育资源的投入，增加研究生教育资源的供给，以便提高研究生教育质量，提高研究生培养水平。经济发展水平也会影响研究生教育资源的分配，如一些技术研究资源、设备资源等，会因为经济发展水平的不同有所差异。另外，经济发展水平越高，政府可以投入更多的资金用于研究生教育的培训和技能开发，以帮助研究生获得更高质量的教育，从而更好地满足社会对高素质人才的需求。

---

① 罗公利. 构建高水平人才培养体系 为实现"三个走在前"贡献高校力量. 山东教育, 2022, (12): 6-9.

以研究生院在不同经济水平地域的省份(自治区、直辖市)为例,1984 年 8 月,经国务院批准,教育部正式发出了《关于在北京大学等二十二所高等院校试办研究生院的通知》,同时印发了《关于在部分全国重点高等院校试办研究生院的几点意见》,一共批准了 22 所研究生院,这 22 所研究生院是我国第一批真正意义上的高等学校研究生院。在此后的 19 年间,全国先后有五批共 57 所高等学校研究生院经教育部批准试办。在累计 57 所研究生院中,仅北京、上海和江苏三地就占了 27 所,占比 47%,而按照 2021 年的人口数据,北京、上海和江苏三地的人口总数为 1.31 亿人,占全国人口总数的 9.32%。2022 年全国 GDP 为 121 万亿元,北京、上海和江苏三地的 GDP 为 20.9 万亿元,占全国 GDP 总数的 17%。由此可见,经济发展水平对研究生教育的资源配置起重要作用[①]。

5. 国际形势

在当今复杂国际形势下,大国战略博弈全面加剧,研究生教育发展面临重大挑战。在总体和平,局部战乱,总体缓和,局部紧张,总体稳定,局部动荡的国际形势下,研究生教育也面临相应的调整。习近平总书记在党的二十大报告中指出,"构建人类命运共同体是世界各国人民前途所在""当前,世界之变、时代之变、历史之变正以前所未有的方式展开"[②]。如何认识新形势下高等教育的价值使命,更好地推进后疫情时代全球融合式创新和合作,培养青年人才全球胜任力的责任和担当,成为建设中国特色、世界一流大学必须回答的世界问题之一。例如,我国的"双一流"建设,就要既瞄准高端,又要对体系有引领和带动作用,使一流大学和一流学科的数量与实力进入世界前列,基本建成高等教育强国。

2.4.2　内部因素

在域变换理论中,域内影响资源配置域的主要因素包括域的主体、主体发展策略、域占有的资源和域之间的关系。域内主体通过发展自我可以争取更有效的资源,更好地实现目标,域的发展策略不同会影响资源的配置,域占有的资源和域间的关系也会影响资源配置的域变换。

1. 域内的主体

域内的主体会影响资源配置。域内资源的配置方是资源配置的重要主体,它负

---

① 李冬英. 转型期我国重点理工大学学科建设研究. 重庆:重庆大学. 2008.
② 习近平:高举中国特色社会主义伟大旗帜 为全面建设社会主义现代化国家而团结奋斗——在中国共产党第二十次全国代表大会上的报告. https://www.gov.cn/xinwen/2022-10/25/content_5721685.htm[2023-10-21].

责分配优质的资源，满足其他主体的需求，实施地方政府的政策，促进资源配置的健康发展。域内资源的被配置方也是研究生教育资源配置的重要主体，它们是政府、资源配置方和市场努力配置资源的直接受益者。被配置方在资源配置过程中的参与有助于推动政府、高校和市场更好地实施资源配置，有利于提高资源配置效果。

2. 域的发展策略

域的发展策略会影响资源配置，资源配置中主体的发展策略对资源配置具有重要的影响。主体的发展策略可以影响资源配置的发展目标、配置方式和配置原则。首先，主体的发展策略会影响资源配置的发展目标。如果主体所属大学主要关注人才培养和学科发展，就会把资源配置优先投入到课程建设、教师队伍建设、实验室设施等方面，以提高学生的学术水平和实践能力；而如果主体所属大学更关注社会服务，就会把资源配置优先投入到社会服务项目建设、咨询服务建设、人才推广等方面，以提高学生的社会实践能力。其次，主体的发展策略也会影响资源配置的方式。如果主体所属大学强调创新，它就会根据自身情况制订具有创新意识的资源配置方案，把资源配置优先投入到创新项目、创新技术、创新人才培养等方面；而如果主体所属大学强调经济效益，它就会根据自身情况制订具有经济效益意识的资源配置方案，把资源配置优先投入到科技转移、科技服务、科技成果产业化等方面。最后，主体发展策略也会影响资源配置的原则。如果主体所属大学强调公平，它就会根据学校的具体情况，以公平和公正的原则，充分考虑各个学科领域、各个学院、各个班级、各个学生的需要，均衡配置资源；而如果主体所属大学强调效率，它就会根据学校的具体情况，以效率优先的原则，充分考虑资源的有效利用，为有效发挥资源的作用，优先把资源分配给需要的项目和领域。

3. 域间的关系

域内主体与主体之间、域与域之间的关系也影响资源的方式和效果。合理的关系可以帮助主体有效地沟通和协作，从而提高组织效率，在资源有效分配方面发挥作用。在资源配置中，主要有以下几种不同的主体关系：①政府部门之间的关系；②学校与政府之间的关系；③学校、学生与市场的关系；④学校与学生之间的关系。首先，政府部门之间的关系会影响研究生教育资源配置。各部门之间的协调能否达成共识，将直接影响资源配置的效果。如果政府部门之间的联系和沟通不畅，将会导致研究生教育资源的配置不够有效，资源的利用效率也会受到影响。其次，学校与政府之间的关系也会影响研究生教育资源配置。政府可以根据学校的需求，制订有针对性的研究生教育资源配置方案，使资源的分配更加科学、合理。同时，学校也可以向政府提供更多的信息，以帮助政府更有效地配置研究生教育资源。再次，高校和市场之间的关系是密切的，高校要求市场提供合理的研究生教育资源，以满足研究生教育需求，提高研究生教育质量。市场也要根据高校的需求，通过技术和资源配置，提供研究生教育资源。学生和市场之间的关系也是密切的，学生根据自身情况，在市场中寻找满足自身需求的研究生教育资源，并在市场中进行有效投入。学生也可以通过分享资源，推动研究生教育资源的有效配置和有效利用。最后，学校与学生之间的关系也会影响研究生教育资源配置。学校可以根据学生的实际需求，制订更加精细化的资源配置方案，使资源的利用更加有效，也能更好地满足学生的学习需求。

2.5　域变换模式

2.5.1　域变换机制

域变换机制是对资源的动态监测与配置。资源配置域变换理论强调的并非只是某一主体（如政府）的主导模式，还包括多个域都参与资源配置并决定资源分配的混合配置模式。它允许系统中不同类型的资源拥有不同的主导权，允许资源使用者和管理者共同决定资源的分配，要求资源配置的过程中进行实时监测和动态调整，从而充分利用资源，提高其效率。域变换机制包括调控机制、协同机制、混合联动机制。

1. 调控机制

调控机制是指在资源配置过程中，调控主体在一定的依据下对资源形成制约关系并对其发生配置变化效应的调节与控制方式。例如，政府根据相关政策、法律法规、监督评估等对资源配置进行宏观调控，如实施调节政策、统一资源市场秩序等。

资源配置的调控机制包括直接调控与间接调控。直接调控以指令性计划和行政手段直接调节与控制资源，其主要方式有定量配给、额度管理、行政调拨等，实际上它是一种强制性调节。直接调控的优点在于集中统一、行动快、见效快。间接调控是通过指令性计划和行政方式，利用各种市场行为，采取各种措施，间接地调控资源。间接调控主要是通过市场，运用价值形式来影响和引导资源的配置。在间接控制中，调控主体不直接管理资源配置，而是通过综合运用各种手段从宏观上控制住整个资源的配置比例。间接调控主要是以总量控制为主，在总供给与总需求基本平衡的条件下，通过市场发出正确的信号引导资源的配置，而不是直接干预资源配置。

　　研究生教育资源配置中的调控机制，可以将资源配置的决定过程分为三个层次：宏观、中观和微观。在宏观层次，调控机制主要是由政府政策、管理服务水平和竞争机制共同决定的。在中观层次，调控机制主要是由学校管理机构和市场机制共同决定的。在微观层次，调控机制主要是由研究生教育机构、教师团队、研究生等多方利益相关者共同决定的。在宏观层次，政府政策是对资源配置的重要调控机制。政府政策的实施，可以通过资金、经济支持、投资支持等，来影响研究生教育资源的配置。同时，政府还可以通过法律法规、政策规定等，来规范研究生教育资源配置的行为。在中观层次，学校管理机构是对研究生教育资源配置的重要调控机制。学校管理机构可以通过规章制度、财务审计、资源分配方案等，来影响研究生教育资源的配置。此外，学校管理机构还可以通过促进市场竞争的方式，来改善研究生教育资源的配置效果。在微观层次，研究生教育机构和教师团队也是对研究生教育资源配置的重要调控机制。研究生教育机构可以通过完善教学资源、提升科研水平、改善学习环境等，来影响研究生教育资源的配置。此外，教师团队也可以通过提高研究生的学术水平、培养研究生的创新思维能力等，来改善研究生教育资源的配置效果。

　　2. 协同机制

　　协同机制指一个域内多个主体之间，或多个域之间协同一致地完成资源配置的方式。协同是指主体对主体或域与域之间通过协调、协作形成拉动效应，推动资源的配置。对于双方或多方主体而言，协同的结果使个体获益，整体加强，共同发展。协同机制主要包括理念协同机制、平台协同机制，以及主体协同机制。

　　1）理念协同机制

　　构建资源配置的理念协同机制，促进资源配置要素在不同主体间流动、共享与融合。不同主体之间的理念可能会存在诸多差异，因此应在全局的高度形成全方位协同资源配置的格局，构建理念协同机制，通过域联盟等多种方式，促使其相互协同、相互统一，达到拥有更多资源的目标。

　　理念协同机制建立在一个共识机制的基础上，将资源分配域变换中的多个角色的共识融合在一起，从而达到资源配置映射的最优化。理念协同机制主要由三个步骤组成：①主体表达。主体通过表达自身的利益来反映资源分配域变换中的不同角色的共识。②协调。通过协商，使资源分配域变换中的不同角色协调一致。③调整。将资源分配域变换中的不同角色的共识融入最优的资源配置映射。理念协同机制的实施可以使资源分配域变换更加有效，提高资源配置效率，并使资源分配更加公平。此外，理念协同机制还可以促进资源分配域变换中的各个参与者之间的协作，促进他们之间的信任，从而达到良好的资源分配效果。

2）平台协同机制

构建共享平台，积极整合主体或域的资源，拓展新资源，增强主体或域的协同效应，深入挖掘各类资源，形成以平台为依托的资源协同机制。

研究生教育资源配置中的平台协同机制指的是研究生教育资源配置中建立的一种综合的、协同的、双边的机制。它的核心是建立一个多方参与的资源配置平台，主要用于联系和协调学校、研究生和政府部门之间的共同运作。平台协同机制是一种可持续发展的机制，为学校、研究生和政府提供了灵活的资源配置机制，可以最大限度地满足当前和未来研究生教育资源配置的需求。该机制依据学校、研究生和政府部门的实际情况，整合各方的资源优势，建立起一个共享资源、协同分工、双边沟通的配置平台，实现资源的有效配置和合理利用。

平台协同机制中平台系统在资源配置过程中通过协调策略，实现不同部门、不同类型的资源与不同类型的用户之间的协同和共享，从而达到资源的有效管理和分配，主要包括资源的发现、配置、负载均衡和优化策略等。通过这些措施，可以实现资源动态分配和发现，从而提高资源的有效利用率和系统的整体性能。

3）主体协同机制

激发多主体或域的行动力，形成域的主体之间或域之间共同制定策略和执行行动，建立主体或域的协同发展方式，促进主体或域协同，从而获取更多资源。

主体协同机制是指资源配置域变换中的一种协作机制，它可以确保各个参与者之间的资源配置工作能够有效地进行，并确保各参与者之间可以相互协调，以便实现最优解。主体协同机制可以给予参与者一种机会，让他们可以在一个平等和开放的平台上协商资源配置，从而使参与者之间能够彼此达成一致，最终实现有效的资源配置。

3. 混合联动机制

混合联动机制以一体化规划、协同性获得资源为原则，顺应资源配置发展的规律，打破固定资源分割的格局，宏观调控与域/域主体协同联合行动，重构资源配置布局，优势互补，形成合力，产生聚变效应，促进要素资源的重新集聚与合理配置，带动创新发展。

混合联动机制需要增强不同域之间的相关性。混合联动机制可以通过建立不同域之间的多种联系，从而实现不同域数据之间的联动，其旨在提升域/主体的综合竞争力，不断增强区域能级和辐射带动能力，提供多维度内生动力，产生强劲而长期的资源获取需求。根据既定的目标要求，统筹谋划，协同布局，有序推进资源合理配置，塑造要素有序自由流动、主体功能约束有效、基本公共服务均等、资源环境可承载的资源配置有序合理的新格局。

域变换混合联动机制利用多个域之间的相互关系，能够实现更高效的多域推理。它是一种基于域的概念，即不同的域可以有不同的特征，但仍然可以彼此联系起来，以产生新的知识。混合联动机制是一种基于联动的机制，它允许多个域之间有一定的联动关系，以便在一个域中发现新的特征，然后利用这些特征来改善另一个域的推理能力。这种混合联动机制有助于提高多域推理的效率，并且可以更好地捕捉多个域之间的复杂关系。

2.5.2　域变换策略

在资源配置的域变换理论中，在域变换机制的基础上，域可以通过发展策略、竞争策略、对抗策略、合作策略、调控策略来获得更多的资源。发展策略是指域通过发展自身以获取更多的资源。竞争策略是指在某一特定任务或目标中域建立竞争优势的策略。竞争优势是指域具有某种其竞争对手没有或相对缺乏的能力，以便能更有效、更经济、更快捷地拥有资源。在资源配置中不可避免地介入不同的竞争，因此往往需要设计一种以上的竞争战略。对抗策略是指相互施加不利影响的一种策略。合作策略指的是域之间共同行动来获取更多资源域。例如，域可以和其他域合作以获得更多的资源。调控策略是通过政策等方式调控引导域的行为以达到特定目标。

1. 发展策略

域通过发展自身获取更多的资源。发展策略包括优势专注策略、泛联推广策略、弱势提升策略。优势专注策略是指由于资源竞争的排他性，头部域会占据更多的资源，所以域倾向于将自己发展为优势域或者稀缺域以占有更多的资源。泛联推广策略是指域可以通过增加和其他域的联系来发展自身，作为域间资源的调配和协调者使其他域获得需要的资源，并在这个过程中发展自身以获得更多的资源。弱势提升策略是指域针对自身弱势进行提升的策略。

（1）优势专注策略：强势域利用自己的优势，如丰富的资源和技术，来获得更多的资源。首先，这些域应该分析当前的资源状况，明确其优势，并且了解其他域在资源配置中的弱点；其次，这些域应该使用这些信息，结合目标和资源，寻找最佳的方案，以实现现有资源利用的最大化，获得最大的收益。

（2）泛联推广策略：域通过增加和其他域的联系来发展自身，作为域间资源的调配和协调者使其他域获得自己需要的资源，并在这个过程中发展自身以获得更高的产出。首先，互联网时代使得资源的配置变得更加便捷、灵活；其次，互联网时代使得资源的配置变得更加高效、经济。例如，智能网络技术可以在不同地区之间进行资源共享，从而节约成本，提高配置效率。此外，互联网时代使得资源的配置变得更加精细可控。例如，利用大数据技术可以更好地分析和利用资源，从而更好地满足域主体的需求。总之，互联网时代使得域间的联系在资源配置中发挥了新的作用，使资源配置变得更加便捷、高效、经济和精细可控。因此增加域间的联系就可以使其更好地在资源配置中发挥重要的作用以达到资源的最优配置。

（3）弱势提升策略：弱势域在资源配置中采取以点破面的策略，通俗来讲，就是专注于抓住有利的小空间，而不是去竞争大的资源。具体来说，可以聚焦特定的小资源，并一步步拓展去逐步竞争大资源。此外，弱势域应注重发展自身，尽量提高自身的价值，以获得更多资源。

2. 竞争策略

域在资源配置过程中需要建立科学合理的资源配置策略，有效利用现有资源，将资源配置到最具有价值的地方，及时发现和清除资源浪费的情况，以最有效的方式实现最大效益。由于资源有限，子域之间或域内主体之间为了竞争更多的资源会采取竞争策略。

（1）扩张策略：扩张策略是一种较为常见的强者与弱者之间的竞争策略。强势域在竞争中原本就占据优势地位。强势域在竞争中凭借其拥有的资源和优势地位，持续扩大所拥有的资源的丰富性和多样性，并利用资源不断最大化其产出。

（2）抑制策略：针对某个域，为了避免使其拥有更多的资源而采用的一种策略。扩张策略与抑制策略的目的均是希望拥有更多的资源，但二者还是有所区别。扩张策略是一种针对自身域的发展而采取的主动策略；抑制策略是一种从其他域的角度出发，为使其不拥有更多的资源而采取的应对性策略。具体来说，可以采取以下几种策略：①垄断，即采取独占性的政策，减少和抑制其他竞争对手的参与；②禁止竞争对手抢夺资源，采取禁令等措施，阻止其他竞争对手抢夺资源；③增加投入，采取发展战略，在技术、资金、人力等方面大幅增加投入，以加强自身竞争优势，同时抑制竞争对手；④制定有利于自身的政策，采取有利于自身的政策，使自身处于有利地位，并限制其他竞争对手的发展；⑤采取联合竞争、联合行动，减少其他竞争对手的发展空间。

（3）淘汰策略：在资源配置的竞争中，域由于自身的发展原因或者在竞争中处于劣势，从而主动放弃资源配置或被动接受淘汰的策略。域间的竞争会导致有限的资源分布的不均衡性，无法获取资源的域在发展的过程中会因为资源的缺失逐步被淘汰。

3. 对抗策略

对抗策略是两个或多个不同的域为了使自身域拥有更多的资源，相互施加不利影响的一种策略。对抗策略包括域间的对抗和域内的对抗。域间的对抗是指不同域之间为了争取更多的资源所进行的博弈；域内的对抗是指同一域的子域之间在域内部的博弈。域间的对抗，如高校域之间对资源的争夺，如科研经费。在资源有限的前提下，必然会出现域间的对抗。域间的对抗能够促进域内资源的合理配置，使域得到更好的发展。

4. 合作策略

合作策略是指域为了获得更多的资源，通过合作增强竞争力获取资源。在教育资源配置领域常见的合作策略有大学联盟。合作策略包括资源共享策略、联合配置策略、共赢联盟策略。

（1）资源共享策略：资源共享策略是一种共同利用资源的策略，即双方可以共同利用共有资源。资源共享策略能够有效解决资源分配问题，有助于提高可持续发展的能力，它能够提高资源的利用率，减少资源的浪费，更有效地利用资源，改善社会的发展状况，提高效率和自身的利益。

（2）联合配置策略：不同的域之间因资源的配置问题而建立合作关系，如政府与企业之间就资源配置问题建立合作关系，共同解决资源分配问题。例如，在研究生教育资源配置中将学校、政府、企业及社会组织等多方资源联合配置，以提高研究生教育资源利用效率，促进研究生教育发展。学校要加强与政府、企业及社会组织的合作，开展课程研发、实践教学、科研项目和人才培养等各方面的联合配置，充分发挥研究生教育资源的潜力，促进研究生教育发展。政府要加大对研究生教育发展的投入，为学校提供财政支持；企业要与学校携手，开展实践教学和科研项目；社会组织要与学校建立长期合作关系，促进研究生教育资源的有效利用。

（3）共赢联盟策略：域之间可以结成联盟，以达到共赢的目的。联盟内部的域之间可以通过合作共赢的方式来获得更多的资源，主体可以通过分享信息、共享资源、分担成本和分担风险等方式来实现合作共赢。构建联盟可以提升竞争力。联盟中的组织可以共享资源，从而使域拥有更多的资源，提升自身的竞争力。此外，构建联盟还可以帮助域分担风险，降低成本。联盟中的组织可以分担风险，从而为域创造更多的机会。

在资源配置中，域之间存在竞争、对抗、合作。竞争表现为不同域在资源分配方面的利益冲突，因而形成竞争，各自最大限度地争取自己的利益，从而达到自身利益的最大化。对抗强调不同的域相互施加不利影响，而使自身域可拥有更多的资源。合作则表现为不同域在资源分配过程中，采取合作的态度，共同努力利用有限的资源，将资源配置得更加有效，从而使所有参与者的利益最大化。域可以通过竞争获取资源，也可以通过合作来分享资源，实现共赢。同时，域也可以根据自身的利益考虑，通过讨价还价、议价等方式来增加自身获取资源的机会。

在资源配置中，资源通过域之间的竞争与合作，可以激发域的主体之间的创新思维，使主体更加有效地实现资源配置。

5. 调控策略

资源分配方可以通过多种调控方式引导资源配置的方向，包括引导调控、监督调控、调配调控、管理调控和市场调控等。

（1）引导调控：通过预定义的策略来配置资源，通过针对性的资源分配政策引导资源配置方向。引导调控的目的是提高资源利用率，降低成本，提高整体性能和效用。引导调控可以根据资源需求，引导资源分配，解决资源不足的问题，引导调控还可以从全局角度，更合理、有效地配置资源，实现资源的优化分配和合理利用。

（2）监督调控：以资源配置管理为基础，采取各种措施和步骤，实施监督，对资源进行有效的管理和维护，以确保资源配置的有效性和可靠性。通过制定监督机制，使用监管、法律等措施及时发现和纠正资源分配中的不合理性，引导资源配置的方向。

（3）调配调控：为了满足对资源的需求，对资源进行有效配置的过程。通过建立科学合理的调配策略，确保资源分配更加合理公平，帮助资源配置达到最优的效果。

（4）管理调控：有效的资源配置管理调控要明确资源的分配原则，建立有效的资源管理机制，促进资源配置，加强对资源的管理。资源分配应根据组织的需要而定，应考虑组织的经济状况、政策及行业环境的变化，有效的资源配置能够更好地满足组织的各种需求。

（5）市场调控：可以通过对市场机制的调控来优化资源配置，要充分尊重市场机制，重视市场自身的调控功能，减少政策干预。市场机制是指在市场经济中供求关系的博弈，以及供求双方的博弈行为和利益行为，形成了一种自我调节的机制，使市场自发地调节供求关系，达到经济效率最大化的目的。如果资源配置方不尊重市场机制，就会过度干预市场，使得资源分配不够灵活，无法满足市场需求，从而降低经济效益。但是，由于市场机制存在一定的不足，如失灵的情况，市场机制将无法自我调节，反而会走向不稳定，容易出现垄断、恶性竞争等问题，从而对资源配置造成影响。为了弥补市场机制的不足，政府需要通过调控措施来稳定市场，调节供求关系，促进资源配置的优化。

2.5.3　域变换方式

域变换的方式分为自顶向下的方式、自底向上的方式、自顶向下和自底向上相结合的方式。

　　域变换的自顶向下的方式是指父域的变换引发的子域的变换。域的自顶向下变换始发于父域，当父域因政策、市场等外部因素发生资源或关系的变化后，子域的资源或关系也随之发生变化，子域的变换是由父域变换引起的，该变换方式是自顶向下的变换。

　　域变换的自底向上的方式是指由子域的变换引发的父域的变换。域的自底向上的变换始发于子域，子域发生的变换影响父域并引起父域的变换。子域的资源或关系的变换引发父域的资源或关系的变换，父域的变换是由子域引起的，该变换方式是自底向上的变换。

　　域变换的自顶向下和自底向上相结合的方式是指子域的变换引发父域的变换和父域的变换引发子域的变换相互影响、相互反馈。子域的变换会引发父域的变换。当子域发生变换时，子域的关系或者资源发生变换，如子域在某个领域取得突破性进展，会对其父域产生积极影响，引发自底向上的变化，使得父域可以获得更多资源，引发父域资源和关系的变换。当父域发生变换时，其占有的资源和关系发生变换，进而会引发子域的变换。以子域的内生为例，在某个子域发生内生并拥有更多资源后，其父域资源随之增加。子域发生内生后，父域拥有了更多的资源。同样，当父域发生内生引起资源变换，子域占有的资源也将随之发生变换。

2.6　本　章　小　结

　　本章介绍资源配置的域变换理论，首先介绍了域变换理论的相关定义，包括域以及域的衍生、内生、合并、分裂、消亡等定义；其次分析域变换理论的外部影响因素和内部影响因素，从国家战略需求与国家政策、社会发展需求、社会态度、经济发展水平、国际形势等外部因素和域内的主体、域的发展策略、域间的关系等内部因素两个方面进行分析；再次介绍了域变换机制，从调控机制、协同机制、混合联动机制等方面介绍域变换的相关机制；随后从发展、竞争、对抗、合作、调控等方面阐述域变换策略；最后对域变换自底向上、自顶向下以及自顶向下和自底向上相结合的三种变换方式进行阐述。

第3章　"互联网+"时代研究生教育资源配置影响因素

3.1 "互联网+"时代研究生教育资源配置影响因素的新变化

互联网时代的研究生教育资源配置效率得到了极大的提升。传统的研究生教育资源配置体系存在着许多问题，如低效的资源利用、无效的资源配置、资源分配不公平等。但是，随着信息技术的发展，互联网的应用逐渐渗透到了研究生教育各个领域，研究生教育资源配置中存在的问题被逐步解决。首先，互联网技术改变了研究生教育资源配置的方式。网络技术可以实现多方参与，让政府、市场、学校、教师和学生等各方的参与者都能够参与到资源配置的过程中，从而更好地利用资源。其次，互联网技术改变了研究生教育资源利用的效率。网络技术提供了一种快速、便捷的信息传递方式，从而大大加快了资源配置的效率，使得资源的配置更加有效。最后，互联网技术可以提高研究生教育资源的公平性。网络技术可以大大降低信息传播的门槛，从而更平等地分配资源，使得每个人都可以得到公平的待遇。互联网时代的研究生教育资源配置效率有了显著的提高，为研究生教育的发展提供了强有力的支撑。

3.1.1　国家需求发生变化

随着互联网的发展，在"互联网+"时代研究生教育资源配置出现了新的变化。传统的研究生资源配置是封闭且个性的，根据不同的社会经济发展情况和不同的社会人才需求，各个高校的培养计划都各不相同，而"互联网+"时代为研究生资源配置提供了新的内涵。"互联网+"时代下的研究生培养不再是单一的全日制培养模式，由于互联网的高效性、高传播性、多样性，各个高校涌现出各类非全日制培养方式以及远程教育模式。同时，多家在线学习平台应运而生，包括MOOC、大学资源网等。"互联网+"降低了信息资源的使用成本，打破了距离壁垒，实现了无地区资源共享，最大限度地加强了导师与学生的互动合作，更好地适应了国家对于高层次人才的要求。目前国家对研究生的要求也发生了变化，国家更需要创新型人才来满足"互联网+"时代的特性，如今社会上更多的是具有普通技能的劳动力人才，缺乏具有信息技术背景的人员，因此，"互联网+"时代下，需要优化人才结构，研究生培养更需要注重研究生的能力建设，包括工程能力、系统思维和人文精神的交叉融合、多学科的交叉融合、成果共享和资源转化。研究生的能力评价权重增加，"互联网+"时代下研究生评价体系更趋多元化，研究生的评价体系不仅仅是培养之后的即时静态评价，互联网可以使研究生评价实现多维度的全方位、全过程评价。传统学习中，师生会被单一且不全面的评价束缚，而在"互联网+"时代，教师可以通过教学数据随时了解学生学习情况，以便及时对教学模式进行调整，还可以更全面、客观地评价学生的学习情况，而学生也可以更全面地了解自己的不足，从而进行改进，提高研究生培养效率。同时，"互联网+"时代下对科研成果的评价也与传统意义上的科研成果评价不同，"互联网+"时代下对成果的主观评价与传统意义上的科研成果评价相比更为重要。对研究生的能力评价、成果共享和资源转化能力就成为影响研究生教育资源配置的重要因素。

3.1.2　政策更加完备

在"互联网+"时代，国家总体布局考虑更加全面，强调强化育人能力建设，注重科学基础、工程能力、系统思维和人文精神的交叉融合，关注多学科的交叉融合，关注成果共享与资源转化。政策因素包括国家政策导向等，国家规定的研究生教育政策包括政府财政支出、社会投入、高校经费配置等，这些都会直接影响学校教育资源的配置。同时，国家对研究生教育的政策也会直接影响到高校的经费配置，从而影响研究生教育资源的配置。

3.1.3　市场需求更加精准

研究生教育资源的配置必须符合市场的要求、企业和社会的需求，以及社会的发展。学校在配置资源时，必须考虑到社会的发展和人才培养需求，这样才能使研究生教育资源更好地服务于社会。我国经济区域可划分为东部、中部、西部和东北四大地区，从产业布局、经济水平、人口情况等角度出发，可以发现当前中国学术学位点区域分布差异显著，空间极化程度日益增强。如表 3.1 和表 3.2 所示，东部地区的经济水平与人口数量远高于其他三个区域，这也导致了教育资源更集中在东部地区，2020 年东部地区学校的数量占全国所有学校总数的 37.5%，本专科在校学生人数占比为 37.6%。2022 年，财政部与教育部印发《中央高校建设世界一流大学（学科）和特色发展引导专项资金管理办法》，其中提到"人员支出用于人才引进的，东部地区高校不得用于从中西部、东北地区引进人才"，这也对缓和教育资源配置起了一定作用。同时，中国学术学位点主要受地理位置、高等教育发展水平、经济发展水平及经费投入等多因素影响下的复杂循环累积效应影响,"互联网+"时代下,教育资源多样化、弱空间化,虽然各个区域、各个学校之间的距离很难打破,但是互联网时代可以有效解决区域空间问题。

表 3.1　我国四大区域经济情况(2019 年)

项目	东部地区	中部地区	西部地区	东北地区
产业布局	4.6%(第一产业)	8.2%(第一产业)	11.0%(第一产业)	13.2%(第一产业)
	38.9%(第二产业)	41.8%(第二产业)	37.9%(第二产业)	34.4%(第二产业)
	56.5%(第三产业)	50.0%(第三产业)	51.1%(第三产业)	52.4%(第三产业)
经济水平(GDP)/亿元	511 161.2	218 737.8	205 185.2	50 249
人口情况/万人	54 164.5	37 246.2	38 179.8	10 793.7

表 3.2　我国四大区域学校与学生分布情况(2020 年)

项目	东部地区	中部地区	西部地区	东北地区
学校数量/所	1028	718	734	258
本专科在校学生数/万人	1235.9	907.2	872.9	269.3

3.1.4　经济影响更加分化

经济因素包括分配的财力、物力,如国家配置的科研经费、图书馆的藏书数量、图书馆的购书经费、校内的实验器材的数量和资产金额,都会影响研究生的资源配置。经济发展水平是研究生教育资源配置的重要影响因素,有学者证明,区域的 GPA(grade point average,平均学分绩点)能够显著影响教育资源配置的效率,与社会投入与经济发展水平有重要关联。经济发展水平的高低直接影响着社会投入的多少,也就直接影响着研究生教育资源配置。

3.1.5　地理位置影响正在减弱

研究生教育资源的配置受地理位置的影响,通常地理位置越好,高校的经费支出就越多,也就意味着研究生教育资源配置也会受到影响。社会经济发展水平直接影响着研究生教育资源的配置,如果社会经济发展水平高,那么高校的经费支出就会更多,研究生教育资源配置也会更充足,地理因素是经济因素的延伸。随着科技的发展,地理位置在研究生教育资源配置中的影响正在减弱。互联网时代为研究生教育资源配置提供了更多选择。一方面，互联网技术的发展使研究生可以跨越地理位置在线学习，获得更多知识和技能，从而实现资源共享，更好地满足自身的教育需求；另一方面，在线教育的出现大大降低了地理位置的影响，使学生不再受到地理位置的限制，可以获得更多的资源和机会。此外，经济发展也为研究生教育资源配置提供了更多的资金支持，使得研究生可以获得更多的资源和学习机会，从而减弱地理位置对研究生教育资源配置的影响。

3.1.6　人力资源更加重要

人力因素是影响研究生教育资源配置的一个重要方面，人口因素也是影响研究生教育资源配置的重要因素，如果社会人口较多，则投入的研究生教育资源会增加；反之，如果社会人口较少，则投入的研究生教育资源会减少。人力因素包括专任教师的数量、硕导和博导的比例、专任教师中博士的数量等。

社会发展对资源配置效率产生影响，在"互联网+"时代，社会群体之间的连接、区域之间的连接以及各个结构之间的连接更加快速，社会对研究生教育资源配置的需求变化也更加快速，对资源配置的动态调整提出了更高的要求。

人力资源除了人口因素，还有一部分是人员所能创造出的价值因素，如科学技术研究。科学技术发展是影响研究生教育资源配置的重要因素，科学技术发展水平的提高会推动研究生教育资源配置的变化，使得研究生教育资源更加充沛，并且能够更好地满足社会对高水平人才的需求。

3.1.7　互联网声誉等新影响因素的出现

互联网时代的社会声誉、国际影响和互联网声望都会影响研究生的教育资源配置。在互联网时代，信息传播高速发展，声誉和声望对学校的影响更大，更能影响学校和研究生的资源配置，社会声誉、互联网声望等因素成为"互联网+"时代研究生教育资源配置的重要因素。

互联网时代的需求体现和需求评价变化更加快速，也会影响研究生教育资源配置，要求研究生教育资源配置的过程中各个主体的监测更加快速，资源配置的调整更加及时，对资源配置理论和模型的要求提出了更高的要求，新的资源配置模型和理论也是影响研究生教育资源配置的重要因素。互联网时代，研究生教育资源配置受到了多种因素的影响。首先是受政策的影响，政府在支持研究生教育的同时，还需要考虑到经济发展的实际情况，以及投资效率的问题，以确保资源的有效配置。其次是受专业需求的影响，研究生教育资源配置也会受到专业市场需求的影响，有些资源会被更多地分配到更具市场价值的专业中，从而影响到研究生教育资源配置。再次，科学技术发展也是影响研究生教育资源配置的重要因素，随着科学技术的进步，一些新的学科和新的技术将带来更多的资源需求，从而影响研究生教育资源的配置。最后是受社会发展的影响，研究生教育资源配置也会受到社会发展需求的影响，社会发展对研究生教育资源的需求也将影响资源的配置。总之，政策、专业需求、科学技术发展、社会发展等因素都将对研究生教育资源配置产生重要影响。

3.2 研究生教育资源配置外部影响因素

影响研究生教育资源配置的因素主要包括外部因素和内部因素，外部因素包括国家布局、政府政策、经济因素、社会需求、社会态度、地理位置、市场因素等方面，内部因素包括高校需求、人力资源、财政因素、制度因素、物质因素等方面。

3.2.1 国家布局

随着经济发展的不断推进，国家对研究生教育的关注度也越来越高。首先，国家布局能够促进研究生教育资源的合理配置。国家要求各个高校应该建立合理的研究生教育资源配置机制，确保资源的合理分配。国家提供的资金支持对高校建设研究生教育资源产生积极影响，如建立国家级研究生工作站、为研究生提供更好的研究条件，这些都有助于研究生教育资源的合理配置。其次，国家布局有助于提高研究生教育资源的质量。国家给予支持是为了提高研究生教育资源的质量，如拨款助学，建立一流大学，以提高研究生教育资源的质量。同时，国家也要求各个高校加强管理，加强对研究生的指导，这些都有助于提高研究生教育资源的质量。最后，国家布局有助于提高研究生教育资源的利用率。国家不仅要求各个高校要加强对研究生教育资源的管理，而且要求高校要加强研究生教育资源的利用，如让研究生参与到相关科研项目中，让他们接触到更多的先进科学技术，这些都有助于提高研究生教育资源的利用率。总之，国家布局对研究生教育资源配置有着重要的影响。国家布局可以更好地提升研究生教育资源，为研究生提供更好的学习环境和更多的发展机会。

1999 年全国高校大规模扩招，但由于扩大规模的辅助性政策和措施跟不上，学校教学条件和生活条件的约束成为高校稳定问题的影响因素。由图 3.1～图 3.3 我们可以看到，研究生教育规模的增长速度一度大于我国教育经费增长速度，教育资源的供需矛盾仍较突出。近年来研究生规模逐步扩大，2020 年又扩招了 18.9 万人。与之对应地，如图 3.3 所示，2000～2020 年全国教育经费也持续增长，由 2000 年的不到 5000 亿元增长至 2020 年的超过 5 万亿元，由此可见，国家布局是影响研究生教育资源配置的重要因素。

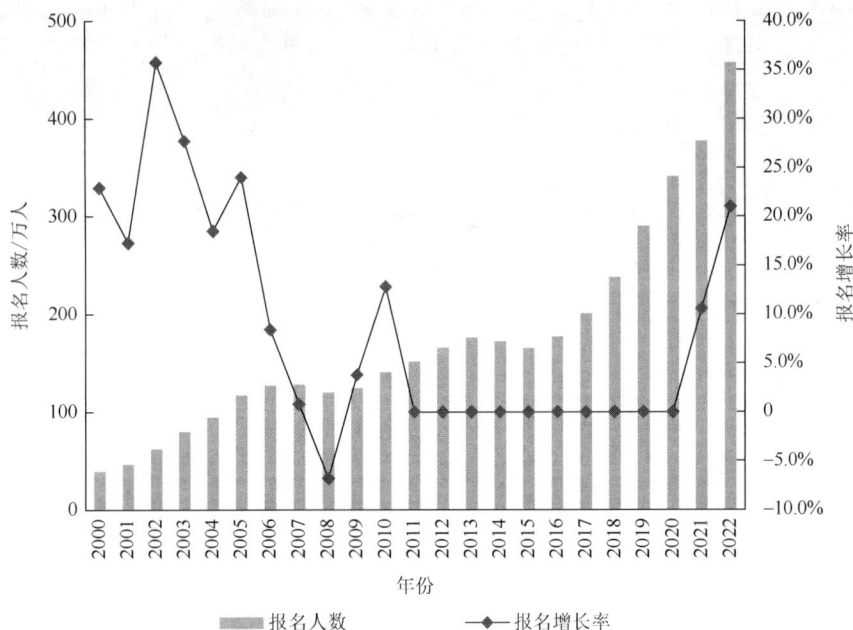

图 3.1 2000～2022 年全国硕士研究生考试报名人数及增长率

资料来源：中国研究生招生信息网

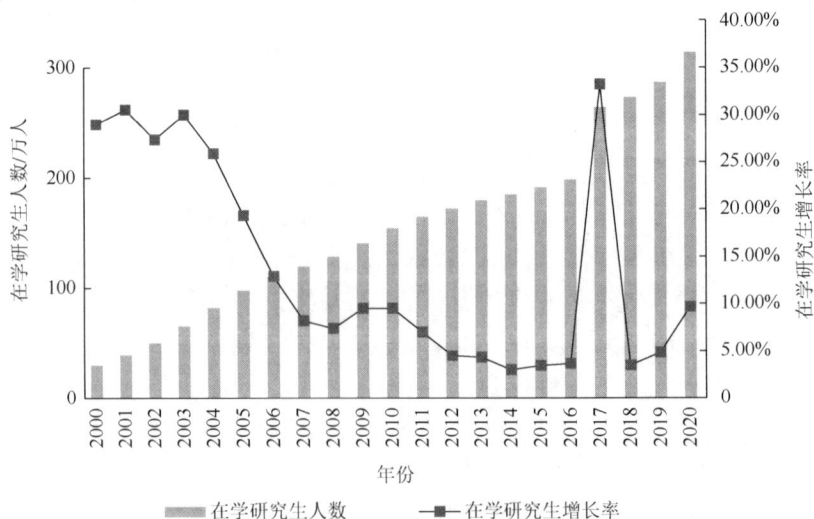

图 3.2 2000～2020 年全国在学研究生人数及增长率

资料来源：教育部网站

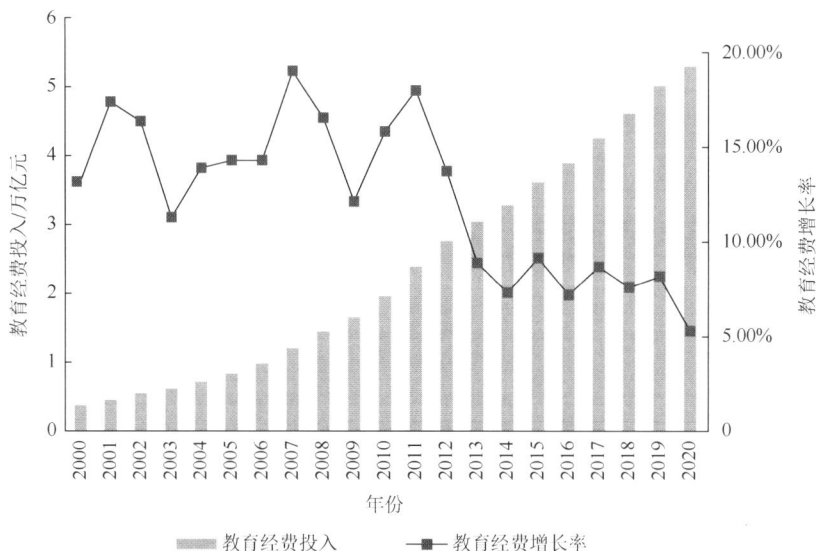

图 3.3 2000～2020 年全国教育经费投入及增长率

资料来源：教育部网站

3.2.2 政府政策

政府政策对研究生教育资源配置有着重要的影响。政府政策是支撑研究生教育发展的重要力量，可以促进研究生教育资源的有效配置。政府可以通过完善研究生教育管理体制、投入资金、制定政策、完善研究生教育资源配置，促进研究生教育发展，将研究生教育资源配置得更加合理和有效，以适应社会发展的需求，为研究生教育提供更多、更优质的教育资源。同时，政府政策可以通过鼓励机构投资研究生教育和科研设施来获得资金支持，从而确保研究生教育资源的合理配置。政府政策还可以推动研究生教育资源向优质资源的转移，改变研究生教育资源的配置模式。政府政策可以促进研究生教育资源的分配公平，保障研究生教育资源的公平分配，确保研究生教育资源得到公平、公正、公开的分配。此外，政府政策还可以完善研究生教育资源监管体制，通过研究生教育资源的合理配置，提高研究生教育资源的使用效率。总之，政府政策对研究生教育资源配置有着重要的影响。

如表 3.3 所示，我国博士生招生规模的变化和政府政策紧密联系。1985 年博士生招生规模相比 1984 年同期突增 435.0%；1986 年国家教委发布通知指出"近两年招生数量发展过快"，1986 年的博士生招生规模相比 1985 年降低 14.6%；1992 年颁布的《关于学位与研究生教育改革和发展的若干意见》提出，"2000 年在学研究生规模力争比 1992 年翻一番"，1994 年博士生招生规模相比上一年度增加 47%。由此可知，国家政策对研究生招生人数起着至关重要的作用。当国家政策鼓励研究生招生时，研究生规模大幅增加，当国家政策提出研究生招生规模发展过快需要控制规模时，研究生招生人数呈下降趋势。

表 3.3　我国博士生招生规模突变年份的政策和事件

年份	增长率	政策和事件
1985	435.0%	1985 年国务院政府工作报告《当前的经济形势和经济体制改革》和《中共中央关于教育体制改革的决定》
1986	−14.6%	1986 年国家教委发布《关于改进和加强研究生工作的通知》，指出"部分学科的招生计划紧密结合四化建设的需要不够；近两年招生数量发展过快"
1994	47.0%	1992 年颁布的《关于学位与研究生教育改革和发展的若干意见》提出，"2000 年在学研究生规模力争比 1992 年翻一番，其中博士生数量要有更大的发展"。1993 年颁布《中国教育改革和发展纲要》，提出"努力扩大研究生的培养数量"
2003	27.0%	2002 年印发的《教育部　国家计委关于下达 2003 年全国研究生招生计划的通知》指出，"为了进一步落实科教兴国战略，加快培养国民经济建设和社会发展急需的高层次专门人才，2003 年研究生教育招生规模继续保持较快增长"
2018	13.8%	教育部、财政部、国家发展改革委印发《关于高等学校加快"双一流"建设的指导意见》，指出"适度扩大博士研究生规模，加快发展博士专业学位研究生教育"

3.2.3　经济因素

研究生教育资源配置是高等教育体系中的重要内容，其中，经济因素是主要影响因素之一。经济因素对研究生教育资源配置有着重要的影响。首先，经济因素影响着研究生教育资源的可及性。经济发展水平越高，国家财政收入也越多，国家就可以投入更多的资源用于研究生教育，使更多的研究生获得更好的教育机会。同时，经济发展水平也直接影响学校建设的投入，以及教育资源的配置。其次，经济因素影响着研究生教育资源的使用效率。在经济发展良好的情况下，学校可以投入更多的资源来改善研究生教育资源的使用效率，以更好地服务研究生教育。此外，经济发展水平越高，国家也可以投入更多的资源来支持研究生教育的发展，如支持大学建设、招收优秀教师等。最后，经济因素影响着研究生教育资源的分配。经济发展水平越高，国家可以投入更多的资源来改善学校的环境和设施，以更好地满足研究生的需求。此外，经济发展水平越高，国家也可以投入更多的资源来支持研究型教育，如支持学生参加国际会议等。总之，经济因素对研究生教育资源配置有着重要的影响。经济发展水平越高，就可以投入更多的资源来改善研究生教育资源的可及性和使用效率，以及改善研究生教育资源的分配。因此，国家应当积极推进经济发展，以改善研究生教育资源配置。

经济因素对国内外研究生教育资源配置的影响可以从数据中看出。根据 2016 年经济合作与发展组织（Organization for Economic Co-operation and Development，OECD）的数据，在经济发达的国家中，高等教育投入占 GDP 的比例要高于经济不发达的国家。在经济发达的国家，政府投入的研究生教育资源更多，当地的研究生教育水平也更高。例如，2016 年，美国投入高等教育的资金占 GDP 的比例高达 3.3%，而像赤道几内亚这样的经济不发达国家，投入高等教育的资金占 GDP 的比例只有 0.4%。此外，根据 QS 世界大学排名（QS World University Rankings），在经济发达的国家，排名靠前的大学更多，而经济不发达的国家则相反。例如，2016 年，美国有 20 所大学进入前 200 名，而非洲的尼日利亚只有 1 所大学进入前 200 名。除了对高等教育投入的资金方面，地区的生产总值与高等教育资源配置也有一定的关系。从国内经济情况与资源配置的角度分析，2019 年 GDP 为990 865 亿元，分区域看，东部地区生产总值 511 161 亿元，占 GDP 的 51.6%；中部地区生产总值 218 738 亿元，占 GDP 的 22.1%；西部地区生产总值 205 185 亿元，占 GDP 的 20.7%。根据 2019 年一流大学博士授权点数量与东、中、西部地区生产总值对比分析可以看出（表 3.4），东部地区经济条件远高于中、西部地区，博士点设立数量也远多于其他两个地区，从这些数据可以看出，经济因素对研究生教育资源配置有重要影响。

表 3.4　2019 年一流大学博士授权点数量

省市	单位名称	数量/个	经济位置
北京	北京大学	50	东部
北京	中国人民大学	22	东部
北京	清华大学	54	东部
北京	北京航空航天大学	25	东部
北京	北京理工大学	28	东部
北京	中国农业大学	21	东部
北京	北京师范大学	31	东部
天津	南开大学	31	东部
天津	天津大学	30	东部
辽宁	大连理工大学	29	东部
辽宁	东北大学	24	东部
吉林	吉林大学	49	中部
黑龙江	哈尔滨工业大学	30	中部

省市	单位名称	数量/个	经济位置
上海	复旦大学	37	东部
上海	同济大学	33	东部
上海	上海交通大学	47	东部
上海	华东师范大学	30	东部
江苏	南京大学	40	东部
江苏	东南大学	34	东部
浙江	浙江大学	59	东部
安徽	中国科学技术大学	29	中部
福建	厦门大学	36	东部
山东	山东大学	44	东部
山东	中国海洋大学	18	东部
湖北	武汉大学	47	中部
湖北	华中科技大学	43	中部
湖南	湖南大学	28	中部
湖南	中南大学	38	中部
广东	中山大学	51	东部
广东	华南理工大学	30	东部
四川	四川大学	47	西部
重庆	重庆大学	33	西部
四川	电子科技大学	16	西部
陕西	西安交通大学	32	西部
陕西	西北工业大学	22	西部
陕西	西北农林科技大学	16	西部
甘肃	兰州大学	15	西部

3.2.4　社会需求

　　社会需求对研究生教育资源配置有着重要的影响。研究生教育资源配置是指将社会需求和政府政策转化为合理的研究生教育资源配置，以满足社会对研究生教育的需求，实现研究生教育的持续发展。社会需求是社会发展的基础，是推动研究生教育发展的动力。随着社会经济的发展，社会对研究生教育资源的需求也不断增加，社会需求对研究生教育资源配置的影响也就越来越大。

　　首先，社会需求对研究生教育资源的分配有重要的影响。社会对研究生教育的需求不仅指社会经济发展的需求，还包括政府政策、社会环境等因素的影响。根据社会的经济发展和政策环境,政府会做出相应的资源配置,使研究生教育发展能够满足社会的各种需求。其次,社会需求对研究生教育资源的利用有重要的影响。社会对研究生教育的需求不仅体现在政府政策和社会环境的制约下,还体现在社会经济发展的需求下。在社会经济发展的背景下,政府对研究生教育资源的使用会受到限制,更多的资源将用于满足社会的经济发展需求,从而影响研究生教育资源的合理利用。最后,社会需求对研究生教育资源的创新有重要的影响。研究生教育的发展需要不断地创新,需要政府和社会的支持和投入。社会的经济发展和技术进步会带来新的需求,这些需求需要研究生教育资源的创新,以满足社会的新需求。如果社会对研究生教育资源的投入不够,就不能有效地实现研究生教育资源的创新,从而影响研究生教育的发展。综上所述,社会需求对研究生教育资源配置有着重要的影响,政府和社会应该共同努力,加大对研究生教育资源的投入,提高研究生教育资源的使用效率,实现研究生教育的持续发展。

3.2.5 社会态度

社会态度对研究生教育资源配置有着重要的影响。一方面,社会态度影响着政府对研究生教育资源的配置;另一方面,社会态度也影响着研究生对资源的使用。因此,了解社会态度对研究生教育资源配置的影响有重要的现实意义。首先,社会态度影响着政府对研究生教育资源配置的态度。如果社会对研究生教育的看法是正面的,那么政府就会把研究生教育资源投入到研究生教育中,以满足研究生的发展需求,如投入大量资金建设研究生教学楼、科研实验室等,以及提供更多的经费和荣誉奖励,以激励学生积极参与学术研究。其次,社会态度也影响研究生对资源的使用。如果社会对研究生教育的态度是肯定的,研究生就会把资源用于学术研究,而不会滥用资源,从而节省资源,提高资源利用率。相反,如果社会态度是负面的,研究生就不会把资源用于学术研究,而是把资源用在不必要的事情上,这样就会浪费资源,降低资源利用率。最后,社会态度也影响着研究生教育资源配置的结果。如果社会态度是肯定的,政府就会把资源投入到研究生教育,研究生就会用有效的方式使用资源,从而提高资源配置的效率;如果社会态度是负面的,政府就不会把资源投入到研究生教育,研究生也不会有效地利用资源,从而降低资源配置的效率。总之,社会态度对研究生教育资源配置有着重要的影响,影响政府对研究生教育资源的配置,以及研究生对资源的使用,最终影响研究生教育资源配置的效率。因此,社会应该积极正面地看待研究生教育,政府应该把更多的资源投入到研究生教育中,研究生也应该有效地使用资源,从而提高研究生教育资源配置的效率。

3.2.6 地理位置

地理位置对研究生教育资源配置有着重要的影响。一方面，地理位置决定了研究生教育资源的供给，如学校的招生规模、课程的定位、科研设施的设置等。例如，在资源紧张的地区，学校只能根据自身实力和社会发展情况来定位研究生教育，以确保研究生教育资源的有效利用；而在资源充足的地区，学校可以根据本地经济发展情况和社会发展需求，为研究生教育资源配置提供更多的投入和支持。另一方面，地理位置可以决定一个学校最大化利用其资源的方式。例如，如果一所学校位于一个经济发达地区，其可以利用当地的财富来投资研究生教育资源，从而提高学校的研究生教育资源配置水平。另外，地理位置也可以决定一所学校的研究生教育资源的组成。例如，如果一所学校位于一个大城市，其可以利用当地的人力资源，吸引优秀的教师和学生，从而改善学校研究生教育资源的配置。总之，地理位置对研究生教育资源配置有重要影响，因此地理位置应该得到重视。

中国政府一直在努力加强研究生教育资源的分配，并为不同的地理位置的学校提供不同的投资。据教育部统计，2006 年全国研究生教育资源分布如图 3.4 所示。东部地区在教育经费占比、教育设施占比与研究生招生比例上遥遥领先，东部地区包括北京、天津、河北、山东、江苏、上海、浙江等地理位置优越的省

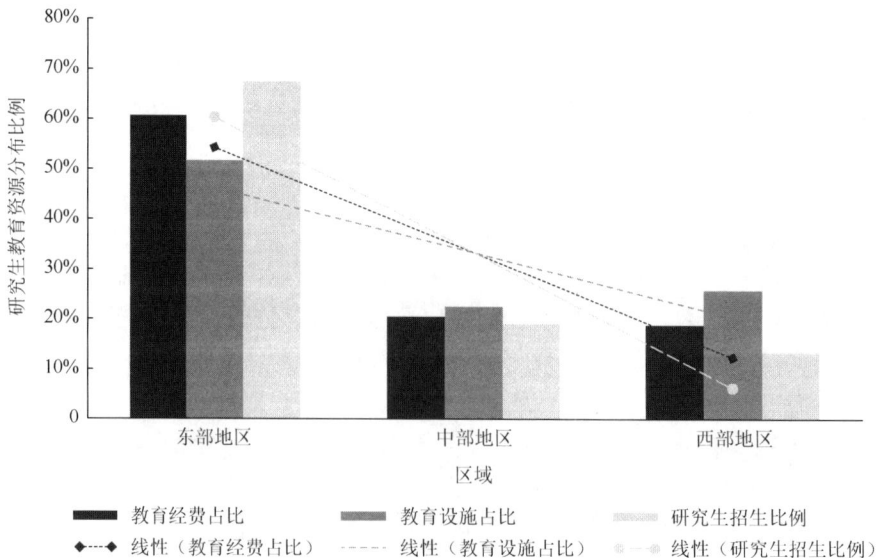

图 3.4　2006 年研究生教育资源分布情况

市，地理位置的判断标准包括交通是否发达、贸易往来是否方便，优异的地理位置可以有效增强当地经济效益，带动当地社会发展。从各地区投入的教育经费占比来看，东部地区为 60.7%，超过中、西部地区之和。东部地区教育设施占比为51.7%，与中、西部地区占比之和相当。东部地区研究生招生比例为 67.5%，远远高于中、西部地区。由此可见，中国政府在研究生教育资源分配上的投资重心更多地放在了东部地区，而在西部地区的投资较少，这表明地理位置对研究生教育资源配置有着重要的影响。《中华人民共和国国民经济和社会发展第十四个五年规划和 2035 年远景目标纲要》提出"优化区域高等教育资源布局，推进中西部地区高等教育振兴"①。

研究生教育资源在不同地理位置配置是有差异的。根据美国人口调查局（U.S. Census Bureau）的数据，2010 年美国有 103 个研究生院校，其中 17 个位于马里兰州，14 个位于康涅狄格州，13 个位于佛罗里达州，12 个位于纽约州，9 个位于加利福尼亚州，7 个位于华盛顿州。以上数据表明，地理位置对研究生教育资源的配置有明显的影响。美国的研究生院校分布以东海岸和西海岸为主，尤其是马里兰州、康涅狄格州、佛罗里达州、纽约州、加利福尼亚州、华盛顿州和密歇根州，这些州的研究生院校数量突出。另外，中西部和南部的研究生教育资源配置较少，只有少数几个州拥有研究生院校。这说明，地理位置对研究生教育资源的配置是有显著影响的，研究生教育资源配置密集的地区更有利于研究生教育的发展。

如表 3.5 所示，以地理位置划分统计得出，东部地区共有博士授予单位220 个，西部地区共有博士授予单位 74 个，中部地区共有博士授予单位 94 个。北京拥有 78 个博士授予单位，是拥有博士授予单位最多的省级行政区。考虑北京作为首都的特殊性，即使将北京从东部地区去除，东部地区仍然拥有最多的博士授予单位。以上数据显示，地理位置是研究生资源分配的重要影响因素。

表 3.5　2019 年各省区市学位授予单位分布

所在省区市	博士授予单位数量/个	地理位置
北京	78	东部
天津	12	东部
河北	9	东部
辽宁	18	东部
上海	20	东部

① 中华人民共和国国民经济和社会发展第十四个五年规划和 2035 年远景目标纲要. https://www.gov.cn/xinwen/2021-03/13/content_5592681.htm?eqid=945f38050007c2e300000005648fbfd0[2021-03-13].

所在省区市	博士授予单位数量/个	地理位置
江苏	27	东部
浙江	12	东部
福建	9	东部
山东	17	东部
广东	16	东部
海南	2	东部
山西	8	中部
河南	9	中部
安徽	9	中部
湖北	16	中部
江西	9	中部
湖南	11	中部
吉林	11	中部
黑龙江	15	中部
内蒙古	6	中部
云南	8	西部
贵州	4	西部
西藏	1	西部
重庆	8	西部
陕西	16	西部
甘肃	7	西部
青海	2	西部
新疆	6	西部
宁夏	2	西部
广西	6	西部
四川	14	西部

3.2.7　市场因素

市场因素对研究生教育资源配置有着重要的作用。《中共中央关于全面深化改革若干重大问题的决定》指出，"全面深化改革，必须高举中国特色社会主义伟大旗帜，以马克思列宁主义、毛泽东思想、邓小平理论、'三个代表'重要思想、科学发展观为指导，坚定信心，凝聚共识，统筹谋划，协同推进，坚持社会主义市场经济改革方向""加快发展社会主义市场经济""紧紧围绕使市场在资源配置中起决定性作用深化经济体制改革"[①]。市场因素可以作为一种重要的决策依据，指导研究生教育资源配置。研究生教育资源配置者要及时对接市场，满足各领域对高层次人才的需求。研究生教育作为培养高层次人才和释放人才红利的主要途径，提升人才培养质量，既是国家所需，也是时代所需。经济社会的发展催生新产业、新业态，随着产业形态的演进，就业市场的变化日新月异，新行业、新业态带动新岗位、新职业需求的变化。在研究生教育资源配置过程中，应该考虑市场定价、供求关系、市场供给水平、市场需求水平等因素，以更好地指导研究生资源的配置。例如，根据市场需求，研究生教育资源配置者可以在相关领域增加资源投入，以满足潜在客户的需求，从而提高研究生资源的利用率。另外，市场有利于促进研究生资源的有效配置。通过市场机制，研究生资源可以有效地流向更有价值的领域，从而提升研究生资源的效率，有效满足市场需求，从而提高研究生资源的利用效率。此外，市场因素还可以帮助研究生教育资源配置者更好地把握行业发展趋势，有效避免研究生教育资源配置过程中出现的偏差。通过对市场因素的分析，可以更好地把握行业发展趋势，以更好地利用研究生资源。

目前在我国的研究生教育管理中，政府决定着研究生教育资源配置的各个方面，市场在研究生教育资源配置中的作用受到各方面的约束。

3.3 研究生教育资源配置内部影响因素

高校内部因素是影响资源配置的重要因素。本书从网络中获取了 2017 年各高校博士生招生人数与校内相关因素的对照表，如表 3.6 所示，北京大学 2017 年博士生招生人数为 2529 人，其教研人员人数 14 701 人，仅次于上海交通大学。招生人数排名第二的清华大学博士生导师数排名第一。可以看出，校内的很多因素在博士生招生人数上起着非常重要的作用。本书从高校需求、人力资源、财政因素、制度因素、物质因素等方面，研究相关因素与博士生招生人数的关系。

表 3.6 2017 年各高校博士生招生人数与人力资源信息

单位名称	博士生招生人数/人	教研人员人数/人	博士生导师数合计/人	杰出人才/人	本年度收入总计/万元
北京大学	2 529	14 701	2 161	94	2 138 168
中国人民大学	898	263	790	15	517 123.7

---

① 中共中央关于全面深化改革若干重大问题的决定. https://www.gov.cn/zhengce/2013-11/15/content_5407874.htm[2013-11-15].

续表

单位名称	博士生招生人数/人	教研人员人数/人	博士生导师数合计/人	杰出人才/人	本年度收入总计/万元
清华大学	2 433	5 802	2 812	113	2 477 679
北京航空航天大学	893	2 437	759	23	
北京理工大学	806	2 440	729	9	
中国农业大学	829	1 969	873	16	
北京师范大学	824	1 449	1 141	17	613 110
中央民族大学	238	239	0	0	173 881
南开大学	928	1 973	774	17	447 280
天津大学	932	2 904	1 242	19	886 387
大连理工大学	753	3 003	725	19	533 003
东北大学	599	2 388	506	5	
吉林大学	1 659	9 294	1 137	15	916 347
哈尔滨工业大学	1 299	3 736	1 361	27	
复旦大学	1 706	10 635	1 261	57	1 045 657
同济大学	996	6 142	1 366	19	805 071
上海交通大学	1 753	17 170	2 044	46	1 635 797
华东师范大学	683	1 256	852	14	540 120
南京大学	1 341	2 044	1 095	39	732 051
东南大学	783	5 333	925	15	
浙江大学	2 256	12 561	2 107	54	1 689 752
中国科学技术大学	1 643	2 820	694	31	
厦门大学	833	2 393	1 019	15	674 043
山东大学	1 005	8 511	946	10	769 928
中国海洋大学	417	2 302	367	9	359 842
郑州大学	380	3 479	0	0	
武汉大学	1 691	10 965	1 667	30	884 391
华中科技大学	1 522	9 691	1 563	27	908 370
湖南大学	586	2 056	618	11	367 800
中南大学	1 208	9 748	868	17	659 705
中山大学	1 467	8 927	2 116	15	1 073 972
华南理工大学	705	2 717	704	14	682 042
四川大学	1 527	10 809	1 388	18	845 604
重庆大学	662	2 677	828	9	503 977
电子科技大学	438	2 365	548	6	
云南大学	220	1 457	0	0	
西安交通大学	1 299	6 931	1 413	19	754 918

续表

单位名称	博士生招生人数/人	教研人员人数/人	博士生导师数合计/人	杰出人才/人	本年度收入总计/万元
西北工业大学	723	2 667	700	14	
西北农林科技大学	485	3 094	425	5	346 092
兰州大学	569	1 801	499	10	343 045
新疆大学	154	1 287	0	0	

3.3.1 高校需求

高校自身需求对资源配置效率产生影响,高校本身基于学位特色和学科队伍现状、科研现状、学科人才培养现状、社会服务及学科声誉等对于本校的学科建设有不同的需求。高校根据学位点建设水平和评价结果,对建设成效好的学位点加大支持力度,对发展缓慢、缺乏实效的学位点,提出警示并减小支持力度,根据学位点发展潜力与特色评价资源配置效率。

3.3.2 人力资源

高校内部人力资源对研究生教育资源的配置有着重要的影响。首先,人力资源的组织和配置是影响教育资源配置的重要因素,如教师的数量、学生的密度、行政人员的数量等。如果人力资源组织不当,将使资源配置受到限制。其次,人力资源的培训和发展也是决定教育资源配置的重要因素。人力资源的培训可以帮助学校更好地分配和使用教育资源,如提高教学水平、提高教师的素质和能力、提高行政能力等。最后,人力资源的有效运用也是影响教育资源配置的重要因素,如果没有有效的管理和使用,可能会浪费教育资源,从而限制研究生教育资源的有效配置。总之,高校内部人力资源对研究生教育资源的配置有着重要的影响。

从表3.6截取教研人员人数和博士生招生人数数据绘制关系图,如图3.5所示,以2017年博士生招生人数为例,我国各高校博士生招生人数与其教研人员人数呈正相关关系。例如,清华大学教研人员人数为5802人,其2017年博士生招生人数为2433人,居全国前列;厦门大学教研人员人数为2393人,其2017年博士生招生人数为833人,位置处于中游水平。博士生招生人数仅220人的云南大学的教研人员人数也仅为1457人,在表3.6列出的大学中排名靠后。由此可见,在大部分高校中教研人员资源是影响博士生招生人数的重要因素之一。

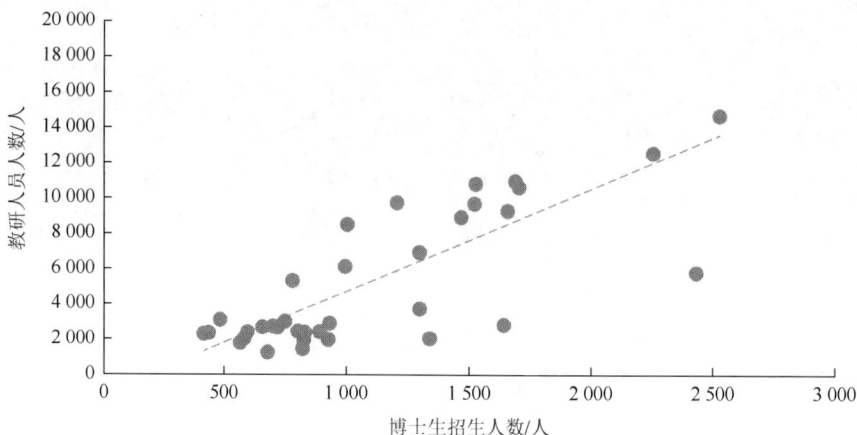

图 3.5　2017 年我国高校博士生招生人数与教研人员人数关系图

　　导师作为研究生人才培养中至关重要的成员，均衡的导师配置可以保证培养效率与科研成果资源转化。从表 3.6 截取博士生导师数和博士生招生人数数据绘制关系图，如图 3.6 所示。以 2017 年博士生招生人数为例，我国各高校博士生招生人数与其博士生导师数呈正相关关系。例如，清华大学博士生导师数为 2812 人，其 2017 年博士生招生人数为 2433 人；厦门大学博士生导师数为 1019 人，其 2017 年博士生招生人数为 833 人。由此可见，博士生导师资源是影响博士生招生人数的重要因素之一。

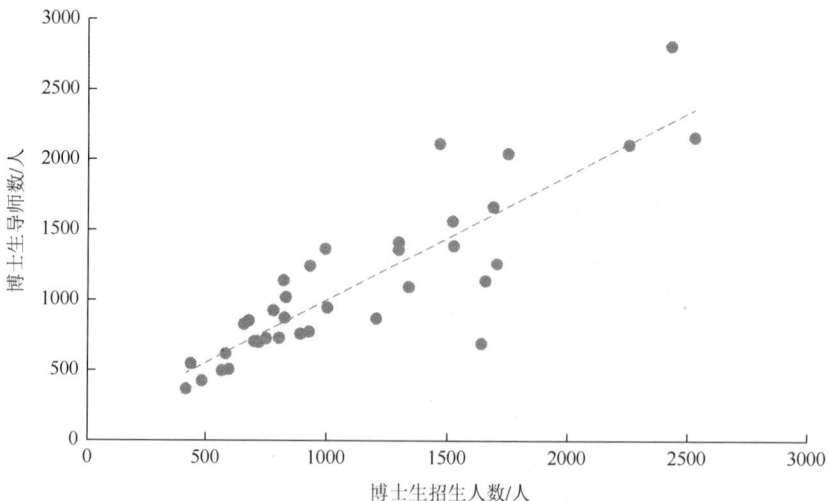

图 3.6　2017 年我国高校博士生招生人数与博士生导师数关系图

3.3.3　财政因素

高校内部财政因素对研究生教育资源配置有重要的影响。首先，高校内部财政资源直接决定了研究生教育资源的大小，高校内部财政资源丰富，可以投入更多的资源以支持研究生教育；反之，内部财政资源匮乏，资源投入也会减少。其次，高校内部财政资源的分配极大影响了研究生教育资源的配置。如果把高校的内部财政资源分配给研究生教育，可以为研究生教育提供更多的资源，如教师、课程、实验设备等；反之，如果把高校的内部财政资源分配到其他方面，就会直接影响研究生教育资源的配置，从而影响研究生教育的质量。最后，高校内部财政资源的分配会直接影响研究生教育资源的价格，如果有足够的预算，可以降低研究生教育资源的价格，从而缓解研究生的经济负担。总之，高校内部财政因素对研究生教育资源配置具有重要的影响。

科研经费决定了人才培养的经济水平，更高的科研经费可以为研究生培养提供更好的环境，如师资配比、仪器质量等，这也是研究生选择是否报考各高校的影响因素之一，高质量的学术环境势必会吸引更多的人才报考。博士生招生人数和科研经费关系图如图 3.7 所示。以 2017 年博士生招生人数为例，我国各高校博士生招生人数与其科研经费呈正相关关系。例如，北京大学 2017 年科研经费为345 252.1 万元，其博士生招生人数为 2529 人；南京大学 2017 年科研经费为182 239.4 万元，其博士生招生人数为 1341 人。由此可见，科研经费是影响博士生招生人数的重要因素之一。

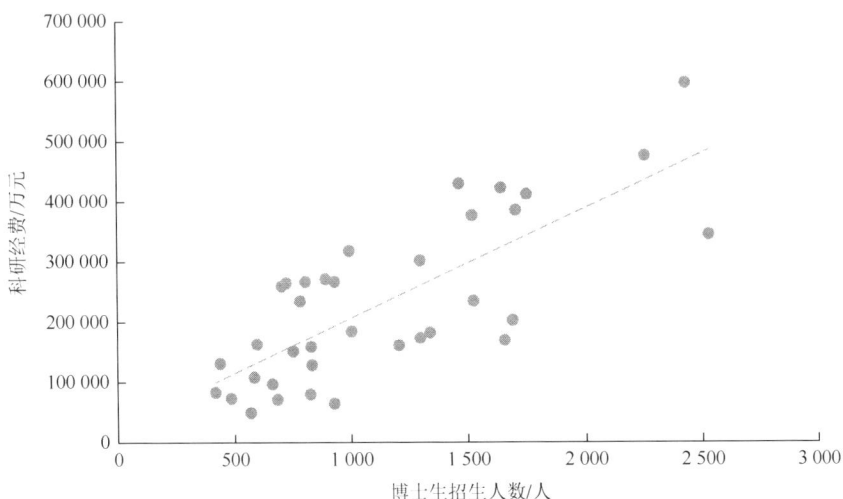

图 3.7　2017 年我国高校博士生招生人数与科研经费关系图

3.3.4　制度因素

随着社会的不断发展，高校内部制度因素对研究生教育资源配置也产生了重要影响。高校内部制度因素可以影响研究生教育资源的有效配置和有效利用。首先，高校内部制度因素可以影响学校对研究生教育资源的配置。高校的内部制度可以规定学校对研究生教育资源的配置，以确保学校在公平、公正、合理的情况下合理配置资源。其次，高校内部制度因素可以影响学校对研究生教育资源的有效利用。高校内部制度可以规定学校如何有效利用研究生教育资源，以使资源得到有效利用，提高研究生教育质量。最后，高校内部制度因素可以影响学校对研究生教育资源的有效监督。高校内部制度可以规定学校如何有效监督研究生教育资源的使用情况，以确保资源的有效利用，避免资源的浪费。总之，高校内部制度因素对研究生教育资源的有效配置和有效利用产生了重要的影响。因此，学校应该加强内部制度建设，加强对研究生教育资源的配置、有效利用和有效监督，以提高研究生教育质量。

3.3.5　物质因素

高校内部实验室的设备是研究生教育资源配置的重要因素。实验室设备的质量和数量直接影响研究生的研究能力和研究质量。如果实验设备不先进，研究生可能不能实现理论的实践操作，从而影响研究结果的准确性。另外，实验室设备的数量也会影响研究生的研究能力，如果设备数量不足，研究生可能会由于使用实验设备的时间有限而影响研究质量。此外，图书也是研究生教育资源配置的重要因素。图书馆收藏的书籍越多，研究生获取信息的能力就会越强，因此可以更有效地完成学术研究。同时，图书馆还应该提供有关计算机、数据库、网络等新技术的最新资料，以便研究生及时了解新技术发展的动态，从而提高研究质量。除此之外，校内资源也是研究生教育资源配置的重要因素。校内资源可以有效地支持研究生的研究，如学校可以提供现金补贴、免费住宿、经费支持等，以便研究生能够更好地完成自己的研究工作。同时，学校也可以给予研究生一定的支持，如举办各种学术讲座，让研究生可以更好地了解学术前沿，从而提高研究质量。

市场上的教学科研设备质量参差不齐，高质量的教学科研设备对实验准度、精度都有一定的影响。博士生招生人数与教学科研设备金额关系图如图 3.8 所示。以 2017 年博士生招生人数为例，各高校博士生招生人数与其教学科研设备金额呈正相关关系。例如，北京大学教学科研设备金额为 583 116.4 万元，其 2017 年博士生招生人数为 2529 人; 南京大学教学科研设备金额为 343 284.5 万元, 其 2017 年博士生招生人数为 1341 人。由此可见, 教学科研设备是影响博士生招生人数的重要因素之一。

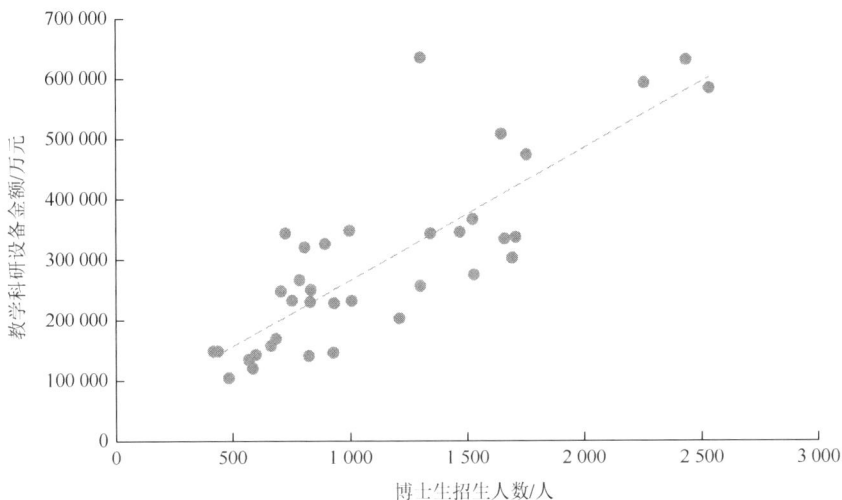

图 3.8 2017 年我国部分高校博士生招生人数与教学科研设备金额关系图

3.4 本章小结

本章主要研究"互联网+"时代研究生教育资源配置的影响因素。首先, 本章介绍了"互联网+"时代研究生教育资源配置的变化; 其次, 介绍了传统研究生教育资源配置的影响因素, 从外部因素和内部因素两个角度分析影响研究生教育资源配置的因素; 最后, 研究了"互联网+"时代研究生教育资源配置影响因素的新变化, 以及"互联网+"时代影响研究生教育资源配置的新因素。

第4章 "互联网+"时代研究生教育资源配置模式

美国学者伯顿·克拉克首次提出国家、市场和学术是影响高等教育发展的三大主体，高等教育是国家、市场和学术之间的协调[①]。国家的政策引导、财政支持对高等教育发展有重要的影响，市场通过无形的手牵引着高等教育的发展，作为学术载体的高校更是对高等教育的发展起至关重要的作用。研究生教育作为高等教育中的最高层次，是高等教育的重要组成部分，因此研究生教育资源配置也受到国家、市场和高等院校三者的重要影响。

本章研究"互联网+"时代研究生教育资源配置模式，从配置目标、配置主体、配置机制和配置策略等方面阐述"互联网+"时代研究生教育资源配置模式的重要组成因素。

4.1 研究生教育资源配置目标

资源配置的目标是通过有限资源的合理分配，实现资源的有效利用以获得最大的经济和社会效益。根据公共经济学的相关定义，实现资源配置效率最大化的条件是：配置在每一种物品或服务或劳务上的资源的社会边际效益均等于其社会边际成本。如果社会资源的配置已经达到这样一种状态，即任何重新调整都不可能在不使其他任何人境况变坏的情况下，而使任何一人的境况变得更好，那这种资源配置的状况就是最佳的，也就是具有效率的。如果达不到这种状态，即可通过资源配置的重新调整而使得某人的境况变好，而又不使任何一人的境况变坏，那就说明资源配置的状况不是最佳的，也就是缺乏效率的。这就是著名的"帕累托效率"[②]。但是当收益外溢存在时，完全由市场配置会带来效率的损失。

如图 4.1 所示，其中横轴 Q 表示产品数量，纵轴 C 表示价格，D_1 表示产品购买者的边际效用曲线，D_0 表示社会边际收益曲线，S_1 表示社会边际成本供给曲线。可以看到在 E_0 点社会边际收益等于社会边际成本，即社会在 E_0 点实现了利益最大化，市场均衡的产量为 Q_0。但是当利益外溢性存在，个人产品购买者的产品需求在 B 点，其数量 Q_1 小于社会对产品的需求 Q_0，图中三角形 ABE_0 的面积就是造

---

① 克拉克 B. 高等教育新论——多学科的视角. 王承绪, 徐辉, 郑继伟, 等译. 杭州: 浙江教育出版社, 2003: 159.

② 江晓薇. 社会主义市场经济体制下财政职能的定位. 中共福建省委党校学报, 1999, (3): 25-29.

成的损失。为了规避损失，政府可以通过直接提供产品，降低价格，鼓励人们消费，从而实现帕累托最优。

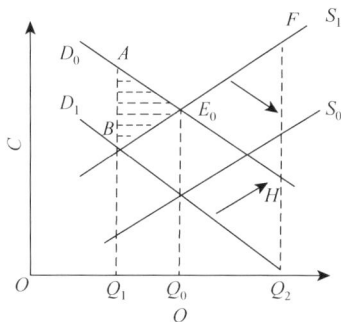

图 4.1　帕累托最优

当前在全球范围内科技创新呈现出前所未有的发展态势，知识创新速度加快，科技变革加剧，高端人才在经济增长和科技创新中的作用进一步凸显。研究生教育作为国民教育体系的顶端，接受研究生教育的个人可以更好地符合国家发展和利益需要，提升对经济社会发展的支撑和引领能力。研究生教育为各行各业输出了大批高层次人才，是具有正的外部效应（利益外溢性）的准公共产品。

研究生教育资源配置的目标是通过有效配置和使用资源，提升研究生教育质量，服务国家战略需求和满足市场需要。

4.1.1　服务国家战略需求

《中华人民共和国国民经济和社会发展第十四个五年规划和 2035 年远景目标纲要》提出"提高高等教育质量""加强研究生培养管理，提升研究生教育质量，稳步扩大专业学位研究生规模。优化区域高等教育资源布局，推进中西部地区高等教育振兴"[①]。国家的发展离不开高素质人才的支撑，而研究生教育正是培养高素质人才的重要途径之一。研究生教育资源配置有助于实现国家战略目标，研究生教育资源配置要更加注重国家发展战略，从而使研究生教育更好地服务国家战略。通过研究生教育资源的合理配置，培养高层次的人才，为经济社会发展提供助力。

研究生教育资源配置应当着眼于国家战略性需求，以满足国家发展所需的新技术、新理念、新产品和新服务，满足国家战略性需求，为实现国家发展目标提

---

① 中华人民共和国国民经济和社会发展第十四个五年规划和 2035 年远景目标纲要. https://www.gov.cn/xinwen/2021-03/13/content_5592681.htm?eqid=ffbef6f80002a5d600000003648ae0e0[2021-03-13].

供有力支持，以国家战略需求为导向，结合国家发展规划和社会经济发展需要，充分综合运用和有效利用研究生教育资源，保证研究生培养质量和效果。

4.1.2　满足市场需要

市场需求在研究生教育资源配置中发挥着重要作用，研究生教育资源的配置应以市场需求为导向，在当前经济形势下人们对技能和知识的需求正在不断变化，社会经济发展的要求也在不断提高，研究生教育的任务和职责也发生了变化。研究生教育资源的配置应以市场需求为导向，满足社会发展的需要，为社会培养最符合社会发展趋势的高素质人才。

《中共中央关于全面深化改革若干重大问题的决定》指出"紧紧围绕使市场在资源配置中起决定性作用深化经济体制改革，坚持和完善基本经济制度，加快完善现代市场体系"①。市场需求是改革开放以来社会教育发展的重要推动力，能够有效促进研究生教育资源的有效利用，实现资源的最佳配置。市场需求是对研究生教育资源需求的有效反映，研究生教育的最终目的是培养有竞争力的研究生，而市场需求是当前研究生教育资源配置的有效指导。市场需求能够激励院校及时调整研究生教育资源配置，加强研究生教育资源的科学优化配置。院校可以根据市场的需求配置更多的教育资源，以满足各个学科领域的需求，使研究生教育得到更多投入。

4.2　研究生教育资源配置主体

根据微观经济学中的公共产品理论，社会产品分为公共产品和私人产品。其中公共产品具有效用的不可分割性、消费的非竞争性、受益的非排他性，私人产品具有敌对性、排他性、可分性，而介于两者之间的产品称为准公共产品。一方面，高等教育具有私人产品的性质，即受过高等教育的个人在社会上具有更强的竞争能力，能获得较高的收入，生活品质得以提升；另一方面，受过高等教育的个人也将教育利益外溢给了社会，提高了社会的劳动生产率，推动了社会进步、经济发展，因此高等教育也具有公共产品的性质。由此，高等教育可以被定义为准公共产品，这也决定了高等教育资源配置主体的多元性。

高等教育资源配置主体是指在高等教育资源配置中发挥高等教育资源配置基础性作用的运行载体和运行基础，是高等教育资源配置全过程唯一的能动性要素

---

① 中共中央关于全面深化改革若干重大问题的决定. https://www.gov.cn/zhengce/2013-11/15/content_5407874.htm [2013-11-15].

和触发性要素。高等教育资源配置主体能动地发现市场需求，依据市场需求与配置客体之间的关系选择合适的配置方式，然后对配置客体发生作用①。教育资源的有限性与社会对教育资源需求的无限性决定了如何有效地配置教育资源成为解决这一根本矛盾的核心问题。在高等教育资源配置过程中，资源配置主体成为制约资源配置效率的最重要的因素。因此，对配置主体的研究有利于我们去理解其在不同领域配置中的作用，从而更深入地去分析一个国家或地区的高等教育资源配置情况，并对存在的问题进行根源分析。

在西方，伴随着政府、市场力量对高等教育的介入，美国学者伯顿·克拉克在《高等教育系统——学术组织的跨国研究》一书中，首次提出并建构了高等教育发展的政府、市场、大学"三角协调模式"，即高等资源配置受市场、政府和学术三个主体的影响，这三种力量在资源配置的调整和转换过程中相互制衡，资源配置的优化是三种力量不断冲突和妥协的渐进过程。曹春霞通过对浙江省高校研究生教育资源配置现状的研究，指出政府通过调控职能的发挥，规划研究生教育发展，协调资源配置公平与效率，并且弥补市场调节失灵；企业作为研究生教育培养资源的重要来源渠道，也是研究生教育产出的直接利用者；高校的办学能力、科研水平、管理水平直接影响着研究生教育资源配置；社会资金是研究生教育资金的重要组成部分，此外，研究生教育资源配置也受高校的社会声誉影响，因此她认为配置主体分别是政府、企业、高校、社会②。

高等教育供给可以理解为"高等教育部门为社会和个人提供的无形产品和有形产品的总和"③。其中无形产品主要是指教育服务，有形产品主要是高校的科研成果、学术论文、研发产品，以及为受教育者提供的各种教育服务硬件设施。就研究生教育而言，政府和高校作为两大供给主体，相互联系、相互依存，共同作用于供给端。研究生教育作为培养创新型人才的主要途径，能为个人提供更多、更好的发展机会，随着硕士研究生报考人数上升，我国公民的受教育程度越来越高，个体为了自身的发展，对教育的需求也越来越高。从供需关系来看，可以认为研究生教育资源配置主体主要包括市场、政府、高校。

另外，在市场经济条件下，研究生教育也可以被囊括在"经济人"范式之中。"经济人"包括生产者和消费者，政府作为最大投资者，毫无疑问是生产者。而高校作为由政府委托经营高等教育的组织，也是生产者。在实行高等教育成本分担后，受教育者即个人，通过购买教育服务接受教育，既投资了教育，成为生产者，同时也是消费者。因此，就研究生教育的生产和消费来说，其经济主体主要是政

---

① 夏丽萍，张志英. 我国高等教育资源配置主体系统的思考. 西南民族大学学报（人文社科版），2006，（1）：238-240.

② 曹春霞. 创新强省视野下浙江高校研究生教育资源配置研究. 杭州：浙江工业大学，2012.

③ 肖昊. 高等教育供求的几个理论问题. 建材高教理论与实践，1996，（4）：31-32.

府、高校、个人。"经济人"范式的核心就是"经济人"是自利的，即具有"经济人"身份的研究生教育主体——政府、高校、个人，在市场规则下参与教育活动，并且追求利益最大化，也就是实现资源最优配置。

本书认为研究生教育资源配置的主体包括市场、政府、高校。其中市场与研究生教育资源配置相关，是资源配置的决策者。市场是研究生教育资源配置的主要资源来源，对社会发展有着重要作用，可以通过决策、激励等方式，有效地安排研究生教育资源，为研究生提供就业机会，为研究生教育的发展和改善提供助力。政府是研究生教育资源配置的重要推动者，可以为研究生教育提供资金支持，通过制定各种政策和法规来规范研究生教育资源的配置，保证研究生享受到公平的待遇，加强对研究生教育资源配置的监督。高校作为研究生教育资源的使用者，为研究生提供良好的学习环境和教学资源，为研究生提供充分的学习机会，促进研究生的个人发展。高校要坚持质量优先的原则，有效地配置研究生教育资源，为研究生提供有效的学习环境，完善研究生教育的培养体系。以上这几个主体之间有着密切的联系，市场主体的参与促进了经济活动的发展，政府主体的政策支持和经济投入保证了研究生教育的高质量和高效率，高校主体提供了学习环境并培养人才。

4.2.1　研究生教育资源配置的不同主体发挥作用

1. 政府作为研究生教育资源配置的主体

政府在研究生教育资源配置中发挥着至关重要的作用。首先，政府要制定和完善研究生教育相关的法规政策，建立完善的研究生教育制度，明确各级教育行政部门的职责和权限，统一管理研究生教育资源，制定研究生教育发展规划；其次，政府要对研究生教育资源进行有效的调控，优化研究生教育资源配置，促进研究生教育资源的综合使用，确保研究生教育资源得到合理分配和有效利用；此外，政府还要推动社会力量参与研究生教育资源配置，以满足不同群体的需求，促进研究生教育发展。总之，政府要积极肩负起研究生教育资源配置的重大责任，从而保证研究生教育的高质量发展。

政府作为研究生教育的最大投资者和主要生产者，为人民提供优质的教育服务，同时通过对宏观政策的调控，影响着高校的运行以及社会的需求。政府部门由人才构成，为了国家政治、经济的发展也必然需要受过高等教育的个人。同时，随着社会分工越来越细，政府对专业人才的需求也越来越高。因此，政府的双重身份决定了其在资源配置中角色和权责的多样化。

政府通过颁布法规明确教育目的、指导方针及发展规划；通过制定与研究生教育资源相关的法规，对其配置进行宏观调控；通过完善管理条例规定研究生教育全过程的工作准则和检验工作的标准。通过法规政策的颁布可以有效地指导高等院校的行为，更好地完成高等教育资源的配置工作，一方面，能够充分地确保高校教育资源配置改革工作的顺利开展，使其更加合法化；另一方面，能更好地行使政府的宏观调控职能，使高校教育资源配置工作更好地适应当前我国市场经济的发展，为高校教育资源配置工作的顺利开展提供有效的法律保障。政府通过使用法律手段，规范高校在法律法规的框架内合理办学、依法治校，完善高校管理体制，促使研究生教育有法可依，保障研究生教育事业健康发展。

政府可以调节经济投入。一方面，政府可以通过调整投资强度与拨款政策来调节和控制研究生教育资源的区域分配，影响研究生教育的供求总量与结构的平衡。例如，通过健全高校质量评估机制和评价指标体系，对高校拨款使用的情况进行衡量，由其效率分析决定后续拨款的数额及方式，提高拨款的透明度，以保障教育经费的使用效率和质量。另一方面，政府可以通过财政资助和助学贷款等措施来促进研究生教育机会的公平分配，从而确保研究生教育事业的平衡、和谐发展。

政府可以调控劳动力市场。供需失衡是造成毕业生就业困难的重要原因之一，政府制定的社会经济发展目标的需求直接影响了劳动力市场对人才的需求，因此政府应当加强对各行业人才的预测与规划，控制供给，调整劳动力结构。

政府通过对研究生教育的发展规模、层次结构、布局及运行进行调控，确保研究生教育在实现资源优化配置的同时，为社会经济培养大量的所需要的高层次人才，真正满足社会经济发展对研究生教育的需求，促进经济发展转型，保障研究生教育正外部效应的发挥，达到研究生教育的整体社会收益最大化。政府调控是研究生教育资源配置的关键。

2. 高校作为研究生教育资源配置的主体

高校作为高等教育服务活动的具体实施者，在研究生教育资源的配置方面起着关键作用，主要体现在以下两个方面：一方面，高校作为一个整体，依靠自身学术力量、科研水平、社会声誉等要素对外争取资源；另一方面，高校将资源对内分配到不同的院系、学科专业、教师、学生、管理部门和管理人员。

高校在研究生教育中扮演着至关重要的角色。首先，高校作为研究生教育的主体，具有直接负责研究生教育资源配置的权力和责任。高校根据自身实际情况，对研究生教育各项资源进行有效配置，为研究生教育提供必要的支持。其次，高校要求研究生具备良好的专业基础，承担起研究生教育的传播和推广责任。同时，高校要做好研究生教育资源的有效利用，不断提高教育资源的合理利用效果。最后，高校要求研究生实行闭环管理，建立高效的研究生教育资源管理机制，促进研究生教育资源的有效配置。综上所述，高校在研究生教育资源配置中发挥重要作用。高校应加强对研究生教育资源的监督和管理，不断改进研究生教育资源配置，为高等教育发展和研究生教育提供更加有力的保障。

在市场经济条件下，政府不再是高等教育唯一的生产者。出于对自身生存和发展的考虑，高校也追求自身利益和经济效益。因此，高校在研究生资源配置过程中不应只是一个消极被动的资源接受者，更应该是一个具有一定自主权，能够积极主动地参与资源配置的主体。高校应当仔细对准市场对人才的需求，优化学科专业结构，加快人才供给侧结构性改革，让毕业生"适销对路"。

高校应该提升教育质量。研究生教育作为培养高层次人才和释放人才红利的主要途径，提升人才培养质量，既是国家所需，也是时代所需。高校应当瞄准科技前沿和关键领域，推进学科专业调整，提升导师队伍水平，完善人才培养体系，加快培养国家需要的高层次人才。

高校应优化资源配置，对资源的分配应坚持透明性原则和效益性原则，按教育规律、市场经济规律进行合理配置，保证人力、财力、物力功效之间实现最佳组合，以取得最好的办学效益。

高校在某些资源配置模式中可以发挥主导作用。高校的主导作用是由高校自身的发展需求、社会需求和国家政策而形成的，并且依赖于高校对资源的统筹安排和分配。高校主导模式通过统一的资源配置，实现了统一的教育理念，使研究生教育资源配置更加有序，给研究生教育带来了更多的积极效果。首先，高校主导模式能够有效地促进统一的教育质量。由于高校的主导，高校的教育机构得以在教育资源的分配和配置上形成一个均衡的状态，从而有效地促进各教育机构的教育质量的统一。高校主导模式可以有效地提高研究生教育资源的利用率。高校主导模式可以通过统一的资源配置，有效地利用各种资源，从而提高研究生教育资源的利用率。此外，高校主导模式还可以有效地提高研究生教育的经济效益。通过统一的资源配置，可以有效地减少资源的浪费，从而提高教育的经济效益。总之，高校主导模式是研究生教育资源配置中的一种重要模式，它促进了研究生教育资源的有效利用，提高了研究生教育的经济效益，有助于推动研究生教育的发展。高校主导模式也存在一些缺点。第一，高校主导模式存在着经费分配不公平的问题。高校主导模式中，大多数经费都会集中在一些较大型的高校当中，而小型高校的经费则相对较少，从而导致经费分配不公平。第二，高校主导模式倾向于忽视社会性质的研究生教育资源配置。由于高校拥有优先使用研究生教育资源的权利，一些社会性质的研究生教育资源配置受阻。事实上，某些高校为了追求更多的科研资源，不仅会优先使用研究生教育资源，而且会忽略一些社会性质的研究生教育资源配置，从而影响社会的研究生教育发展。第三，高校主导模式的研究生教育资源配置政策滞后，容易出现资源分配不均的问题。高校主导模式的研究生教育资源配置政策往往由学校来决定，而不需要考虑社会的需求。这就导致高校主导模式的研究生教育资源配置政策滞后，容易出现资源分配不均的问题。这样一来，就加剧了社会研究生教育资源分配的不均衡，也影响了社会研究生教育的发展。第四，高校主导模式的研究生教育资源配置缺乏系统性。由于高校主导模式的研究生教育资源配置政策往往由学校来决定，缺少系统性的调控。这样一来，研究生教育资源的分配往往是单一的，没有综合性的研究生教育资源规划。这样就不利于推进研究生教育的发展，也不利于提高社会研究生教育水平。

3. 市场作为研究生教育资源配置的主体

市场作为研究生教育资源配置的主体，在教育资源配置中发挥着极其重要的作用。首先，市场可以根据研究生的需求和市场供给情况，提供有利可图的教育资源，以满足研究生的学习需求，进而激发研究生的学习热情；其次，市场可以根据研究生的需求，构建和完善供需相符的教育资源体系，为研究生提供更多优质的教育资源，进而提高研究生的学习效率；最后，市场可以根据研究生的需求，制定出合理的教育资源配置模式，使研究生能够客观地选择和利用合适的教育资源，进而更好地实现教育资源的公平及有效利用。总而言之，市场作为研究生教育资源配置的主体，可以为研究生提供适宜、有效、公平的教育资源，从而更好地满足研究生的学习需求，提升研究生的学习效果，最终实现教育资源的有效配置。因此，在研究生教育资源配置中，市场作为主体，具有极其重要的作用。

市场作为资源配置的主体，可以为研究生教育资源配置提供决策依据。首先，市场可以提供有关研究生教育资源配置的信息，如市场供求情况、生源供需状况等，这些信息可以为教育资源配置提供重要的参考。其次，市场可以为高校提供有关研究生教育资源配置的指导，如在研究生教育资源配置中，市场可以为高校制定合理的教育资源配置策略，以满足教育资源配置的需求。最后，市场可以为研究生教育资源配置提供可行性的参考，如市场可以提供有关研究生教育资源配置方案的评估，以确定资源配置方案的可行性。综上所述，市场作为研究生教育资源配置的主体，可以为研究生教育资源配置提供信息支持、指导和可行性参考，以确保研究生教育资源配置的有效性和合理性。因此，市场在研究生教育资源配置中发挥着重要的作用，应当加强对市场的关注，利用市场信息，加强研究生教育资源配置的科学性和合理性。

首先，市场可以为研究生教育资源的供应者提供资源配置的便利条件，通过市场交易，可以使供需双方都满意，同时也可以按照公平和公正的原则，促进研究生教育资源的有效配置。其次，市场可以作为研究生教育资源的分配机制，通过市场的竞争机制，可以促进研究生教育资源的分配，从而使更多的资源流向有需求的领域。此外，市场通过利益激励调节研究生教育资源的分配，通过利益的激励，可以有效地鼓励研究生教育资源的充分利用。最后，市场可以作为研究生教育资源的监管机制，通过市场监管，可以有效地管理研究生教育资源的使用，从而保障研究生教育资源的合理使用，避免资源的浪费。市场作为研究生教育资源配置的主体，可以为研究生教育资源的有效配置、分配和监管提供有效的保障，从而为研究生教育资源的有效配置和利用提供有力保障。

4.2.2　主体间关系

博弈的目的是利益，利益形成博弈的基础。参与博弈者正是为了收益的最大化而相互竞争。从经济学角度来看，如果有一种资源为人们所需要，而这种资源又是稀缺的，那就会发生竞争。竞争需要有一个具体形式把大家拉在一起，一旦找到了这种形式，竞争各方之间就会开始一场博弈。

不同利益主体在研究生教育资源配置中的博弈是教育资源配置格局形成的决定性因素，教育资源配置的实质是不同利益主体之间的利益博弈，而不同利益主体之间利益关系的演化则是教育资源配置格局调整的根本动力[①]。教育资源配置的结构是不同的利益主体在配置过程中利益关系的直接反映，具体到我国的教育资源配置实践中，即教育资源在地区之间、学校之间、个人之间的配置，这些利益主体的博弈决定了研究生教育资源配置格局的最终形成。由于资源的稀缺性与利益主体需求的无限性，不同利益主体之间的利益关系不断变化，旧的关系不断被打破，新的关系不断形成，各利益主体在资源配置博弈中的力量也不断变化，进而使旧的教育资源配置格局不断被打破，新的教育资源配置格局逐渐形成。

1. 政府和市场之间的关系

政府和市场之间的关系是资源配置中最重要的方面，它既可以通过市场机制实现资源的合理配置，也可以通过政府行为来影响市场结果。一方面，市场是资源配置的基础，由市场决定商品价格，通过买家和卖家之间的交易，资源就会自然地配置到最有效的用途中去。政府可以通过干预市场，改变商品价格，控制市场供需关系，来调整资源配置，使其更加合理。例如，政府可以出台政策，鼓励投资者投资某些重点产业，以促进这些产业的发展，进而调整资源配置。另一方面，政府也可以借助市场机制实现资源配置。政府可以通过政策手段，促进市场竞争，减少市场壁垒，降低市场交易成本，提高市场效率，从而使资源更加合理地配置。同时，政府还可以督促企业实行资源共享，推动企业资源的有效利用，从而实现资源配置的优化。总之，政府和市场之间的关系是资源配置中最重要的方面，政府可以通过干预市场、促进市场竞争、鼓励资源共享等政策手段，实现

---

① 许丽英. 教育资源配置理论研究——缩小教育差距的政策转向. 长春：东北师范大学，2007.

资源的合理配置，从而达到优化资源配置的目的。2013 年发布的《中共中央关于全面深化改革若干重大问题的决定》指出，"经济体制改革是全面深化改革的重点，核心问题是处理好政府和市场的关系，使市场在资源配置中起决定性作用和更好发挥政府作用。市场决定资源配置是市场经济的一般规律，健全社会主义市场经济体制必须遵循这条规律，着力解决市场体系不完善、政府干预过多和监管不到位问题""必须积极稳妥从广度和深度上推进市场化改革，大幅度减少政府对资源的直接配置，推动资源配置依据市场规则、市场价格、市场竞争实现效益最大化和效率最优化。政府的职责和作用主要是保持宏观经济稳定，加强和优化公共服务，保障公平竞争，加强市场监管，维护市场秩序，推动可持续发展，促进共同富裕，弥补市场失灵"①。

在研究生教育资源配置中，政府和市场之间的关系是相辅相成的。政府作为研究生教育的主管部门，负责制定和落实教育政策、提供资金支持、组织评估等，以保障研究生教育资源的合理配置、公平分配。市场在研究生教育资源配置中也发挥着重要作用，它以自身的市场机制来监督研究生教育资源的配置，促进研究生教育的公平和公正，以及研究生教育水平的提高。政府和市场在研究生教育资源配置中相互促进和制约，为研究生教育的发展提供了有力的支撑。研究生教育资源配置中政府和市场之间的关系是相互联系的。政府作为研究生教育的主要经费来源，负责制定公共政策，提供资金支持，支持高等教育发展，保障高等教育公平，健全研究生教育保障体制，推动研究生教育改革，推动研究生教育发展，政府在研究生教育资源配置中起着重要作用。市场是研究生教育资源配置的重要组成部分，它能够促进研究生教育资源的配置效率，促进研究生教育资源的合理分配，提高教育资源的利用效率，实现研究生教育资源配置的经济效益最大化。同时，市场还可以通过定价等手段促进研究生教育资源的有效利用，实现研究生教育资源的可持续利用。政府和市场在研究生教育资源配置中具有相互联系的关系，政府通过政策的调整、资金的投入等方式对市场产生影响，而市场也可以促进政府的研究生教育资源配置政策的实施，促进研究生教育资源的有效配置。

2. 政府和高校之间的关系

政府的利益追求在于促进社会的经济增长，提高社会的生产力，改进科学技术水平，实现教育对社会经济发展的最大贡献。作为资源的主要供应者，政府手里掌握着调控大权。高校的利益追求在于如何为自己赢得最好的资源配置，如何

---

① 中共中央关于全面深化改革若干重大问题的决定. https://www.gov.cn/zhengce/2013-11/15/content_5407874. htm[2013-11-15].

在整个教育系统中取得更好的位置。作为办学者，高校所得到的资源受政府所调控，因此，政府和高校作为博弈主体双方，形成了主与从的博弈关系。政府通过对政策的制定，调控高校的办学行为，高校则在政策内寻求对自己最有利的办学决策，并且其办学效果也会影响未来政府政策的制定，政府通过对效果进行评估，在新的发展形势下做出调整，由此又进入下一轮博弈。

在高等教育领域中，政府和高校之间是一种不完全信息博弈。政府与高校博弈的最优结果应该为{有作为，正当竞争}。

研究生教育资源配置中政府和高校之间的博弈，指的是政府和高校在提供研究生教育资源配置时，两者之间发生的一种博弈性的关系。一方面，政府作为研究生教育资源配置的提供者，需要投入资金、设备、人力等各种资源，特别是在经济发展落后的地区，政府投入的经费更是难以缩减。另一方面，高校作为研究生教育资源的使用者，也有一定的要求，追求更好的研究生教育资源配置，而且对于政府提供的研究生教育资源，高校也会根据自身的情况去调整，以便更好地满足自身的需要。因此，研究生教育资源配置中政府和高校之间的博弈，是一种相互利用资源，以实现双方最大利益的博弈过程。政府要尽可能提供更多的研究生教育资源，而高校则要尽可能合理地利用这些资源，以达到双方都能在教育资源配置中获得最大利益的效果。

3. 市场和高校之间的关系

研究生教育是一种高层次的教育，它需要良好的资源配置。市场和高校之间的关系对于研究生教育资源配置至关重要，它们有着千丝万缕的联系。首先，市场对研究生教育资源配置起到了决定性作用。市场会指导高校开展研究生教育，提供研究生教育资源配置的参考，比如，指导研究生教育资源配置的培养方向、培养目标、培养计划等。此外，市场还会根据自身的需求来指导高校的研究生教育资源配置，以满足社会需求，培养出更多拥有实际应用能力的高水平研究生人才。其次，市场也是高校研究生教育资源配置的重要渠道。市场可以提供高校需要的物质和资金，支持高校开展研究生教育。此外，市场还可以为高校的研究生教育提供有用的咨询服务，以帮助高校更好地调整研究生教育资源配置，提升研究生教育的质量。最后，高校也是市场的重要资源。高校可以为市场提供高水平的人才，满足市场的需求，帮助企业提升效率和竞争力，为社会发展做出贡献。此外，高校也可以通过与市场合作，推广自身的科研成果，增加自身的认可度，为高校的发展做出贡献。总而言之，市场和高校之间的关系对研究生教育资源配置至关重要。它们之间的合作可以提升研究生教育的质量，满足社会的需求，为高校和市场的发展都带来好处。

学校在配置研究生教育资源的过程中，以市场为主导，以市场需求为导向，以供求关系为基础，受市场机制的制约和引导，依据市场价格实现资源配置的模式，可以使研究生教育资源的配置变得更加有效，资源的利用变得更加合理，由市场决定研究生教育资源的最佳配置结果。市场的自然选择机制能够将资源配置向有利于学校发展的方向发展，使学校的资源利用更加科学、合理，有助于学校的发展。同时，这种模式也能够有效地促进市场竞争，有利于学校形成资源配置的市场机制，进一步激发学校的活力，激发学校的创新精神，更好地服务于社会的发展。研究生教育资源的市场主导模式可以使学校的资源配置更加合理、更加有效，从而有利于学校的发展，也有利于社会的发展。

研究生教育资源配置中市场和高校之间的关系是非常重要的，它是研究生教育发展的基础和支撑。市场和高校之间的关系是一种双向促进关系，可以在研究生教育资源配置中起到重要的作用。一方面，市场对高校的研究生教育资源的配置具有重要的影响力。市场的发展是研究生教育发展的重要支撑力量，能够提供科研资金、技术资源和人才支持，对提高高校的研究生教育质量和效率具有重要的作用。另一方面，高校也能够有效地帮助市场发展。研究生教育资源的配置是研究生教育发展的基础，而高校是一个重要的资源供应者，它能够提供高素质的人才和科技资源，以满足市场的需求，同时还可以为市场提供先进的技术支持，为市场的发展提供有效的支持。研究生教育资源配置中市场和高校之间的关系是一种互利互惠的关系，是研究生教育发展的基础和支撑。只有通过加强市场和高校之间的合作，才能够更有效地发挥研究生教育资源的作用，实现研究生教育发展的有效管理和维护。

4.3　研究生教育资源配置的域变换机制

4.3.1　研究生教育资源配置的调控机制

调控机制是指资源的配置方指导资源接收方的资源分配。根据调控的范围，调控机制可以分为宏观调控、中观调控和微观调控。宏观调控是指国家的调控行为，中观调控是指高校的调控行为，微观调控是指高校内课题组以及教师的调控行为。

1. 宏观调控

宏观调控主要是指政府调控，政府调控是指国家指导高校的资源分配和研究方向。由于高校主要通过行政拨款的方式获取资源，一般缺乏自主获取资源的渠道，政府调控可以集中力量办大事，集中资源培养国家急需的人才。由于国家制定政策并提供资金来落实研究生教育资源配置，政府在研究生教育资源配置中的主导地位主要表现在三个方面：①政府负责研究生教育资源的配置。根据国家经济发展的需要，政府制定研究生教育资源配置政策，并负责把研究生教育资源分配到各个领域，以最大限度地满足国家经济发展的需要。②政府负责研究生教育资源的供给。政府负责投入资金，建设研究生教育资源，为学校和社会提供优质的研究生教育资源。③政府负责研究生教育资源的管理。政府负责实施有关研究生教育资源配置的政策，管理研究生教育资源，以确保研究生教育资源配置的有效性和合理性。政府在研究生教育资源配置中的主导地位不可或缺，它的责任是确保研究生教育资源的充足供给、合理配置和有效管理，为研究生教育发展提供有力的保障。政府调控有助于实现研究生教育资源配置的公平性、合理性和有效性，这是由政府提供总体指导、规划、资金投入和社会服务来实现的。政府通过资源配置和投资来实现教育资源的合理分配。政府调控也存在一些缺点：①政府调控可能导致资源配置的过度集中和过度投入，抑制市场机制的发挥。政府可能会偏向对自己有利的领域，而忽略其他领域，使得教育资源的运用效率降低，影响教育资源的有效配置。②政府调控模式可能导致政府对研究生教育资源的分配趋向于中央集权，研究生教育资源的分配可能不能适应地域上的经济发展水平，也不能满足不同地区研究生教育的实际需求。③政府调控模式可能会导致资源分配过于固定，无法及时响应社会需求变化，难以有效满足不同地区和人群的研究生教育需求。④政府调控模式可能会使得学校和研究生教育机构的质量与教学水平受到政府的政治干预，影响学校和研究生教育机构的自主性和独立性，可能会导致资源分配过于依赖政府行政人员，而忽略市场机制和专家评估。如图 4.2 所示，政府调控会引起高校域的变换，顺应政府调控的高校在调控后会占有更多的资源，与政府政策调控相悖的高校占有的资源会变少，进而引发高校域的域变换。

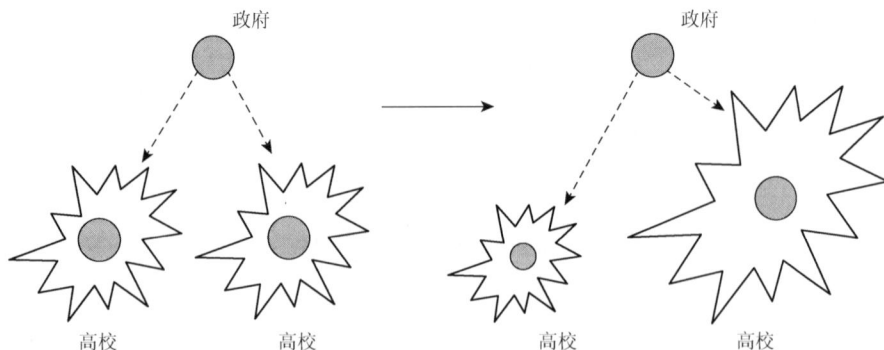

图 4.2　政府调控引起域变换

政府调控需要坚持放管结合,服务至上的原则。政府在研究生教育资源配置中应该坚持放管结合,充分发挥政府职能与市场机制,倡导研究生教育资源的配置和使用。一方面,政府应注重市场的作用,按照市场规律,制定合理的政策,加强研究生教育资源配置的引导作用,促进市场配置研究生教育资源的合理性;另一方面,政府应加强对研究生教育的规划、管理和督导,制定和完善研究生教育相关的政策,弥补市场机制的不足,避免经济至上的情况出现在研究生教育资源配置过程中,保证研究生教育资源的合理配置。政府要妥善处理政府和市场机制之间的关系,推动家庭、学校和社会等不同利益相关者之间的协调,以促进研究生教育资源的有效配置,加强研究生教育资源的有效利用。政府在研究生资源配置中应坚持服务至上,建立清晰的服务理念,强化服务意识,提高服务水平,坚持以服务为导向,并加强资源配置的科学性。

2. 中观调控

中观调控主要是指高校调控,高校要制定科学的研究生教育资源管理制度,持续优化资源结构,实行精细化管理,实现资源管理的精细化、科学化,实施科学的资源分配机制,实现资源的高效利用。高校要根据国家战略需求,科学定位,确定研究生教育发展方向,把握教育资源配置的主要线索,明确重点发展领域,加大突出优势学科的投入,以求在把握科学发展趋势的基础上,科学地把握教育资源配置的方向;高校要坚持资源配置的原则,把优质资源配置给优质建设,加强资源配置的科学性,提高教育资源利用效率;高校要坚持绩效导向,及时评估研究生教育资源配置效果,根据实际情况及时调整配置,加强资源配置的灵活性;高校要坚持依法运作,建立完善的研究生教育资源配置制度,坚持资源由专业评估机构按照规定的运行机制进行配置,加强资源配置的规范性,保证教育资源配置的稳定性。

3. 微观调控

微观调控主要是指研究生教育机构和教师团队的调控。研究生教育机构应建立科学的配置体系,根据各研究生教育机构的特点及其责任范围,统筹安排研究生教育资源,以提高研究生教育机构的经济效益和教学质量。研究生教育机构要加强组织机构管理,规范研究生教育资源配置,确保研究生教育资源的合理利用。研究生教育机构应完善资源配置规则,明确资源配置的目标、标准和方法,强调规范、科学、公平的原则,使资源配置的过程更透明、更有效。研究生教育机构要完善教师配备模式,根据研究生教育机构的特点,把握好教师的配备，做到教师的充分利用，使教师资源得到充分发挥，确保教学质量的提高。研究生教育机构要建立科学合理的绩效考核制度，统筹考核教师的业绩，强调教师的教学效果，加强对教师学术研究和专业技能的考核，激励教师提高教学质量。研究生教育机构要健全激励机制，激励教师投入更多的精力和时间，以提高研究生教育资源的利用效率，同时还要给予教师相应的奖励和激励，以激发教师的积极性和创造性。

4.3.2　研究生教育资源配置的协同机制

研究生教育资源配置是指在研究生教育中，政府、市场以及高校之间共同确定、分配、使用资源的过程，它是一种复杂的协同机制。政府、市场和高校各自扮演着不同的角色，并在资源配置中共同发挥作用。首先，政府负责制定研究生教育政策，规范研究生教育管理，维护社会稳定，促进经济发展，为研究生教育提供物质资源和政策支持。政府不仅负责研究生教育的长远发展规划，还要及时调整和完善研究生教育政策，以适应社会发展的变化。其次，市场起到调节资源配置的作用。通过市场的竞争和政策的导向，教育资源能够最大限度地被有效利用。市场机制可以帮助高校获取资金，支持研究生教育。最后，高校作为最基层的教育机构，负责研究生教育资源的实际运用，建设研究生教育体系，培养优秀的研究生人才，为社会发展和经济发展提供有力支持。高校可以利用市场机制，建立有效的激励机制，激发研究生教育资源的创造性运用。研究生教育资源配置的协同机制使政府、市场和高校的职能得到充分发挥，实现了资源的有效配置，促进了研究生教育的可持续发展。

4.3.3　研究生教育资源配置的混合联动机制

研究生教育资源配置的混合联动机制指的是政府、市场和高校在研究生教育资源配置中都有重要作用，主要是通过这三者共同努力推动研究生教育资源配置的发展。政府在研究生教育资源配置中发挥着主导作用，包括制定研究生教育的法律法规、实施绩效考核、推动改革开放等。政府还可以通过财政投入、设立补助、实施支持政策等形式来提高研究生教育资源配置的水平。市场在研究生教育资源配置中也发挥了重要作用，市场能够对研究生教育资源配置的需求进行有效调节，推动研究生教育资源的高效分配。高校也在研究生教育资源配置中发挥重要作用，高校可以根据自身的特点，调整好研究生教育资源的分配，提高教学质量，提升研究生教育资源的利用率。总而言之，在研究生教育资源配置中，政府、市场和高校都扮演着重要角色，通过混合联动机制，保证研究生教育资源的充足供给和高效分配。

在研究生教育资源配置的混合联动机制中，政府、市场和高校的共同参与在研究生教育资源配置中起着关键作用。政府作为研究生教育的重要投资者，在研究生教育资源配置中应该制定具有较高的科学性和社会性的研究生教育发展政策，实施科学有效的资源配置，充分激发市场和高校的活力，促进教育质量的提高。市场是政府和高校研究生教育资源配置的有效补充。一方面，市场可以通过政府的政策实施，支持研究生教育的发展，为研究生提供良好的学习条件；另一方面，市场可以为高校提供资金支持，投入到研究生教育资源配置中，推动高校研究生教育的发展。高校是研究生教育资源配置的主要受益者，也是研究生教育资源配置的重要组成部分。高校应当发挥自身的优势，把政府和市场投入的资源合理配置，把政府制定的研究生教育发展政策落实到实际，努力提高研究生教育质量，为社会培养和培育高素质的科技人才。政府、市场和高校的混合联动机制是研究生教育资源配置的有效方式，可以有效促进研究生教育的发展，提高研究生教育质量，为培养高素质科技人才做出重要贡献。

如图 4.3 所示，政府、市场和高校是一个联动的发展过程。政府通过市场调节域的变换，同时在市场机制失效时政府直接介入，高校反馈变换给市场和政府，影响政府的决策。

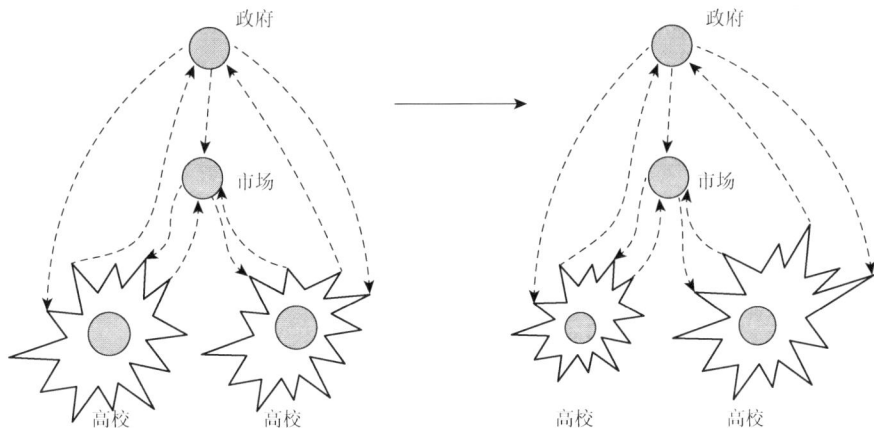

图 4.3 政府与市场调控引起的域变换

在研究生招生规模变化中，政府、市场和高校各自发挥着不同的作用。这三者之间相互影响，共同造成了研究生招生规模的变化。

政府主要通过政策制定和调整来影响研究生招生规模。首先，政府会根据国家发展战略、产业政策等因素来制定相应的教育政策，对研究生教育的发展方向和重点领域进行引导。其次，政府会对研究生招生名额进行总体控制，确保人才培养质量和数量的平衡。最后，政府还会提供资金支持、税收优惠等措施来鼓励高校发展某些特定领域的研究生教育。

市场主要体现在对研究生人才需求的变化上。随着社会经济发展和产业结构调整，市场对于不同领域的研究生人才的需求会发生变化。高校在招生规模的调整中，需要关注市场需求的变化，合理安排招生名额，以确保毕业生能够更好地融入市场，满足社会发展的需要。

高校在研究生招生规模变化中扮演着关键角色。高校需要根据政府政策和市场需求来调整招生规模，同时还要考虑自身的师资力量、实验室设施、学科发展等因素。此外，高校在研究生招生过程中还需保证招生质量，选拔出真正具有潜力和创新能力的学生。在这个过程中，高校还需要与政府和市场保持密切沟通，以便在招生规模调整中做出明智的决策。

1. 政府与高校之间的实证联动

政府鼓励发展某个行业，政策调控引发域变换，专业类学校获得更多的资源，获得更好的发展。国务院学位委员会、教育部印发了《专业学位研究生教育发展方案（2020—2025）》，该方案阐述了专业学位研究生教育的成就与挑战、发展与目标，强调着力优化硕士专业学位研究生教育结构。国家政策调控在影响学科领域变化方面具有关键作用，它可以直接导致学科领域的衍生、变化和消亡。例如，马克思主义学院和集成电路学院的诞生与国家政策有着密切的关联，因为国家对马克思主义理论的学习和集成电路行业的发展给予了极大的鼓励和支持。

在马克思主义学院方面，政府通过资助项目、设立研究基地等措施，推动马克思主义理论研究和人才培养，以巩固意识形态工作，加强对马克思主义理论的传承和发展。因此，马克思主义学院在很大程度上得到了政策支持和资金保障。在集成电路学院方面，作为国家战略性新兴产业的重要组成部分，集成电路产业对于国家经济和科技发展具有关键作用。政府通过各种政策措施，如投资、税收优惠、人才引进等，大力支持集成电路产业的发展，进而推动相关领域的教育和人才培养。因此，集成电路学院的诞生也是国家政策扶持的结果。以某高校集成电路学院为例，该学院研究生人数从 2018 年的 41 人激增至 2019 年的 184 人（图 4.4）；新入职教职工人数从 2018 年的 4 人上升至 2019 年的 15 人，之后也呈上升趋势（图 4.5）。

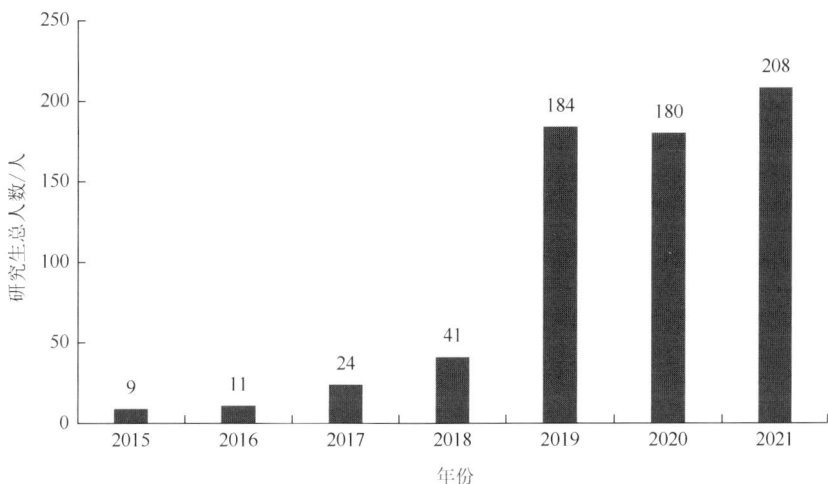

图 4.4 2015～2021 年某高校集成电路学院研究生人数

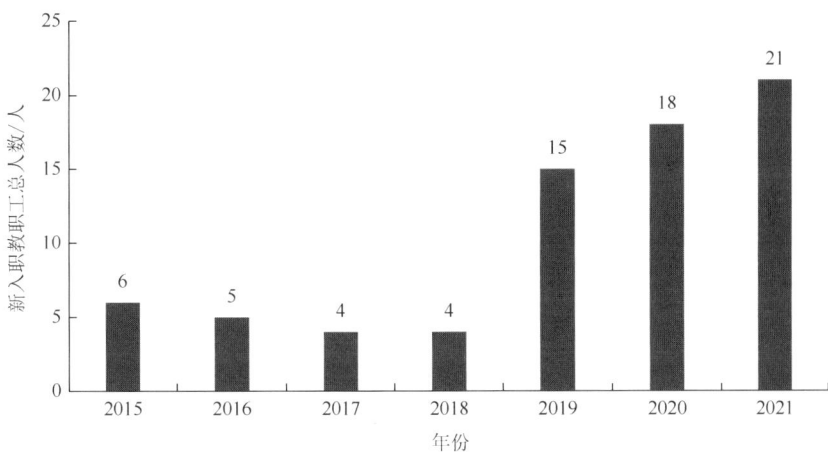

图 4.5 2015～2021 年某高校集成电路学院新入职教职工人数

此外，国家对于专业型硕士研究生（专硕）的鼓励也直接导致了专硕招生规模的扩大。政策调整旨在满足社会对于专业人才的需求，促进高等教育与产业发展的紧密结合。在国家政策的引导下，各高校纷纷增加专硕招生名额，以适应市场需求和产业发展的变化。因此，国家政策对于学科领域的变化和专硕招生规模的扩大具有决定性作用。如图 4.6 所示，某高校的专硕招生人数从 2016 年的约 1500 人增加至 2021 年的 3000 人以上，增长约 1 倍，同时，各个专业的专硕变化比例也在逐年上升（图 4.7）。

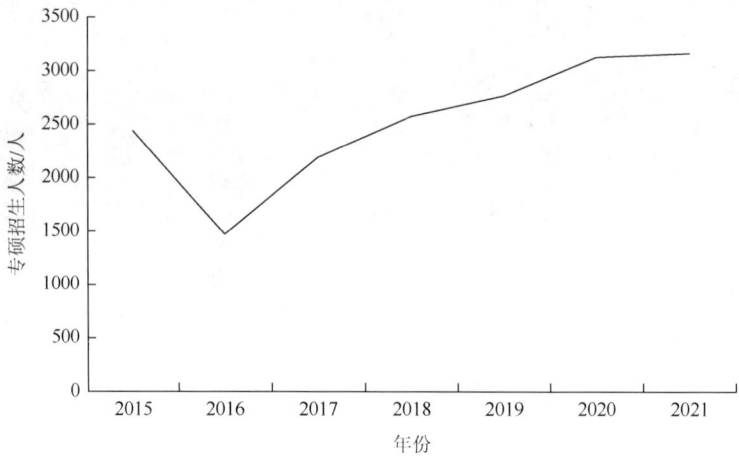

图 4.6　2015～2021 年某高校专硕招生人数

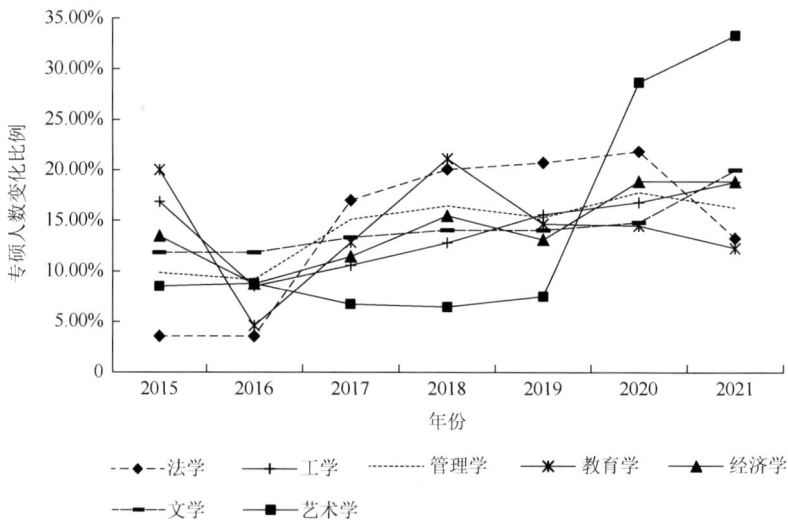

图 4.7　2015～2021 年某高校各学科专硕人数变化比例

2. 市场与高校之间的实证联动

近年来，企业对硕士生、国内重点院校应届生的招聘需求增加，这也对学校高水平人才培养提出了定量要求。某高校法学、工学、管理学、教育学、理学五门学科门类数据显示（图 4.8 和表 4.1），就业比例总体上呈上升趋势，法学、教育学、管理学上升趋势明显。理工学科毕业人员是人才市场需求较多的一类人员，随着企业数字化转型的提出，数字化人才需求持续攀升，其中包括数据治理、数据分析、信息安全等理工学科专业毕业人员，同时，"5G＋工业互联网"进入快速发展阶段，高新技术产业相关专业毕业人员供不应求,而这些人员大部分需要有理工学科专业背景,这也是理工学科持续平稳但却处于高位的原因之一。此外,随着《区域全面经济伙伴关系协定》的实施与共建"一带一路"合作伙伴的扩增,大量企业单位对管理人才的需求有所扩大,尤其是拓宽海外市场的企业单位对高层次管理人才有较大的需求量。除此之外,传统岗位类型更加细分,工程管理、公共管理等相关的管理学专业的应届毕业人才需求量持续扩大。

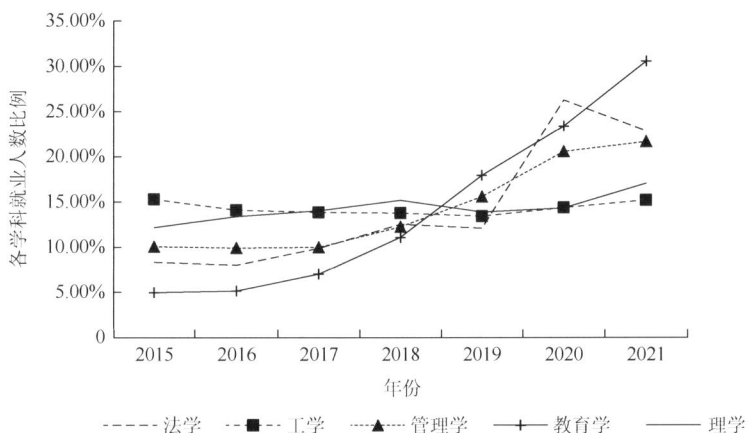

图 4.8 2015~2021 年某高校学科门类就业人数比例

表 4.1 2015~2021 年某高校就业人数对比(单位:人)

学科门类	2015 年	2016 年	2017 年	2018 年	2019 年	2020 年	2021 年	总计
法学	76	73	90	114	110	239	208	910
工学	1607	1482	1456	1447	1410	1509	1597	10 508
管理学	449	443	446	547	696	918	967	4466
教育学	29	30	41	65	105	137	179	586
理学	170	187	196	212	194	200	238	1397
总计	2331	2215	2229	2385	2515	3003	3189	17 867

3. 政府、市场与高校之间的实证联动

以北京某高校 2015~2021 年的招生情况为例,对政府、市场与高校之间的联动进行说明。图 4.9 为 2015~2021 年此高校各学科招生人数占本校招生总人数的比例,2015~2021 年,法学、工学、管理学、教育学和理学五门学科招生人数存在波动,但是占本校招生人数比例总体呈上升趋势。数据显示,2019 年共有 38 万

人报考北京市研究生，2020 年数量高达 42.5 万人，2021 年为 44.7 万人左右，但是北京市 2019～2021 年研究生招生总人数维持在 13 万人左右，基本持平。

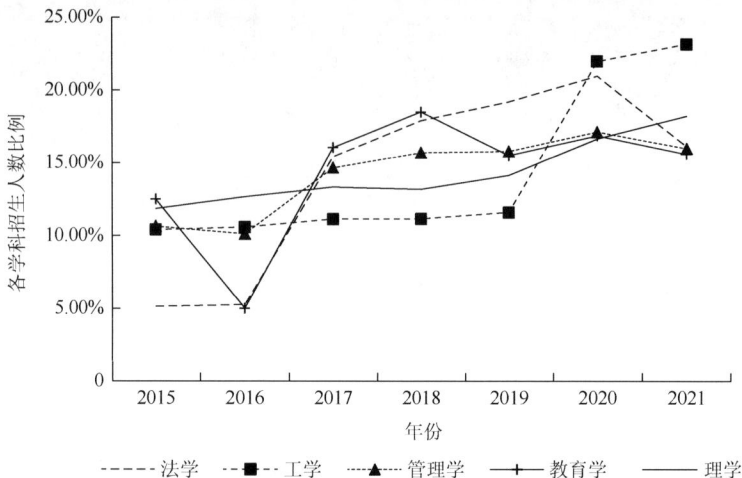

图 4.9　2015～2021 年某高校部分学科招生人数比例

通过五类学科横向对比，可以发现某高校法学门类在 2015～2021 年全校招生人数占比中明显呈上升趋势（图 4.10）。其中，马克思主义理论专业招生比例几乎呈直线上升（图 4.11），由于开设此专业的院校较少，因此毕业生人数较少，

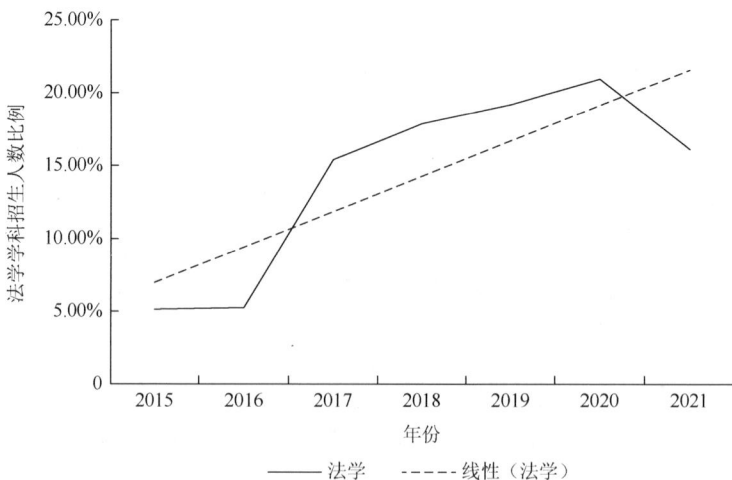

图 4.10　2015～2021 年某高校法学学科招生人数比例

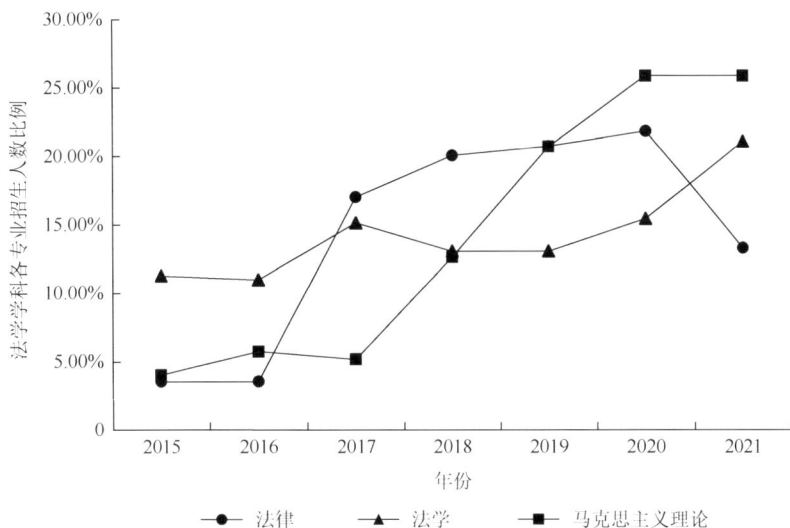

图 4.11 2015～2021 年某高校法学学科各专业招生人数比例

而该专业对于理论基础有一定要求，因此，就业范围广且具有针对性。该专业毕业生可以选择进入党政机关、教育单位从事教学管理等工作，因此该专业就业率可观，此原因也可能为此专业研究生招生规模扩大的因素。

2020 年，某高校工学专业招生比例增加（图 4.12），前些年工科专业发展稳定，根据薪酬网 2019 年发布的数据可知，工科专业的毕业生平均收入远高于文科，最大差距接近五倍。与此同时，人工智能、云计算、物联网等新技术正在研究创

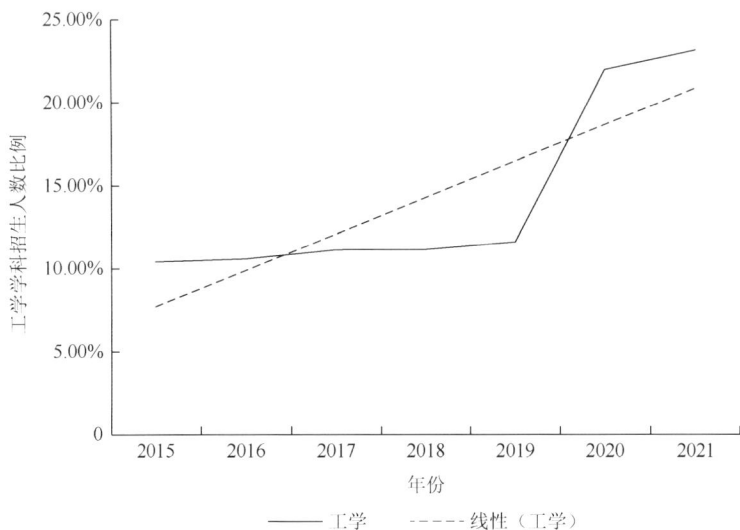

图 4.12 2015～2021 年某高校工学学科招生人数比例

新中，国家与地方政府也加大了高新技术产业的扶持力度，北京、湖南、深圳、黑龙江等地均发布了一系列补贴政策来加强对高新技术产业的支持力度，因此，在研究生资源配置上，体现了与国家和社会相关的决定性因素。同时，加上企业数字化转型背景，数字化专业相关背景应届生需求增加，电子信息、软件开发等工学专业成为热门需求岗位。工学专业热度只增不减。

从理学门类上看（图 4.13），某高校 2015~2021 年招生人数比例呈上升趋势。理学专业多属于基础学科，就业维度广泛但专业性要求更强。与工科专业不同，理学多为理论学科，本科毕业后，大部分理学专业学生会选择继续进行研究生学习，这也是理学专业研究生招生稳定的原因之一，而工科专业多为实践性学科，社会需求量更大，就业更容易。而当理学专业学生进行研究生学位攻读后，就业前景扩大，薪资相对有所提升，根据薪酬网《2018 北京地区毕业生薪酬调查报告》，2018 年理学类应届本科毕业生人均每月薪酬为 5858 元，而应届硕士毕业生人均每月薪酬为 7942 元，应届博士毕业生人均每月薪酬为 10 237 元，从整体上看，理学专业在研究生招生规模资源配置上分配量充足且稳定。

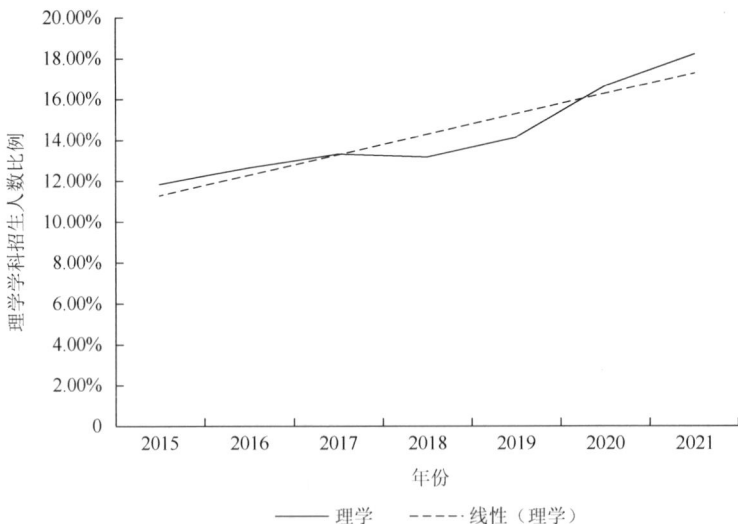

图 4.13　2015~2021 年某高校理学学科招生人数比例

图 4.14 为某高校管理学与教育学两大学科门类在 2015~2021 年的招生规模情况，这两类学科的招生规模趋势大致相同，存在波动但总体趋势上升。管理学与教育学的学科属性更偏文科且对本科专业限制较少，一直都是研究生招生的热门专业，大部分院校都会对这两门专业开设相应课程。从人才市场趋于"稳"的发展前景来看，管理学与教育学的招生规模整体呈上升趋势，教育资源配置水平平稳提升。

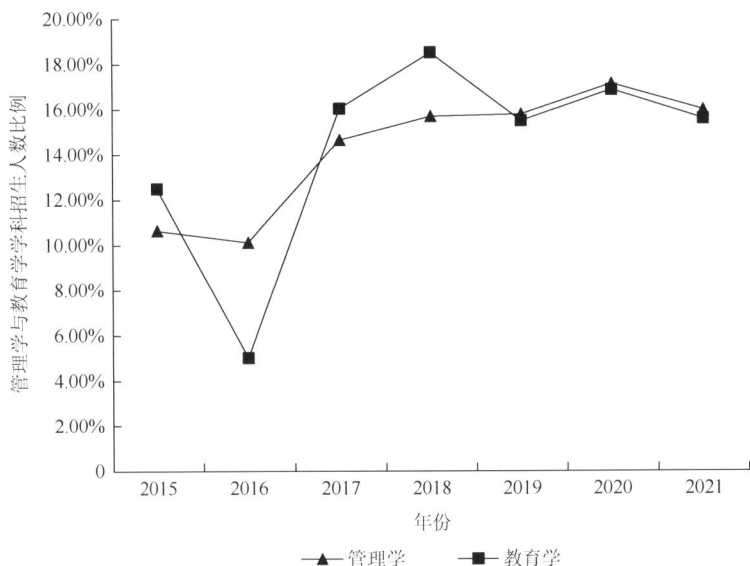

图 4.14 2015~2021 年某高校管理学学科与教育学学科招生人数比例

政府、市场和高校在研究生招生规模变化中各自发挥着重要作用。政府通过政策引导和支持，市场提供需求信息，高校根据政策和市场需求调整招生规模。三者之间相互协作，共同形成了研究生招生规模的变化。

4.4 研究生教育资源配置的策略

4.4.1 发展策略

域通过发展自身获取更多的资源。发展策略包括优势专注策略、泛联推广策略、弱势提升策略。

（1）优势专注策略（图 4.15）：强势域利用自己的优势，以实现现有资源利用的最大化，获得最大的收益。高校在研究生教育资源配置中的优势专注策略是指在研究生教育资源配置过程中，高校利用自身的优势，采取专注策略，把有限的资源集中起来，投资研究生教育的重点领域，以提升研究生教育的质量。高校在研究生教育资源配置中的优势专注策略有以下几个方面。①聚焦人才培养。高校在研究生教育资源配置中，应当将主要精力放在研究生培养上，提高研究生培养质量。以特色和优势为导向，把研究生教育资源投入到优势学科和重点领域，确保教育质量；加强研究生培养体系建设，推进教学改革；完善研究生招生政策，挖掘、培养更多人才。②培养和发展科学研究。高校在研究生教育资源配置中，应当加大研究项目

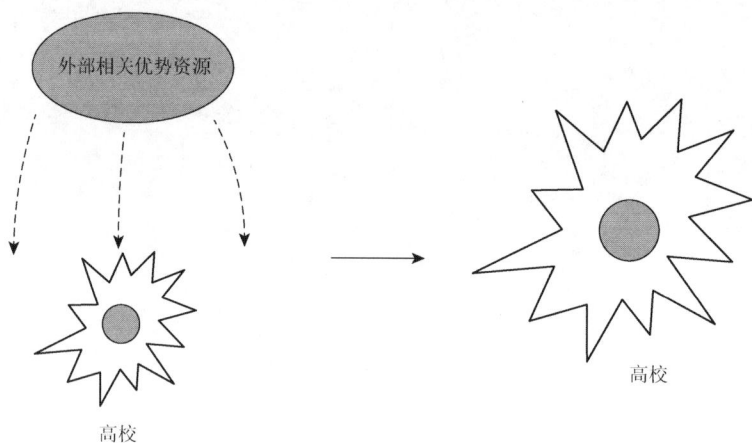

图 4.15　优势专注策略图

投入，推动研究成果的产出，支持研究生参与新领域的科学研究，提高研究生的科研能力。为此，可以加大研究生科研资助，支持研究生参与科研项目；支持研究生参加学术会议，提升研究生的学术能力；构建科研平台，支持研究生的创新和开拓研究新领域。③提升研究生就业能力。高校在研究生教育资源配置中，应当关注研究生就业问题，通过提高研究生就业能力，促进研究生就业。可以通过加强研究生就业指导，帮助研究生了解就业市场，提高就业竞争力；建立研究生实习实践基地，让研究生参与企业实践，增加就业机会；开展研究生就业指导活动，对接企业需求，提升研究生就业能力。高校要想在研究生教育资源配置中获得成功，就要坚持优势专注策略，把资源投入到优势学科和重点领域，加强研究生培养，推动科学研究和提高研究生就业能力，最终实现研究生教育质量的提升。高校发展优势学科，是为了利用自身的优势，获取更多的资源，建立强大的学科研究能力，拉动科学研究的发展和创新，让学校能够在学术上有更强的竞争力。此外，高校发展优势学科也有助于提高学校的整体实力，为学校带来更多的机会，提高学校的声誉和国际影响力，从而有助于获得更多的资源。随着经济全球化的发展，各国高校纷纷对优势学科进行集中发展，以获得更多的资源支持。首先，集中优势力量发展优势学科可以提升学校的影响力和全球竞争力。优势学科是学校的一面旗帜，它能够吸引优秀的教师和学生，以及政府、企业和社会的资金投入。因此，学校可以积极发展优势学科，提升全球竞争力，进而获得更多的资源，实现高校的发展目标。其次，集中优势力量发展优势学科可以提升学校的科研能力。具有优势特色的学科可以为学校赢得优势，提升学校的学术声誉，增强学校的科研能力。同时，可以利用优势学科的资源，建立有效的科研体系，以支撑学校的科研工作，提高学校的科研水平。再次，集中优势力量发展优势学科还可以提高学校的教学质量。优势学科可以为学校提供教学支持，提高学校的教学质量。可以利用优势学科的资源，建立高水平的教学研究团队，组织相关的教学研究，推动学校的教学改革，提高学校的教学质量。最后，集中优势力量发展优势学科可以凝聚学校的力量。目前，学校的力量越来越集中，优势学科的发展可以有效地凝聚学校的力量，为学校的发展提供强大的支持。综上所述，各国高校要集中优势力量发展优势学科，以获得更多的资源，是有其必要性的。发展优势学科可以提升学校的影响力和全球竞争力，提升学校的科研能力，提高学校的教学质量，凝聚学校的力量，为学校的发展提供有力的支持。

（2）泛联推广策略（图 4.16）：域通过增加和其他域的联系来发展自身，作为域间资源的调配和协调者使其他域获得自己需要的资源，并在这个过程中发展自身以获得更高的产出。互联网时代使得域间的联系在资源配置中发挥了新的作用，使资源配置变得更加便捷、高效、经济和精细可控。因此增加域间的联系就可以使其更好地在资源配置中发挥重要的作用以达到资源的最优配置。

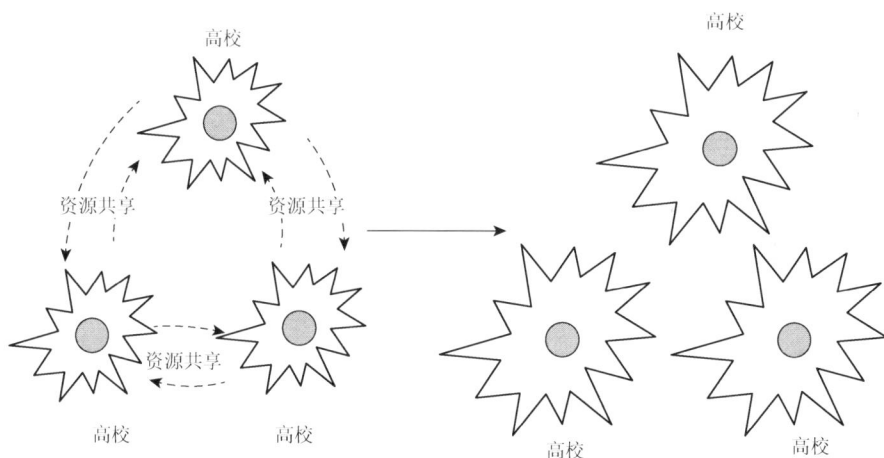

图 4.16 泛联推广策略图

（3）弱势提升策略（图 4.17）：全面分析、多元发展、重点突破。高校在研究生教育资源配置中处于弱势时，需要深入了解研究生教育资源配置的现状，要细致、全面地梳理清楚教育资源的配置情况，从而分析存在的问题，以便更好地把握教育资源配置的脉络，更好地把握资源配置弱势的原因及其背后所指向的教育深层次问题。通过对现状进行分析，高校可以找到当前面临的主要问题，并采取有效措施拓展现有的教育资源，积极探索更多的资源来源，实施多元化的资源配置，把更多的资源投入到研究生教育中。高校可以与企业、非营利组织开展合作，联合捐赠投入，结合政府、企业等多方资源，把更多资源投入到研究生教育中，从而达到提高研究生教育资源配置能力的目的。高校在整体资源有限的情况下，要想使研究生教育资源配置得到有效的改善，就必须采取一个方向进行重点突破。高校应该优先发展特色学科，依托优势学科，吸引更多优秀的教师、学生、科研人员参与其中，从而提高研究生教育资源配置的水平，同时要建立科研成果转化机制，加快研究成果转化，落实研究成果，把学术成果转化为社会服务，提高科学研究成果的社会影响力，这样才能让高校在研究生教育资源配置中发挥更大作用。

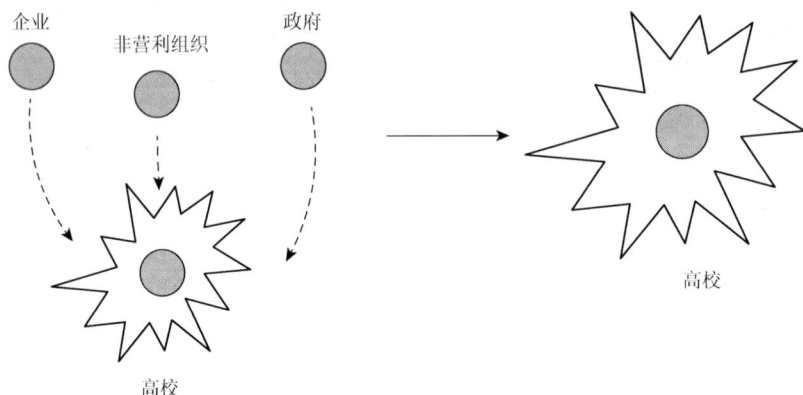

图 4.17　弱势提升策略图

4.4.2　竞争策略

竞争策略（图 4.18）是指在资源有限的情况下，多个子域之间进行资源的竞争，通过竞争策略促进子域的发展，使子域获得更多的资源从而使其父域获得更多资源。以某"双一流"高校的研究生招生指标分配策略调整为例，为了在高等教育领域提高竞争力和推动创新，某二级学院决定根据各所的科研经费划分硕士生招生指标。该措施是为了促进各个研究机构更加积极地参与科研活动，提高学术水平和研究成果。学院希望通过这种方式激发学者的创新精神，为国家和社会培养更多优秀的研究型人才。

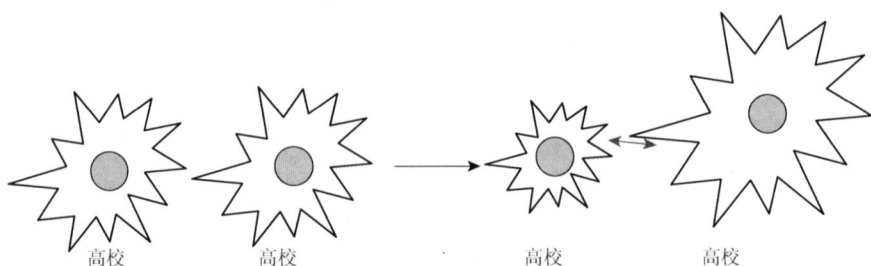

图 4.18　竞争策略图

调整后的硕士研究生指标分配方案摘要如下。

（1）学院将硕士研究生指标分配至各单位（含研究所、系、中心），由各单位统筹安排。

（2）各单位所分配到的指标数（S）由三部分组成：基本指标（A）、奖励指标（B）、统筹指标（C），即 $S = A + B + C$。

（3）基本指标（A）测算依据如下。

A = 本单位在职在岗且具备当年招生资格的硕士生导师人数×2。

（4）奖励指标（B）测算依据如下。

（a）国家级高层次人才、特聘教授、二级教授、省部级以上教学名师每年奖励 1 名。

（b）所带学生获学会或省部级优博、优硕，以及作为课程负责人获批国家级一流课程（课程负责人）奖励 1 名。

（c）牵头获国家级科技成果奖、教学成果奖：奖励 3 名。

（d）牵头获省部级或学会科技成果奖、省部级教学成果奖一等奖及以上：奖励 2 名。

（e）牵头获省部级或学会科技成果奖、省部级教学成果奖一等奖以下：奖励 1 名。

（5）统筹指标（C）测算依据如下。

C = (本单位年度科研经费总额/学院年度科研经费总额)(学院指标数$-\Sigma A-\Sigma B$)
其中，本单位年度科研经费总额及学院年度科研经费总额数据来源于学院年底绩效考核数据。

由于这一政策于 2023 年 9 月正式实施，目前我们还无法获得政策实施前后学院经费的具体变化情况。然而，我们可以预见到，这一竞争策略的出台必将引发研究所之间的激烈竞争，争夺更多的硕士生招生名额。为了实现这一目标，各研究所将努力争取更多的科研经费，从而带动整个学院经费的增长。在这个过程中，科研经费较多的研究所将具备优势地位，因为它们可以获得更多的研究生招生名额。这将为它们带来更多的招生经费，进一步增强研究所的科研能力和培养优秀研究生的能力。同时，这也将形成一个良性循环，使各研究所不断提高科研水平和教育质量。

在学校层面，学院总体经费的增加将使其在学校内的资源分配中占据更有利的地位。随着学院获得更多的资源和支持，它将能够在教育、科研、设施等方面进行更多的投入。这将有利于吸引更多优秀的教职员工和学生，促进该学科领域的繁荣发展。与此同时，政策实施后，学院将更加关注研究所的科研成果和教学质量，以确保各研究所的资源得到合理分配。这将推动研究所不断提高自身的科研水平，从而增强学院整体的竞争力。在国家层面，这一政策将有助于提升我国高等教育的整体质量。通过竞争激励机制，各学院将更注重培养具有创新精神和实践能力的研究生，以适应国家经济社会发展的需求。这将为国家培养一批具有国际竞争力的高水平人才，从而推动我国科技创新和产业升级。

扩张策略（图4.19）：高校在研究生资源配置中处于优势地位时，应该全面发展、重点突出，通过多种方式扩大优势。高校应该持续建设优势学科从而增强资源获取能力，并在基础设施、师资力量、管理制度、社会资源利用等方面发展。首先，应优先考虑投入更多资源来加强研究生教育设施的建设，以提高研究生教育质量。例如，投资建设实验室，改善实验室设备，改善图书馆设施，提高研究生学习环境的舒适性，建立多媒体教学环境，改善学习设施和技术，并建立良好的网络服务，促进研究生教育质量的提高。其次，提高研究生教育质量，还要引进优秀师资，以提高教学水平。可以采用多种方式，如邀请国内外一流学者担任客座教授或兼职教授，引进优秀的外籍教师，招聘优秀的社会人才，组织教师进修学习，组织学科联合培养，以及组织教师参加国际学术会议，实施多种多样的师资培养计划，以提高教学素质，提高教学水平。再次，还要完善研究生教育管理制度，建立科学的教学考核制度，改善研究生教学课程安排，提高教学效率，完善研究生管理系统，建立研究生技能培训体系，提升研究生素质。同时，还要加强研究生教育评价，组织定期对研究生教育效果进行评价，以及对研究生教育质量等内容进行考核，及时发现和纠正存在的问题，及时调整研究生教育资源配置，保证教育质量，提高研究生教育效率。最后，应充分利用社会资源，加强与社会组织的合作，将社会资源有效整合到研究生教育中，建立与企业、行业协会等的合作关系，开展职业实习，促进研究生综合素质的提高。

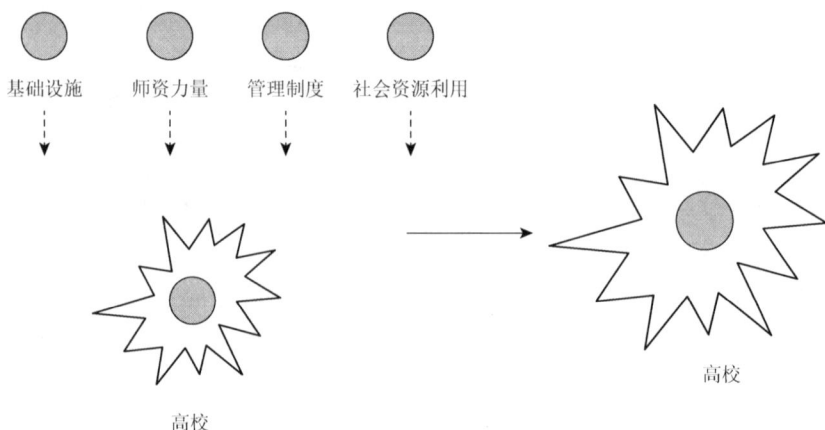

图4.19 扩张策略图

抑制策略（图 4.20）：针对某个域，为了避免使其拥有更多的资源而采用的一种策略。

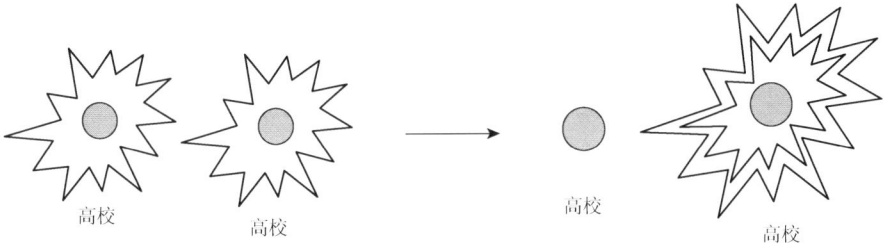

图 4.20　抑制策略图

淘汰策略：在资源配置的竞争中，域由于自身的发展原因或者在竞争中处于劣势，从而主动放弃资源配置或被动接受淘汰的策略。

4.4.3　对抗策略

对抗策略是两个或多个不同的域为了使自身域拥有更多的资源，相互施加不利影响的一种策略。如图 4.21 所示，高校域之间对资源的争夺，如科研经费。在资源有限的前提下，必然会出现域间的对抗。域间的对抗能够促进域内资源的合理配置，使域得到更好的发展。

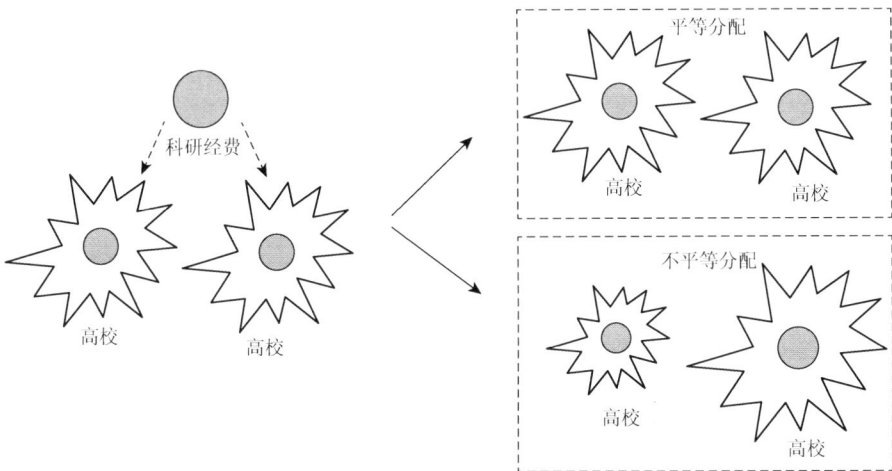

图 4.21　域间对抗图

4.4.4　合作策略

如图 4.22 所示，域为了获得更多的资源，通过合作增强竞争力获取资源。在教育资源配置领域常见的合作策略有大学联盟。合作策略包括资源共享、联合配置、共赢联盟策略。

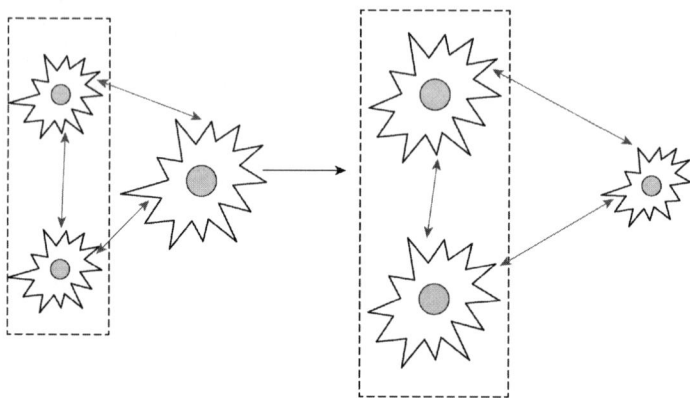

图 4.22　合作策略图

例如，在自主招生时，国内有三大高考自主招生联盟，包括清华大学牵头成立的"华约"、北京大学牵头成立的"北约"，以及北京理工大学牵头成立的"卓越联盟"。自主招生联盟的成立，一方面可以资源互补，节省招生过程中的资源消耗；另一方面可以增强自身影响力，在与其他联盟竞争招生资源时增加筹码。

各子域通过合作策略可以实现优势互补、获得更多的资源，合作可以消除在生源和发展上的竞争。以某"双一流"高校为例，2017 年该高校存在计算机学院、软件学院和网络科学与技术学院。在这三个学院之间，虽然各自有一定的特点和优势，但在学院招生、师资力量、科研经费等方面存在一定程度的竞争和冲突。为了更好地整合各方资源，发挥各学院的优势，推动学科发展，该校决定采取合作策略。

2018 年 4 月，计算机学院、软件学院、网络科学与技术学院合并成立新的计算机学院。在合并之后，计算机科学与技术学科发展迅速，计算机科学与技术学科 ESI（Essential Science Indicators，基本科学指标数据库）排名进入全球前 1%，学科排名进入全国前 10%。计算机学院、软件学院和网络科学与技术学院通过学院合并竞争力大幅提升。在学院合并过程中，各个学院的优势得到了充分发挥和整合。计算机学院的研究方向丰富、师资力量雄厚；软件学院在软件工程、人工智能等方向具有优势；网络科学与技术研究院则在网络安全、物联网等领域拥有较高的研究水平。三者合并后，新的计算机学院形成了一个更加完整、多元化的学科体系，各个方向的研究得到了进一步加强和拓展。

学院合并还为共享教育资源、提高教学质量创造了有利条件。原本分散在各个学院的实验室、教学设备、实习基地等资源得到了统一调配，使得学生能够更加充分地利用这些资源，提高自身的实践能力。同时，教师之间的交流合作也得到了加强，有利于推动教学方法的创新和教学质量的提升。计算机学院的排名变化也印证了合作策略的成功。计算机科学与技术学科的排名在 2018 年是第 20 名，在 2022 年为第 17 名，表明通过学院的合并，消除了生源的竞争，整合了学科发展的力量。

值得注意的是，学院合并并不意味着竞争的完全消失。在新的计算机学院内部，各个专业仍需要在保持合作的基础上进行适度的竞争，以激发创新活力和提高教学科研水平。学院可以通过设立评价机制、奖励制度等方式，鼓励各专业在保持团结协作的同时，努力提高自身的综合实力。学院合并的成功经验也为其他学校提供了借鉴。在面临同样的生源竞争和学科发展困境时，其他高校可以考虑采取类似的合作策略，整合各学院的优势资源，实现学科的跨越式发展。当然，在具体实施过程中需要根据各校的实际情况进行调整，确保合并过程顺利推进，最大限度地发挥合作的优势。学院合并之后的长期管理和发展同样需要关注。高校应当加强对合并后学院的指导和支持，确保学院能够保持良好的发展势头。例如，可以通过调整教职工岗位、优化课程设置、加强实验室建设等方式，进一步完善学院的教育教学体系。此外，还要注重培养学院内部的和谐氛围，消除原有学院之间的隔阂，鼓励教师和学生积极参与学院的各项事务，共同推动学院的发展。

在全球化背景下，高等教育的竞争日益激烈。通过实施合作策略，高校可以在一定程度上消除生源和发展上的竞争，整合优势资源，推动学科发展。以某"双一流"高校为例，计算机学院、软件学院和网络科学与技术研究院的合并，为计算机科学学科的快速发展奠定了基础，也为其他高校提供了宝贵的经验。在未来的高等教育发展中，合作策略有望在更多高校中得到推广和应用，进一步提高我国高等教育的整体水平。

4.5　研究生教育资源配置的域变换方式

研究生教育资源配置的域变换方式分为自顶向下的方式、自底向上的方式、自顶向下和自底向上相结合的方式。

4.5.1　自顶向下的方式

当政府调控或者市场发生变化时，高校或者高校联盟获得的资源发生变化，其后高校作为高校内部资源的分配者，向其内部成员进行资源的分配，将资源从高校分配到教师和研究生，沿父域至子域的路径持续进行，直至资源分配到个体。该资源配置过程是自顶向下的资源配置过程。例如，市场主导模式就是一种自顶向下的模式，市场主导模式也有一些缺点。由于学校和家庭在研究生教育资源配置中扮演着重要角色，因此学习者可能会受到社会经济状况的影响，从而影响到学习者的学习能力。此外，由于市场主导模式的弊端，学校和家庭可能会过度投入教育资源，从而导致资源的浪费。因此，研究生教育资源配置中的市场主导模式既有利又有弊，应当科学地调整研究生教育资源的配置，以提高学习者的学习效果。研究生教育资源配置中的市场主导模式应当与政府的政策指导相结合，发挥其调整研究生教育资源配置的优势，充分考虑政策约束，实施补贴、补助等政策措施，以确保研究生教育资源的公平分配。

国家政策在研究生招生规模的变化中起调控作用，政策变化使 2018 年某"双一流"高校网络空间安全学院的子域衍生，同时在 2018 年之后，网络空间安全学院的域不断变化。

自顶向下的政策变化引发相关域的变化，包括师生规模以及师生占有的资源变化。如图 4.23 和图 4.24 所示，某"双一流"高校网络空间安全学院的学生从无到有，招生人数从 2018 年的 7 人到 2022 年的 175 人，学生招生总数从 2018 年的 7 人到 2022 年的 308 人；新进教师数量从 2018 年的 4 人到 2022 年的 26 人，教师总人数从 2018 年的 4 人到 2022 年的 67 人，自顶向下政策变化引发域的变换。

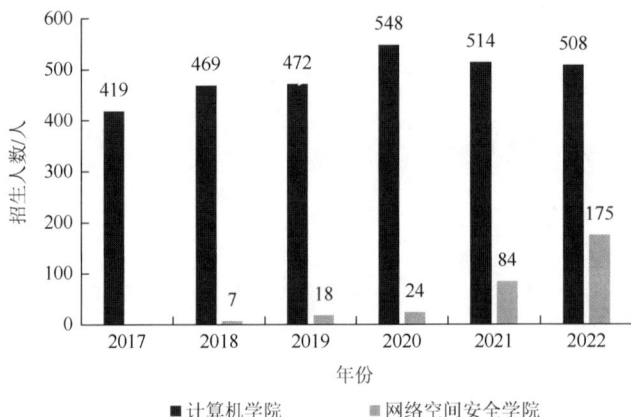

图 4.23　2017～2022 年某"双一流"高校两个学院招生人数

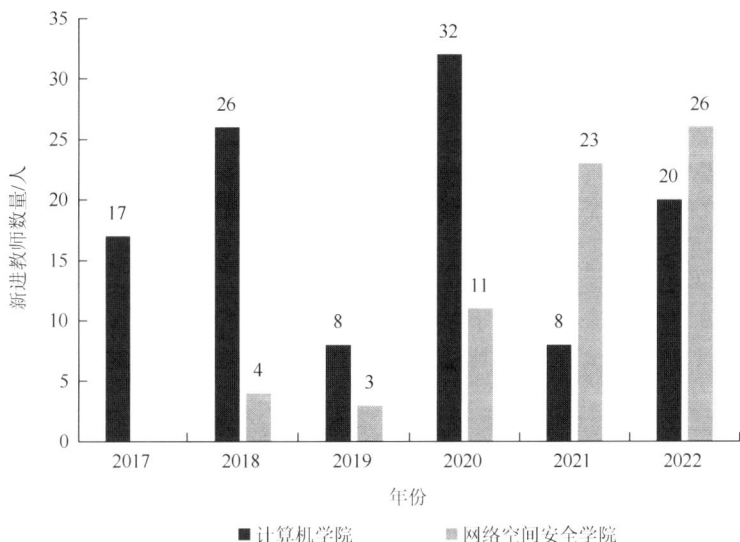

图 4.24 2017~2022 年某"双一流"高校两个学院新进教师数量

4.5.2 自底向上的方式

研究生教育资源配置中域变换的自底向上的方式是指在研究生教育资源配置过程中高校的主导作用。高校在研究生教育资源配置过程中具有较大的自主权。高校可以根据自身的实际需要,从国家、地方拨款以及社会捐赠等获得研究生教育资源,并自主进行配置和分配,具有较大的自主权。因此高校可以在资源配置中起主导作用,由高校域的变换引起市场的变换以及政策的变化。

4.5.3 自顶向下和自底向上相结合的方式

以研究生教育资源配置为例,资源配置域变换中自顶向下和自底向上相结合的方式是指由高校资源域引发的变化与由高校子域引发的变换相结合的方式。当高校因政策、市场等外部因素发生资源或关系的变化时,其变化会传递到高校的子域并引起其子域关系或者资源的变化,如教师或者研究生的资源会因为高校资源的变换而变换。当教师或研究生的关系或资源发生变化时,其资源配置的结果产出也会发生变化,进而引起高校域的资源或者关系的变化,该变换方式是自顶向下的变换;当高校的子域首先发起变换时,如教师或学生在某个科研领域取得突破性进展,作为高校子域的教师或者研究生的资源发生变换,同时可以助力高校获得更多的经费等资源,进而引发高校域的变换,该变换方式为自底向上的变换。在实际过程中，自顶向下的变换和自底向上的变换是相互结合的。

　　某高校全校研究生招生数量从 2019 年的 2709 人增长至 2022 年的 3148 人，增长率为 16.21%，如图 4.25 所示。其中，2019～2022 年数学学院研究生招生数量从 35 人增加到 65 人，增长率为 85.71%（图 4.26）。

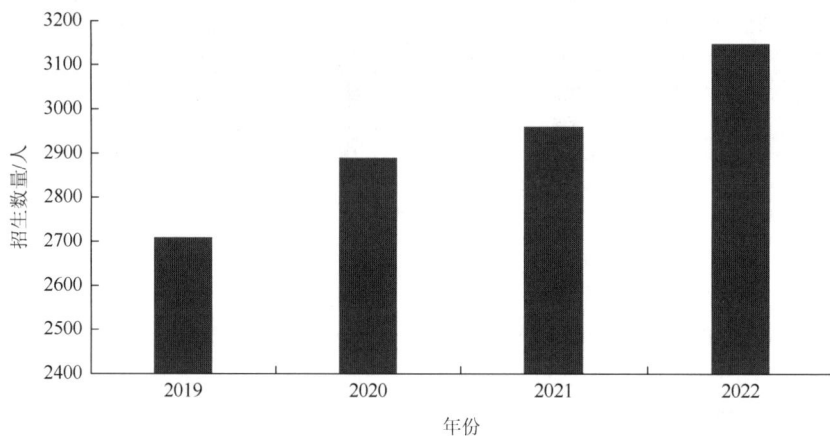

图 4.25　2019～2022 年某高校研究生招生数量

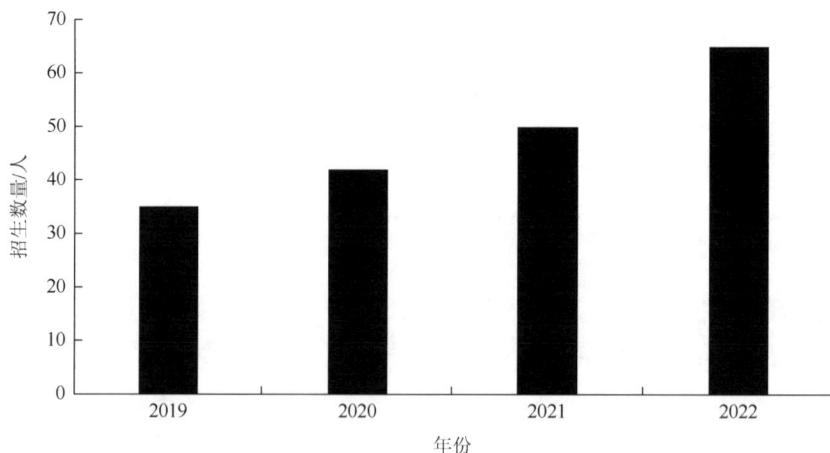

图 4.26　2019～2022 年某高校数学学院研究生招生数量

　　数学学院近年来的研究生招生人数呈现出大幅增长的趋势，超过了学校整体招生规模的增幅。这一现象引起了研究人员的兴趣，他们开始探究背后的原因。

经过深入研究,发现了几个主要因素,这些因素共同推动了数学学院研究生招生数量的快速增长。

第一,数学学院近年来的学科排名不断提升,使得该学院的学术声誉和影响力逐渐增强。学科排名的提升吸引了更多有志于学术研究的学生申请该学院的研究生项目。学生们渴望在一个有声望和优质的学术环境中进行深造,这样可以提高他们在学术界的发展潜力。

第二,国家和学校高度重视基础数学学科的发展。在国家整体科技创新战略中,数学学科被认为是支撑其他学科发展的重要基石。政府和学校纷纷加大对数学学科的投入,提供了更多的经费和资源支持,为数学学院提供了更好的研究条件和发展机会。这种政策和资金支持激励了更多的学生选择数学学院,进一步推动了研究生招生的增长。

第三,数学学院研究生的生源质量较好,一直处于学校各学院的前列。这主要归功于数学学院对研究生生源选拔和培养的重视。学院建立了严格的选拔机制,通过考核和筛选,选择出优秀的学生作为研究生候选人。这些学生在入学前已经展现出较高的学术潜力和研究能力,他们的加入为学院的研究生教育质量提供了坚实的基础。

第四,数学学院在研究生教育中采取了一系列配套措施,促使研究生质量快速提高。学院注重培养高水平的教学团队。拥有丰富教学经验和深厚学术造诣的教师为研究生提供了专业知识和指导,激发了研究生的学术热情和研究兴趣。同时,高水平的教学团队可以带来高水平的研究课题,这可以使研究生查阅、探索与高水平课题相关的文献材料,在原有学科的基础上利用学科交叉知识进行进一步研究。此外,高水平的教学团队注重对当前研究方向进行突破与创新,这可以有效提升研究生的创新能力,从而提升研究生的整体培养质量。

4.6 本 章 小 结

本章介绍了"互联网+"时代研究生教育资源配置的配置模式,从配置目标、相关主体、配置机制和发展策略几个方面阐述了"互联网+"时代基于域变换的研究生教育资源配置模式。研究生教育资源配置的目的是服务国家战略需求和市场需要,涉及政府、市场、高校三个重要主体,政府、市场、高校之间相互作用,共同协作以实现研究生教育资源的最优配置。本章提出的"互联网+"时代基于域变换的研究生教育资源配置模式从政府角度和高校角度给出了资源配置的域变换策略,分析各个主体在域变换中的作用,为"互联网+"时代基于域变换的研究生教育资源配置的模型提供了理论依据。

第 5 章 "互联网+"时代研究生教育资源配置模型

《中华人民共和国国民经济和社会发展第十四个五年规划和 2035 年远景目标纲要》明确提出要建成教育强国[①]。作为"教育强国"的重要组成部分,研究生教育肩负着由"做大"转向"做强"的历史使命。任何国家的教育资源都是有限的,为满足不同层次、不同群体接受高等教育的需要,国家必须集中精力进行重点建设,带动高等教育的整体发展。"互联网+"时代研究生教育资源合理配置是促进我国研究生发展的必然手段,瞄准高端又对体系有引领和带动作用的"双一流"建设、研究生招生资源等的配置都直接影响着我国教育和国家的创新发展。例如,"双一流"建设就以从"行列"到"前列",由少到多的递进,以及学科、大学和高等教育整体实力并进的三阶段建设为目标,最后实现"一流大学和一流学科的数量和实力进入世界前列,基本建成高等教育强国"[②]。在"双一流"大学建设中,强调了重点建设大学要提高人才培养、科学研究、社会服务和文化传承创新水平,加强了对教育发展的关注,继而支撑国家创新驱动发展战略,服务经济社会发展,从而形成一种以教育发展需求和国家发展需求为共同导向的综合性发展目标。2021 年全国共有在学研究生 333.2 万人,比 2012 年增加了近一倍,其中,在学博士研究生 50.9 万人;"双一流"建设高校在学研究生 195.4 万人,占全国在学研究生人数的 58.7%[③]。研究生招生资源是研究生培养单位提高学科评估水平、科研能力等的不竭动力,也是各地区开展经济建设、服务社会民生等的重要人才支柱,因此,科学配置招生资源已成为我国高校重点建设以及高质量发展的诉求。

本章依据本书提出的资源配置域变换理论,在分析了传统资源配置方法的基础上,重点研究"互联网+"时代研究生教育资源配置模型。

[①] 中华人民共和国国民经济和社会发展第十四个五年规划和 2035 年远景目标纲要. https://www.gov.cn/xinwen/2021-03/13/content_5592681.htm?eqid=ffbef6f80002a5d600000003648ae0e0[2021-03-13].

[②] 国务院关于印发统筹推进世界一流大学和一流学科建设总体方案的通知. https://www.gov.cn/zhengce/zhengceku/2015-11/05/content_10269.htm[2021-03-13].

[③] 教育部:2021 年双一流高校在学研究生 195.4 万人,占全国 58.7%. http://www.moe.gov.cn/fbh/live/2022/54875/mtbd/202209/t20220928_665700.html[2022-09-27].

5.1　传统的资源配置方法

5.1.1　参数分析法

参数分析法是一种在配置研究生教育资源时可以采用的方法。它的基本思想是：首先，选定好研究生教育资源配置的目的，并根据其重要性、建议度或其他可衡量准则归类；其次，给出一系列参数，以定量表示每个目标的重要程度、实施难度等；最后，根据参数表示的结果对教育资源进行配置，以最大限度满足研究生教育的目标。参数分析法能够将复杂的资源配置问题简化为多变量关系，更容易得出最优解；同时，包括目标和不同参数在内的系统建模形式也能更好地反映配置的实质性特征，从而使配置的结果更加可靠。在研究生教育资源配置中，参数分析法是通过将研究生教育需求和资源定量化而得到的模型，并以此为基础，对资源的配置、分配、优化和克服挑战等过程进行分析，以更加有效地确定研究生教育资源的最优效率配置方案。

用随机前沿分析法事先确定一个投入-产出的生产函数的同时，还要考虑随机误差及环境等因素对其的影响。该方法认为由于技术无效性和随机误差的影响会产生一个误差项，所以在评价技术效率时，要消除随机误差的影响。随机前沿分析法的使用前提中包含两个假设，分别是：技术无效性服从截尾正态分布且其期望值不为零；随机误差项服从正态分布且其期望值为零。随机前沿分析法希望通过利用这两个假设，将随机误差从误差项中分离出来，从而消除其影响。模型的基本假设是：一个评价决策单元通过给出一定数量的投入，可以得到相应的确定的产出情况。生产过程中存在的低技术效率、随机影响因素，以及测量和统计等因素，会导致生产水平较低，低技术效率越大，相应的产出的误差也就越大[①]。

多元统计分析方法主要包括主成分分析法、因子分析法等。因子分析法是由英国心理学家 C. E. 斯皮尔曼首创于 1904 年，其目的在于寻求变量基本结构，简化观测系统，减少变量维数，用少数的变量来解释所研究的复杂问题。因子分析法的基本思路是通过研究多个变量相关矩阵的内部依赖关系，找出控制所有变量的少数公因子，将每个变量表示成公因子的线性组合，以再现原始变量与公因子之间的相关关系。与其他方法相比，因子分析法中的因子变量不是对原有变量的取舍，而是根据原始变量的信息进行重新组构，它能够反映原有变量大部分的信息。假设区域科技资源配置效率的相关变量（指标）有 P 个，通过 P 个相关指标构成指标评价体系，来评价 n 个样本单位（地区）的科技资源配置效率。首先，

---

① 雷凤搏. 基于 SFA 方法的高校创新效率测评研究与对策建议. 合肥：合肥工业大学，2016.

须构造一个相关矩阵，在参数标准化的情况下，利用该相关矩阵研究 P 个相关指标间的关联性。其次，为确定提取的公因子数目，须构建如下的区域科技资源配置效率的因子分析模型[①]：

$$\begin{cases} x_1 + a_{11}F_1 + a_{12}F_2 + \cdots + a_{1m}F_m + K_1H_1 \\ x_2 + a_{21}F_1 + a_{22}F_2 + \cdots + a_{2m}F_m + K_2H_2 \\ \qquad\qquad\qquad \cdots \\ x_p + a_{p1}F_1 + a_{p2}F_2 + \cdots + a_{pm}F_m + K_pH_p \end{cases} \qquad (5.1)$$

其中，x 为原始变量；a 为因子载荷矩阵，是各变量在各个公共因子上的负荷；F 为公共因子，是变量的现行组合；KH 为特殊因子，包含各变量不能被公共因子载荷的那部分及随机误差。再次，利用变量的观测值来估计每个公共因子的值，计算的数学模型如下：

$$F_i = b_{i1}x_1 + b_{i2}x_2 + \cdots + b_{ip}x_p (i = 1, 2, 3, \cdots, m) \qquad (5.2)$$

其中，F_i 为第 i 个公共因子的值。最后，利用计算出的因子得分进行相关排序，并对结果进行进一步深入分析。

参数分析法也存在如下不足。

（1）参数分析法的假设和模型太过简化，往往无法反映真实情况。参数分析法把复杂的现实世界建模成非常简单的模型，只考虑一些重要的参数，去掉了一些不重要的参数，忽略了一些变化的规律。因此，它往往无法准确地反映真实的情况。

（2）参数分析法的结果可能受到模型内的假设影响，无法得到准确的结果。由于假设可能不准确，参数分析法可能会忽略某些重要的因素，从而导致最终分析结果出现偏差。

（3）参数分析法不能有效地处理复杂的资源配置问题，从而导致较低的效率。

5.1.2　非参数分析法

非参数分析法是在没有对研究对象进行参数检验的情况下对数据进行分析和研究的一种技术方法。通常情况下，非参数分析法可以从多种角度揭示一个研究对象，解释它们之间的关系，从而为研究生教育资源的配置提供决策依据。研究生教育资源配置中的非参数分析法可以分析出研究生的个人特质、教育背景、学习习惯等，以及相互之间的关系，从而有利于合理安排研究生的教育资源，为其学习提供更有针对性的支持。例如，我们可以根据研究生的年级、专业、学习成

---

① 周伟，叶常林. 基于因子分析模型的中部六省科技资源配置效率研究. 统计与决策，2011，（12）：85-87.

绩等不同属性进行分组，为不同类别的研究生定制不同类型的教育资源，更好地满足研究生的需求。

DEA 是一种分析复杂数据的方法，它将一组多维数据拆分为若干个不相关的数据包络，以揭示不同维度的相关性和变化情况，从而更好地理解资源分配和管理的机制。该方法可以运用于研究生教育资源配置领域，以发现来自不同潜在资源的不同变量和相关模式。探索性空间数据分析法是另一种非参数分析法，用于识别空间结构中的空间行为。它可以通过检查许多变量间的局部的相互作用来解释空间结构中的模式，从而更有效地解决资源分配和管理问题。它也可以被应用于研究生教育资源配置中，可以有效掌握空间变化对资源分配的影响，从而得到有效的空间管理建议。DEA 旨在提取由空间上相邻的多维数据变量构成的封闭数据结构，它通过将空间坐标与数据变量联系起来查找数据空间中相邻变量之间的关系，从而对研究生教育资源进行定量评估。探索性空间数据分析是以空间多元数据以及其他类型的数据的形式进行的统计分析，旨在分析和探索研究生教育资源的空间分布特点。它可以帮助研究者对研究生教育资源分布的数量和空间进行分析，从而帮助研究者对资源进行有效配置[①]。

DEA 是评价研究生院校研究生教育资源配置效率最常用的方法，实证中通常会基于不同的考察目的（影响因素探查、二阶段分析等）对 DEA 进行改进。此外，研究生教育资源投入产出指标选取的不同，也是造成资源配置效率差异的原因之一。DEA 模型是使用数学规划模型比较决策单元（decision making unit，DWU）之间的相对效率，对 DWU 做出评价。DEA 模型有多种形式，最经典的为 CCR（Charnes-Cooper-Rhodes，查恩斯-库珀-罗兹）模型和 BCC（Banker-Charnes-Cooper，班克-查恩斯-库珀）模型，CCR 模型采用固定规模假设，只能计算出 DWU 的综合效率值是否相对有效，无法获知 DWU 无效的具体原因，考虑到本书中的 DWU 可能处于规模报酬变动的状态，因此引入 Banker、Charnes 和 Cooper 提出的规模报酬可变的 BCC 模型，以投入为导向测度科技资源配置效率。

ESDA 是探索性空间数据分析（exploration spatial data analysis）的简称，是指将统计学原理和现代图形相结合对空间信息的性质进行分析、鉴别，用以引导确定性模型的结构和解法，主要用于探测空间分布的非随机性和空间自相关。其主要的观测指标有 Moran（莫兰）指数 I、Moran 散点图和 LISA（local indicators of spatial association，空间关联的局部指标）图等。其中，Moran 指数 I 可用于测度城镇的聚簇模式，识别城镇扩展的"热点区"的分布，进而探测城镇扩展的空间模式。

非参数分析法存在如下不足。

① 徐冰鑫，王宝，王鹏龙. 甘肃科技资源配置效率及其影响因素分析. 开发研究，2019，(3)：116-121.

（1）非参数分析法假定数据是由一个潜在的分布产生，但是分布的形式往往是未知的，且无法确定，因此可能导致分析结果的不可靠性。

（2）非参数分析法的分析过程复杂，需要花费大量的时间，而且容易出现偏差。

（3）非参数分析法不能有效地提取出资源配置中的规律，使其失去了预测能力。

（4）非参数分析法对数据要求较高，要求数据量大且均匀，而大多数现实中的资源配置问题都具有稀疏性和不均匀性，因此非参数分析法的效果会大大降低。

（5）非参数分析法容易受到单个离群点的影响，所以数据中不能有太多离群点，否则可能会导致分析结果的不可靠性。

5.2 "互联网+"时代研究生教育资源的域嵌入

5.2.1 域嵌入的定义

"互联网+"时代研究生教育资源的域嵌入（embedding）是研究生教育资源配置的前提。它旨在将研究生教育资源配置领域中的多种类型的数据进行数字化表示，为研究生教育资源配置模型提供数据，帮助管理者有效、准确地分析研究生教育资源配置状况，为管理者提供重新分配、优化的决策参考，从而有效地提高研究生教育资源的使用和利用效率。

定义 5.1 域嵌入是指教育资源配置过程中对域的一种形式化表示。

域嵌入分为关系性嵌入和结构性嵌入。关系性嵌入是主体关系给域带来的一种获取信息和资源的作用机制，包括强关系、弱关系、强弱混合关系。结构性嵌入是在资源配置过程中，主体或域在整个域的全集的一种拓扑表示。

定义 5.2 域嵌入的层次结构：在不同层次上体现其不同的表现形式，如双边嵌入、多边嵌入、环境嵌入（国家层面、产业层面）结构。

5.2.2 研究生教育资源的域嵌入

进行研究生教育资源的域嵌入时，在收集完必要的背景资料之后，首先将多维数据和指标通过统计学方法进行数字化处理；其次，对这些数据和指标构建模型，以便分析这些因素之间的关系和影响机制，从而为研究生教育资源配置模型提供输入。教育资源配置的域嵌入是将多种数据，如文字、图像、数字和视音频等，融入一个框架中，共同组建一个多维数据集，并分析它们之间的关系。从社会学的视角看,资源配置受主体关系结构以及更为广阔的社会结构背景的影响。融合文字、图像、数字和视音频等多种数据的嵌入方法,是一种基于多维度的数据分析,融合多种数据分析技术,可以更加有效地实现教育资源配置,并有效解决资源分配所出现的不均衡问题。通过采用嵌入式多维度数据分析,能有效地发掘潜在的内部联系,从而为教育资源配置提供更强有力的支持。同时,嵌入式分析可以帮助教育机构分析教育资源配置的效果,同时有助于进行调整和优化,以达到优化教育资源配置的目的。

研究生教育资源的域嵌入中,数据可以根据实际需求采用不同的表示形式,如 one-hot 编码、word2vec 等。多种关系的文字语义表示转化成数学向量表示,可以通过 one-hot 算法转换成高维稀疏向量。one-hot 编码假设一个语料有 M 个词,其中每一个词的 one-hot 表示方式为当前词用 1 表示,其余用 0 表示。向量中包含大量零元素,导致其过于稀疏,这也会使得最终生成的矩阵过于庞大,从而不利于存储和处理计算。在研究生教育资源配置中,研究生招生指标、"双一流"学科建设、学位授权三类教育资源在进行嵌入时,可以用 one-hot 编码格式将研究生招生指标编码成 100 信息,如图 5.1 所示,"双一流"学科建设编码为 010,学位授权编码为 001。

人类可读	机器可读		
研究生招生指标	1	0	0
"双一流"学科建设	0	1	0
学位授权	0	0	1

图 5.1 研究生教育资源的 one-hot 编码

word2vec 采用神经网络把 one-hot 形式的稀疏词向量映射成为一个 n 维稠密向量。具体实例如图 5.2 所示。

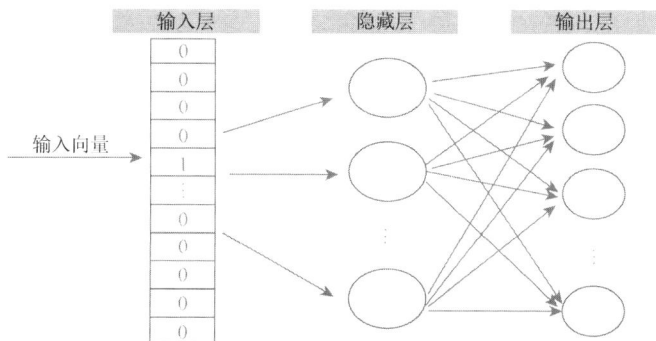

图 5.2 word2vec

5.3　基于域变换理论的研究生教育资源配置模型

研究生教育资源配置是将研究生教育所需的人力、物力、财力等各类资源进行有效的组合、调配，以最大限度利用资源，提高研究生教育的质量和效益。研究生教育资源配置中的域变换是指由域的衍生、内生、裂变、合并以及消亡而引起的域、拥有的资源或关系的变化。

本节首先讨论静态条件下的主体教育资源相似性分析；其次详细讨论了主体变化条件下的主体教育资源相似性分析；最后讨论了约束条件下的研究生教育资源配置模型。

5.3.1　静态条件下的主体教育资源相似性分析

本书采用图的数据结构构建研究生教育资源配置模型。假定 $D = \{D_1, D_2, \cdots, D_n\}$ 由 n 个域组成，其中某个域 $D_i = \{A_i, R_i, L_i\}$，A_i 为由一个主体或多个域组成的集合；R_i 为 A_i 拥有的资源集；L_i 为主体或域之间的关系；D_i 包含 m_i 个主体。

为了构建研究生教育资源配置模型，首先构造图 $G = (V, E)$，其中 V 为图的节点集；E 为图的边集。V 由域中所有主体构成，E 由域中所有关系构成。采用式（5.3）进行关系的度量：

$$A_{ij} = \exp\left(-\frac{d\left(s_i, s_j\right)^2}{2\sigma^2}\right) \tag{5.3}$$

其中，A_{ij} 为主体 i 和主体 j 之间关系的度量；$d(s_i, s_j)$ 为主体 s_i 和主体 s_j 之间的距离，决定两个主体之间的相似程度。如果 σ^2 值设定得过高，与问题实际规模相比，大多数的主体表现相似；如果 σ^2 值设定得过低，则会极大降低比较接近的主体之间的相似性。σ^2 取值来自实验测定和经验。

非归一化拉普拉斯矩阵定义：$L = D - W$。

矩阵 L 特性如下。①对于任意向量 $f \in \Re^n$ 有 $f^T L f = \dfrac{1}{2}\displaystyle\sum_{i,j=1}^n w_{ij}(f_i - f_j)^2$。②$L$ 是对称的半正定矩阵。③L 的最小特征值是 0，对应的单位向量为 I。④L 有 n 个非负实特征值：$0 = \lambda_1 \leqslant \lambda_2 \leqslant \cdots \leqslant \lambda_n$。

常用的归一化拉普拉斯矩阵有两种，分别是对称归一化拉普拉斯矩阵 L_{sym} 和随机游走拉普拉斯矩阵 L_{rw}，定义为式（5.4）和式（5.5）：

$$L_{\text{sym}} := D^{-\frac{1}{2}} L D^{-\frac{1}{2}} = I - D^{-\frac{1}{2}} W D^{-\frac{1}{2}} \tag{5.4}$$

$$L_{rw} := D^{-1}L = I - D^{-1}W \tag{5.5}$$

归一化拉普拉斯矩阵有以下特性。①对于任意 $f \in \Re^n$ 有 $f'L_{sym}f = \frac{1}{2}\sum_{i,j=1}^{n} w_{ij}\left(\frac{f_i}{\sqrt{d_i}} - \frac{f_j}{\sqrt{d_j}}\right)^2$。②$\lambda$ 是 L_{rw} 的特征值且对应特征向量为 u，当且仅当 λ 是 L_{sym} 的特征值且对应特征向量为 $w = D^{1/2}u$。③λ 是 L_{rw} 的特征值且对应特征向量为 u，当且仅当 λ 和 u 是特征问题 $Lu = \lambda Du$ 的解。④0 是 L_{rw} 的特征值，对应特征向量为单位向量 I。0 是 L_{rw} 的特征值，对应特征向量为单位向量 $D^{1/2}I$。⑤L_{sym} 和 L_{rw} 为半正定矩阵，有 n 个非负实特征值：$0 = \lambda_1 \leqslant \lambda_2 \leqslant \cdots \leqslant \lambda_n$。

静态条件下主体教育资源相似性分析是指在主体没有变化的情况下进行主体拥有的教育资源相似性分析，采用谱聚类算法来完成，其思想如下所示。

算法 5.1　静态条件下主体资源相似性度量算法

输入：主体的关系矩阵 A，类别数 k

输出：每个主体所属类别 C

  $A_{ij} \leftarrow 0$，$D_{ij} \leftarrow$ 矩阵 A 第 j 行的和，D 为对角矩阵

  计算归一化拉普拉斯矩阵 L_{rw}

  $X \leftarrow$ 由 $L_{rw}v = \lambda Dv$ 产生的前 k 个最大特征向量

  $Y \leftarrow X$ 的行向量产生的单位向量

  $C \leftarrow$ 对 Y 的每一行使用 k-means 或其他算法，得到 k 个类别

如果主体位于同一个类别，则这些主体拥有相似的资源

5.3.2　主体变化条件下的主体教育资源相似性分析

研究生教育资源配置是将研究生教育所需的人力、物力、财力等各类资源进行有效的组合、调配，以最大限度利用资源，从而提高研究生培养质量。在配置过程中，在政府、市场与高校多方作用下，利用域变换机制与相应的域变换策略进行研究生教育资源配置。"互联网+"时代研究生教育资源配置具有时效性和动态性，在主体变化条件下，主体的教育资源也会相应地发生变化。为此，本书采用类别划分的思想进行主体变化条件下的主体教育资源相似性分析。

设在当前在线主体划分过程中已经存在的类别集合为 $\Omega^t = \{C_m^t | 1 \leqslant m \leqslant M\}$，已经存在的类界限函数集合为 $\xi^t = \{f_m^t | 1 \leqslant m \leqslant M\}$，则可根据下面的不同情况进行在线学习。

定义 5.3　类界限函数：对于新出现的域 x_{new} ，如果满足 $R^2 - \| x_{\text{new}} - a \|^2 > 0$ ，其中 R 为类别的半径，a 为类别中心，则类界限函数定义为式（5.6）：

$$
\begin{aligned}
f(x_{\text{new}}) &= R^2 - \| x_{\text{new}} - a \|^2 \\
&= 2\sum_i \alpha_i K(x_{\text{new}}, y_i) - K(x_{\text{new}}, x_{\text{new}}) - \sum_i \sum_j \alpha_i \alpha_j K(y_i, y_j) + R^2 n
\end{aligned}
\tag{5.6}
$$

其中，$K(\bullet)$ 为核函数。

如果令 $\rho = R^2 - K(x_{\text{new}}, x_{\text{new}}) - \sum\sum \alpha_i \alpha_j K(y_i, y_j)$ ，则类界限函数转化为式（5.7）：

$$
f(x_{\text{new}}) = 2\sum_{i=1}^{N} \alpha_i K(y_i, x_{\text{new}}) - \rho
\tag{5.7}
$$

根据类界限函数，设在时刻 t 的某一类，该类中包含的支持向量为 $\text{SV}_{i,m}^t$ ，对应的权重为 $\alpha_{i,m}^t$ ，偏移量为 ρ_m^t ，则类界限函数 f_m^t 可表示为式（5.8）：

$$
f_m^t(\cdot) = \sum_i \alpha_{i,m}^t K(\cdot, \text{SV}_{i,m}) - \rho_m^t
\tag{5.8}
$$

1. 类别创建

对于 t 时刻出现的新域 X_t ，利用类别界限函数 f_m^t 对该域进行计算，如果满足 $\Omega^{\text{win}} = \{f_m^t(X_t) \geqslant 0\}$ 和 $\text{card}(\Omega^{\text{win}}) = 0$ ，其中 $\text{card}(\cdot)$ 代表集合的势，则进行类别初始化。

当出现第一个域 X_1 时，创建第一个非空类 C_1 ，并假设它为类 C_1 的支持向量。此时，在时间 $t = 1$ 时类 C_1 的类界限函数 f_1 的参数初始为 $\alpha_{1,1} = 1$ ，$\rho_1 = \eta(1 - v)$ 。其中，η 为学习率，v 为边缘分数。

2. 类别的自适应

对于 t 时刻出现的新域 X_t ，利用类别界限函数 f_m^t 对该域进行计算，如果满足式（5.9），则进行类别的自适应，把该 X_t 整合到 Ω^{win} 类别中。

$$
\Omega^{\text{win}} = \{f_m^t(X_t) \geqslant 0\} \text{和} \text{card}(\Omega^{\text{win}}) = 1
\tag{5.9}
$$

此时，超平面方程表示为式（5.10）：

$$
f_m(\text{SV}_{c,m}) = 0 \Leftrightarrow \sum_t \alpha_{i,m} K(\text{SV}_{c,m}, \text{SV}_{i,m}) - \rho_m = 0
\tag{5.10}
$$

3. 类别的合并

对于 t 时刻出现的新域 X_t ，利用类别界限函数 f^t 对该域进行计算，如果满足式（5.11），则进行类别的合并。

$$
\Omega^{\text{win}} = \{\| a_{\text{new}} - a_m \|^2 - (R_{\text{new}} + R_m) \geqslant 0\} \text{ 和 } \text{card}(\Omega^{\text{win}}) \geqslant 2
\tag{5.11}
$$

算法 5.2 类别的合并算法

输入：类集合 Ω^{win} 中的所有类别数 k

输出：合并后的类别

步骤：

（1）把类集合 Ω^{win} 中的所有类别包含的域表示为 $\text{TS} = X_1, X_2, \cdots, X_N$

（2）如果 $k = 2$，转步骤（5）

（3）计算 TS 中所有数据的关系矩阵 A

（4）执行谱聚类

（5）训练 k 个类别的最新支持向量，并得到合并后各个类别的半径 R_i 和球心 a_i

（6）满足式（5.11），则进行类别的合并

（7）算法结束，得到合并后的 k 个类别

---

4. 类别的分裂

对于集合 Ω^t 中的某一类别 C^t，如果满足式（5.12），其中 ε 是预先设定的阈值，则对 Ω^{win} 进行类别的分裂。

$$\Omega^{\text{win}} = \{d_{\max}(C_m^t) \geqslant \varepsilon\} \text{ 和 } \text{card}(\Omega^{\text{win}}) \geqslant 1 \tag{5.12}$$

算法 5.3 类别的分裂算法

输入：需要分裂的类别 C_m

输出：聚类 C_m 分裂后的类别

步骤：

（1）把类 C_m 包含的样本组成集 $\text{TS} = \{x_1, x_2, \cdots, x_N\}$

（2）计算 TS 中所有数据样本的关系矩阵 A

（3）令 $k = 2$，使用谱聚类，得到分裂后的两个类别

（4）训练这两个类的最新支持向量，并得到分裂后各个聚类的半径 R_i 和球心 a_i

（5）算法结束，得到分裂后的 k 个类别

---

5. 类别的消除

对于集合 Ω^t 中的某一类别 C^t，如果经时间 T 后满足式（5.13），则对 Ω^{win} 进行类别的消除。

$$\Omega^{\text{win}} = \{N(C_m^t) < N_\varepsilon \mid C_m^t \in \Omega^t, t \geqslant k \cdot T, 1 \leqslant m \leqslant M\} \tag{5.13}$$

基于上面的分析，主体变化条件下的主体教育资源相似性度量方法如算法 5.4 所示。

算法 5.4　主体变化条件下的主体教育资源相似性度量方法

For all $s_i \in S$ do

$a \leftarrow f_n(x_i)$　　　　　　　　　// a 为新域与各类界限函数 $f(\ )$ 判别值，如果 $a > 0$ 表明它属于当前类

Case 1： $\text{card}(\Omega^{\text{win}}) = 0$　　　　//新类别的增加或初始化

　　$k \leftarrow k + 1$　　　　　　　　　//k 为类别数

　　$c_{n+1} \leftarrow s_i$　　　　　　　　//c_{n+1} 为第 $n+1$ 类

$R_{n+1} \leftarrow$ 半径初始阈值 η

Case 2： $\text{card}(\Omega^{\text{win}}) = 1$　　　　//类别的自适应过程

　$C \leftarrow$ 调用算法 5.3

　For all $C_i \in C$ do

　$(R_i, D_i) \leftarrow \text{sim}(A_i, A_i)$

　If $D_i >$ 阈值 ϵ then　　　　//类别的分裂

　$k \leftarrow k + 1$

　$C \leftarrow$ 调用算法 5.3

　End If

　$(R_n, D_n) \leftarrow \text{sim}(A_n, A_n)$　　//D_n 表示最大距离

　End For

Case 3： $\text{card}(\Omega^{\text{win}}) \geqslant 2$　　　　//类别的合并

　　$k \leftarrow k - \text{card}(\Omega^{\text{win}}) + 1$　　$C \leftarrow$ 调用算法 5.2

　　For all $C_i \in C$ do

　　$(R_i, D_i) \leftarrow \text{sim}(A_i, A_i)$

　　If $D_i >$ 阈值 ϵ then　　　　//类别的分裂

　　$k \leftarrow k + 1$

　　$C \leftarrow$ 调用算法 5.3

　　End If

　　$(R_n, D_n) \leftarrow \text{sim}(A_n, A_n)$

End For

　If $t = k \cdot T(k \in N)$ then　　　　//类别的消除

　For all $C_i \in C$ do

　　　$n \leftarrow \text{number}(C_i)$

　　　If $n < \text{min(number)}$ then

　　　　　$\text{DELETE}(c_n)$

　　　End If

End For

End If

End For

5.3.3 约束条件下的研究生教育资源配置模型

资源配置域变换理论受国家战略需求、国家政策、社会需求、经济发展以及国际形势等外部因素的影响,因此根据资源配置的域变换理论,在进行研究生教育资源配置的过程中,要充分结合这些因素,基于域变换机制和域变换策略,设计在这些约束条件下的研究生教育资源配置模型。

"互联网+"时代基于约束的研究生教育资源配置模型体现了主体的偏好和约束。这种偏好和约束包括资源数目、类别的最大或最小规模、调控机制等。根据约束的性质,研究生教育资源配置模型可以采用不同的方法。

(1)主体的约束:对主体指定约束,这种约束限制了研究生教育资源的主体或域的集合。

(2)外部因素的约束:国家政策、社会需求等的约束,这种约束使研究生教育资源配置模型是在约束条件下求解最优问题。

(3)相似度函数的约束:对主体或域的特定属性指定不同的相似度函数,或者对特定的主体指定不同的距离度量。

(4)研究生教育资源配置结果的性质指定约束:指定研究生教育资源配置应该具有的性质,这会对配置过程产生很大的影响。

"互联网+"时代基于约束的研究生教育资源配置模型的步骤主要包括以下两个方面。①主体教育资源相似性:静态条件/主体变化条件下的主体教育资源相似性度量方法;②约束条件的判定:根据不同的约束条件,求解限定下的主体教育资源。

5.4 本 章 小 结

本章主要讨论"互联网+"时代研究生教育资源配置模型。本章分析了传统的资源配置方法;研究了"互联网+"时代研究生教育资源的域嵌入,旨在将研究生教育资源配置领域中的多种类型的数据进行数字化表示,为研究生教育资源配置模型提供数据;提出了静态条件/主体变化条件下的主体教育资源相似性度量方法,研究研究生教育资源配置面临的约束条件,讨论了基于域变换理论的研究生教育资源配置模型。

第6章 "互联网+"时代研究生教育资源配置评价指标体系

传统的研究生教育资源配置存在评价指标体系来源单一、结构简单、调整慢和缺乏反馈等问题，探索能够刻画研究生教育发展的过程检测、风险预警和发展预警的指标，并为研究生教育资源配置提供适当的评价指标体系是目前一个重要的研究方向。

研究生教育资源配置的评价指标体系构建要按照研究生教育目标和实际需求，合理建立指标体系，并结合研究生教育发展和社会经济发展水平等客观条件，科学确定指标体系的构建原则；根据研究生教育的特点，结合有关研究生教育政策和规定，确定研究生教育资源配置的评价指标体系，以便更好地促进研究生教育的发展。研究生教育资源配置要综合考虑教育资源的有效组织和利用，建立合理的评价指标体系，以便及时反映研究生教育资源配置的实际效果，及时发现存在的问题，及时采取有效措施，以保证研究生教育资源配置的高效性和公平性；同时，要及时完善指标体系，使其能够及时反映研究生教育发展的实际情况，以更好地满足社会发展的需要。

6.1 "互联网+"时代研究生教育资源配置原则

研究生教育资源配置原则是指政府、学校或单位在配置研究生教育资源时应遵循的有效分配和使用原则。研究生教育资源配置的指标体系构建应遵循以下原则。

（1）科学性原则。研究生教育资源配置应科学、合理，充分发挥资源的优势，确保研究生教育质量，提高研究生教育效率，着眼于资源的有效利用，尽可能地提高研究生教育的效率和质量，使资源的利用能够获得最大的回报。指标体系的构建要以科学的思维方式和有效的科学手段，科学地分析、比较和评估研究生教育资源配置的各项指标，并反映出研究生教育资源配置的客观真实情况，使指标体系更加客观、公正、准确和可靠。

（2）全面性原则。研究生教育资源的配置要公平公正，满足学校和学生的共同需求，保证各高等学校及其学生能够公平地受益。指标体系的构建要全面考虑研究生教育资源配置的各个方面，涵盖所有可能影响研究生教育资源配置结果的因素，全面反映研究生教育资源配置的状况。

（3）可操作性原则。该原则要求指标体系的构建要具有可操作性，使指标体系可以用于研究生教育资源配置的实际操作，能够提供科学的、明确的、客观的指导，为研究生教育资源配置的实施提供可靠的技术支持。

（4）充分利用原则。研究生教育资源配置要有效利用资源，把握资源的优势，充分发挥资源的价值，从而提高研究生教育效率和质量。

（5）可完善性原则。该原则要求指标体系的构建要具有可完善性，随着研究生教育资源配置的发展，研究生教育资源配置指标体系也应得到不断完善。

（6）坚持市场化原则。配置研究生教育资源要考虑市场需求，根据市场变化，重新调整资源配置，使之与市场需求同步，以满足社会需求。

（7）可持续发展原则。研究生教育资源配置要考虑长远发展，以促进研究生教育的持续发展，确保研究生教育质量的提高。

西方发达资本主义国家对教育资源配置的研究更侧重以结果为导向、以效率为中心，高度重视产出。我国研究生教育资源由于存在浪费，以结果为导向提升高等教育资源配置的效率应是解决这一问题的主导思路和未来的发展方向，研究生教育资源从投入到产出的过程中，还涉及一个中间环节，即高等教育资源的转换系统，也就是从投入到产出的转化机制。研究生教育资源配置中的公平与效率意味着，在研究生教育资源配置时，要考虑到每一方的利益，尽量确保研究生资源的合理分配和有效利用，以达到公平和效率的目的。研究生教育资源配置的公平性的衡量标准主要有四种：规则公平、起点公平、过程公平、结果公平。规则公平是指对资源配置过程中所采取的规则应该公平、公正、客观，不会因为个人的特殊情况而产生歧视。起点公平是指在资源配置过程中，应该给所有参与者一个公平的起点，使他们都有机会获得更多的资源。过程公平是指资源配置过程中，应该保证公正客观，不会因为任何特殊情况而产生歧视。结果公平是指最终的资源配置结果应该公正、公平，不会因为任何特殊情况而产生歧视。

6.2　研究生教育资源配置评价指标池

在本书中，研究生教育资源配置所重点关注的资源是与人力、物力以及财力资源等相关的外部教育资源。

研究生教育资源配置的指标体系主要来源于政策性文件、学校经费分配的实际情况、学校现状及学校历史发展情况等。首先，政策性文件是国家和地方教育部门颁布的统一规定和政策文件，以及学校自身颁布的有关规章制度和政策文件等。其次，学校经费分配的实际情况也是指标体系的重要来源，它可以给出研究生教育资源的实时分配情况，包括教师、学生、设备、场地和财务等资源的情况，从而为指标体系的建立提供参考。此外，为了更好地规划和配置研究生教育资源，还要考虑学校现状及学校的历史发展情况，包括学校实施的教育改革和发展战略，以及对未来发展的展望等。这些信息可以为指标体系提供参考，以便制定出更加科学合理的指标，并为学校更好地配置研究生教育资源提供依据。

传统的指标涉及的数据量相对不大，行政主导，来源单一，以统计指标为主。在"互联网+"时代，指标需要综合考虑国家战略需求、社会需求和高校自身能力等多方面因素，其来源丰富多样，包括互联网上的海量数据，如视频、文字等。例如，网络视频平台上学校的受欢迎程度、教师热度，以及研究生论文的评语指标等。国家战略需求从服务国家需求角度，对学位点建设进行整体战略性部署，要鼓励一批新兴学科和交叉学科建立学位点，从而更好地支撑起产业转型升级和区域发展。社会需求包括产业布局、经济水平和人口状况等。高校自身能力包括满意度、达成度和贡献度等方面。

6.2.1 传统研究生教育资源配置指标

传统指标包括以下内容。

（1）投入指标。投入指标指的是研究生教育资源配置中采用的投入方式，如财政投入、财力投入、经济投入等。

（2）产出指标。产出指标指的是研究生教育资源配置中采用的产出方式，如研究生取得的学历水平、毕业生的就业率、教育质量等。

（3）管理指标。管理指标指的是研究生教育资源配置中采用的管理方式，如管理制度、考核机制、投入管理、产出管理等。

（4）效益指标。效益指标指的是研究生教育资源配置的效益，如社会经济效益、社会文化效益、社会教育效益等。

如表 6.1 所示，传统的指标以统计指标和数字为主，如师生比、高级奖励、境外师生、在 *Nature*、*Science* 上发表论文的折合数等。

表 6.1 传统研究生教育资源配置指标

师生情况指标	科研类指标	国际交流指标	论文情况指标	其他指标
博士学士比	高级奖励	国际教师比例	SCIE、SSCI 收录的论文数量	创新创业
师均博士学位授予数	技术转让	国际学生比例	前 10%高被引文献	文化引领
师均收入	专著	跨境平台	前 10%高被引文献占比	学术影响
师生比	学术会议	国际合作	总引用次数	创新平台

续表

师生情况指标	科研类指标	国际交流指标	论文情况指标	其他指标
校友质量	高端项目	合作者为外国人的论文比	科研论文量	研究声誉调查
杰出师资	世界排名	境外师生	在 *Nature*、*Science* 上发表论文的折合数	标志成果
生源质量	科研收入		师均教师的引用率	

注：SCIE 即 Science Citation Index Expanded，科学引文索引；SSCI 即 Social Science Citation Index，社会科学引文索引

6.2.2　"互联网+"时代研究生教育资源配置评价指标池

"互联网+"时代研究生教育资源配置的指标不仅包含传统教育资源配置指标，而且还有其自身的特点。

（1）信息化程度高：以网络空间为基础，利用计算机、网络、移动互联网等技术，实现教育资源的数字化、网络化，从而提高资源的利用效率。

（2）开放性：充分利用信息技术，实现资源的集中整合，协同共享，推动资源的优化配置和服务范围的拓展。

（3）多元性：发挥各类教育资源的多元优势，满足研究生多元化学习需求。

（4）实用性：注重资源的实用性，实现资源的高效管理与使用，提高资源的利用效益。

（5）可持续性：重视资源的可持续性，通过技术进步、新服务模式的开发等，保证资源的长期可用。

为此，不同于目前所采用的固定指标、设置权重的研究生教育资源指标体系，本书提出研究生教育资源配置指标池的思想。

"互联网+"时代研究生教育资源配置指标池主要包括以下内容。

（1）综合指标：生均教育经费、生均培养成本及教育经费有效投入率等。

（2）人力资源使用效率指标：专任教师比重、人力资源使用效率、专任教师使用效率及教师利用率等。

（3）物力资源使用效率指标：生均固定资产占有额、生均教学仪器设备值、教学仪器设备及图书资料占全部固定资产的比例、物力资源利用率、固定资产利用率、低值易耗品和材料利用率等。

（4）财力资源使用效率指标：生均人员费、人员费比重、生均公用费及公用费比重等。

（5）科学研究指标：科研项目、项目成果等。

（6）学术水平指标：研究生科研能力、课程学习成果等。

（7）课程资源使用效率指标：生均课程数量、课均学生签到率、精品课程比例等。

（8）信息资源及其利用效率：生均校园网使用时间、生均校园网使用流量、生均网络教学平台使用时间、网络平台负载率、生均多媒体教室占用数量、多媒体教学资源利用率等。

（9）专业结构资源及其利用效率：学校拥有的专业数量、各专业的平均评级、平均每个专业的教师人数与学生人数的比例等。

（10）层次结构资源及其利用效率：联合培养学生名额、联合培养学校排名、对外交流名额、留学生入学率、专业型研究生入学率、学术型研究生入学率等。

（11）形式结构资源及其利用效率：政府项目基金经费及其利用效率、社会项目经费及其利用效率等。

（12）人才培养效率：毕业生一次就业率、硕博研究生比例、生均占有高级职称教师数、生均图书数量、生均精品课程数量等。

（13）科研成果比例：人均承担课题和项目的数量、人均出版专著等数量、人均发表论文及其引用指数、人均科研成果获奖数量、人均专利数量等。

（14）社会需求与服务：人均科技服务课题数量、人均科技服务收入、教学科研手段社会利用情况、为社会培养人才情况、创新创业竞赛获奖率、创新创业成果转化率、创新创业获得成果数量、创新创业科研论文数量等。

（15）无形资产：人均影响因子、"双一流"专业数量、校友在全国城市的覆盖率等。

（16）社会贡献指标：研究生的社会实践、社会贡献等。

（17）跨界能力指标：研究生的创新思维、在不同领域的学习能力等。

（18）社会影响力指标：研究生的学术地位、参与公共政策的能力等。

（19）国际化指标：国际化合作、研究生国际视野等。

以往的指标主要集中在学术水平上，而现在的指标则更加注重研究生的综合素质，更多地考虑到研究生学习能力、社会贡献能力、社会影响力和综合能力等方面。"互联网+"时代研究生教育资源配置指标与传统指标有一定的差异，主要包括以下方面。

（1）涉及范围更广泛。传统指标主要关注教学资源配置，而"互联网+"时代指标涉及教学资源配置、科研资源配置、社会服务资源配置、管理资源配置等，更加全面。

（2）关注现代科技的应用。传统指标重点关注教师的教学质量、教材的使用情况等，而"互联网+"时代指标则注重把握科技发展潮流，关注课堂教学中科技的运用，如网络教学系统、虚拟实验室、虚拟互动等应用在教学中的情况。

（3）更注重学生的发展。传统指标重点关注教学质量，而"互联网+"时代指标则关注学生的发展，考虑到学生的个性、兴趣、实践能力，加强学生的创新能力和创业能力。

（4）更强调资源的有效利用。传统指标注重资源的完整性和高质量的提供，而"互联网+"时代指标则更注重资源的有效利用，提高资源的利用效率，发挥资源的最大价值。

"互联网+"时代的指标具有大数据、时效性和动态性等特点，反映事物的发展趋势，同时需要考虑国家战略需求、社会需求、高校自身能力等方面。"互联网+"时代的指标类型更加丰富，如包含时间信息的时序变化指标、学生和教师的学习生活行为模式指标、研究生论文的评语指标等。

6.3 评价指标选择依据

6.3.1 评价指标体系构建依据

深入全面地研究高等教育资源优化配置问题，不仅要从理论层面上进行定性分析，找出影响优化配置的关键因素，而且还要通过一定的定量分析来验证这些因素造成的影响，以便找出相应的对策。否则，研究高等教育资源优化配置问题只能停留在理念层面上，如何优化、怎样优化高等教育资源配置仍然无法解决。

因此，在比较分析国内外高等教育资源配置状况的基础上，有必要对我国高等教育资源配置进行评价，通过构建评价指标体系，使用恰当的评价方法与评价模型，使对我国高等教育资源配置的研究从理论层面进入实际操作层面，这有利于对我国高等教育进行准确定位，有利于我国高等教育事业可持续发展[①]。

高等教育自身不仅是一个系统，而且还是一个与周边环境（经济、社会）有着密切联系（资源流入、流出）的开放性系统。具体来讲，维持高等教育系统自身的运行需要社会资源的投入，如人力、财力、物力资源等，即高等教育系统需要消耗一定的社会资源；同时，它也为社会提供服务，如培养高素质人才、研发出先进的科学技术等，促进社会的发展。高等教育系统与社会系统周而复始地不断循环、不断发展。优化高等资源配置的目的就是如何有效地使用高等教育资源，使社会对高等教育以最小的资源投入获得最大的教育产出，取得最大的经济效益和社会效益。

如何优化配置高等教育资源，其实质就是如何提高高等教育资源投入与产出

---

① 陈岩. 高等教育资源配置现状评价与约束机制研究. 西安: 西安建筑科技大学, 2016.

的效率，即最小的投入获取最大的收益。因此，评价高等教育资源配置时，评价的内容应该包括两大部分：一部分是关于高等教育资源的投入；另一部分是关于高等教育资源的产出[①]。

（1）高等教育资源的投入。高等教育资源的投入是指维持高等教育事业正常运行所消耗的各种资源总和，主要包括物力、财力、人力等资源。物力资源是指在维持高等教育各项事业正常运行过程中所投入的各种物质资源，主要是以物化形式出现，是高等教育的物质基础。财力资源是指在维持高等教育各项事业运行过程中所投入的以货币形式体现的资源，是从事高等教育活动最基本的保障。一般而言，人力资源主要体现了人的劳动能力，这种劳动能力除了以"个"或"人"为单位的劳动力以外，大部分是无形的，是指人的知识水平、智力水平、能力水平以及素质水平等。而且，这种劳动能力由于个体的不同存在差异。因此，在衡量人力资源状况时，应该从个体角度出发，综合进行分析。

（2）高等教育资源的产出。高等教育资源的产出主要是指高等教育为社会输送大量的各类专业人才和提供先进的科研成果。这种高等教育产品和服务的种类、质量，随着高等教育培养目标、发展目标以及在社会经济中的作用不断地发生变化。从高校的职能来看，高等教育的作用如下：①传授知识，培养各类专业人才；②科学研究，承担国家、地区科技攻关、科技研发和科技成果的转化等；③服务社会，一方面大学直接参与社会的各类咨询服务，另一方面科研成果服务于社会，产生经济效益和社会效益。随着社会的发展进步，高校还有一项职能得到了社会的广泛认可，那就是文化传承，是指高校承担着继承和弘扬人类优秀文化的任务。

"互联网+"时代研究生教育资源配置的指标体系的构建依据主要包括以下几个方面。

（1）研究生教育的客观要求：以建设高水平的研究生教育为宗旨，严格控制研究生的招生和毕业，结合社会需求，贯彻"以质量求效益，以效益求质量"的原则，实施科学、合理、全面、具体的教育资源配置。

（2）改革开放的视角：要积极推进改革，运用网络技术和信息技术，推出更多具有时代特色和国际水平的教育资源，以满足研究生教育的教学需求。

（3）资源现状分析：要深入了解研究生教育资源的现状，明确其存在的问题，如资源分配不均衡、设备现状复杂等，为研究生教育资源配置提供有力的依据。

（4）教学质量要求：要提高教育资源的利用效率，不断提升研究生教育的教学质量，提高研究生的素质，培养出具有创新精神的高素质人才。

① 陈岩. 高等教育资源配置现状评价与约束机制研究. 西安：西安建筑科技大学，2016.

综上所述,"互联网+"时代研究生教育资源配置的指标体系构建依据应该以研究生教育的客观要求为基础,以融汇改革开放的视角,进行资源现状分析,并以提高教学质量为目标,规划教育资源的配置模式和指标体系。

(1)充分利用时代资源。研究生教育资源配置的指标体系应基于时代资源,充分利用有关各类时代资源,如数字化信息资源、网络资源、教育资源等,利用互联网等信息网络,以及物联网等技术,充分发挥信息资源的优势,更好地为研究生教育提供有效的资源配置。

(2)注重可持续发展。研究生教育资源配置的指标体系应注重可持续发展,要把握好资源的使用有序性,规避资源投入过大或投入不足,不断提高资源利用效率,更好地满足研究生教育的需求。

(3)科学定位。研究生教育资源配置的指标体系应科学定位,即要建立一套科学合理的指标体系,把握配置资源的核心价值,以及实现资源优化利用的绩效指标,有效提升研究生教育的质量。

(4)完善管理机制。研究生教育资源配置的指标体系应完善管理机制,实行定期监测,采取有效的教学管理措施,实行绩效评价,以保障研究生教育资源配置的有效性。

从结构上分,指标体系一般分为目标层(O)、准则层(G)、指标层(C)。综合评价指标体系的构建步骤大致为:根据评价目标和影响因素,初步构建评价指标——梳理各影响因素之间的相互关系;遴选评价指标——评价指标标准化。

基于资源配置的评价指标体系是一个复杂的系统,由众多要素组成,并且这些要素相互关联。为了全面、真实反映高等教育资源配置内在的本质及其构成,高等教育资源配置评价指标体系的主要评价指标既要客观、全面地反映高等院校的实际,又要避免相互重叠与交叉,同时指标之间还应具有一定的逻辑关系,能够形成一个有机的整体。所选取的主要评价指标要准确。主要评价指标能够真实地反映它所代表的含义;数据资料的来源准确;数据资料的处理准确;数据资料的计算结果能准确反映高校的实际。主要评价指标的可比性越强,不同数学评价方法之间的评价结果的可比度就越大。评价指标在标准化处理中保持同一化,以便使用不同的数学模型进行计算,保证指标之间的可比性。主要评价指标选取的一个重要前提是数据能够通过查找有关资料收集到,考虑到数据来源的真实性和准确性,必须依靠官方统计数据来收集,因此,可采集性就显得尤其重要。教育资源配置评价还处在探索阶段,目前没有任何相关研究可参考。因此,要尽量选取易于获取和可操作性强的数据,便于量化①。

---

① 陈岩. 高等教育资源配置现状评价与约束机制研究. 西安:西安建筑科技大学, 2016.

6.3.2　指标体系的信度与效度

　　信度是指研究生教育资源配置的指标体系能够准确反映研究生教育资源配置的实际状况，以及研究生教育资源配置的效果，体现出研究生教育资源配置的客观性。效度是指研究生教育资源配置的指标体系能够有效地检验出研究生教育资源配置的情况，以及研究生教育资源配置的效果，评估研究生教育资源配置的有效性。"互联网+"时代的研究生教育资源配置的指标体系的信度与效度由它的指标体系体现出来。指标体系应包含研究生教育资源配置的定量指标和定性指标，要能够反映出资源配置的客观实际情况，以及资源配置的效果，这样才能反映出研究生教育资源配置的信度和效度。例如，可以采用定量指标，如学生的学习成绩等，以及定性指标，如学生学习环境的整体评价、师生关系的质量等，来衡量研究生教育资源配置的信度与效度。

　　"互联网+"时代研究生教育资源配置的指标体系的信度与效度是衡量研究生教育资源配置效率的关键。信度是衡量指标体系有效性的客观指标，反映的是指标体系的稳定性和可靠性，表明不同评价者按照相同的指标体系对研究生教育资源配置结果的评价是一致的。效度是衡量指标体系有效性的主观指标，表明指标体系反映了研究生教育资源配置的实际情况，使得研究生教育资源配置结果更加科学、合理。因此，"互联网+"时代研究生教育资源配置的指标体系的信度与效度是十分重要的，应当结合实际情况，综合考虑指标的科学性、可操作性、可衡量性和可靠性，建立完善的指标体系，以提高研究生教育资源配置的效率。信度和效度是研究生教育资源配置指标体系的两个重要概念。信度是衡量指标体系的准确性的一个重要概念，它旨在确定指标体系是否能够反映实际的情况，以及指标体系的可靠性。为了提高信度，指标体系的设计需要考虑到诸如社会环境、技术和政策等因素，以确保指标体系的准确性。效度是衡量指标体系的实用性的一个重要概念，它旨在检验指标体系是否能够有效地衡量研究生教育资源配置的结果。为了提高效度，指标体系的设计需要考虑到与研究生教育资源配置相关的经济、政策和技术因素，以确保指标体系能够有效地反映研究生教育资源配置的实际情况。"互联网+"时代，指标体系的信度与效度受到了更大的挑战。随着新兴技术的发展，新的研究生教育资源配置形式和方式更加多样化，指标体系的设计也需要更加灵活和复杂。此外，指标体系的设计还需要考虑到网络安全性、可视性和数据可靠性等因素，以确保指标体系的准确性和实用性。因此，为了在"互联网+"时代确保指标体系的信度和效度，需要根据实际情况灵活调整指标体系的设计，以及确保网络安全性和数据可靠性。

信度又叫可靠性与一致性,一个好的指标体系必须稳定可靠,或者不产生错误,或者产生的是系统误差,每次测试的错误相同。

影响"互联网+"时代研究生教育资源配置的指标体系信度的主要因素如下。①科学性。指标体系应以科学的理论和方法设计,如统计学、心理学、社会学、管理学等,合理地定义指标,以确保指标有可操作性和信度。②可操作性。指标体系应考虑到资源配置的实际情况,考虑到不同的资源配置环境,以合理的方式定义指标,以确保指标的可操作性。③时效性。指标体系应定期进行评估,以确保指标的时效性,即指标在经济、技术、社会等多方面的环境变化下仍具有有效性。④灵活性。指标体系应具有良好的灵活性,以应对不同的资源配置情况,以及不同的资源配置环境,保证指标体系的有效性。总之,上述四个因素是影响"互联网+"时代研究生教育资源配置的指标体系信度的主要因素。

"互联网+"时代研究生教育资源配置指标体系获取高指标信度数据的方法如下。①抽样取样技术。抽样取样技术是一种受控的随机抽取样品的方法,用于研究目标群体中某些样本的特性,然后估计整个研究目标群体的总体特性。良好的抽样取样技术可以提高数据信度,有助于准确反映目标人群的特性。②实证数据获取技术。实证数据获取技术是指从实地对对象或现象进行量化计算,收集客观现实数据,然后采用定量分析方法统计、比较群体属性的一种方法。实证数据获取是一种有效的数据获取方法,它可以准确反映目标群体的特性,提高指标信度。③问卷调查技术。问卷调查是一种可用于研究相关属性的有效方法。设计合理的问卷,收集准确而可靠的信息,可以准确反映面对面人员的特征,从而可以更高的信度识别目标群体的特征。④统计分析方法。统计分析是指分析数据的一种技术,用于理解变量与变量之间的关系、现象的变化,以及数据背后的结果异同。它可以帮助我们更好地掌握数据的机制,发现数据的隐含规律,以及计算指标的信度,从而更有效地进行研究生教育资源配置。

效度即有效性或精确性,是指标体系真正测试到的品质与想要测量的品质间的符合程度。有效的测验结果应该能正确地预计指标体系是否可以体现资源配置的准确性。两者之间的相关系数被称为效度系数,其值越大,说明测验越有效。

6.4 "互联网+"时代研究生教育资源配置的评价指标

在"互联网+"和大数据时代,影响资源配置的指标很多,面对海量的指标选择合适的指标集合有助于模型的构建和训练,在海量指标中构建指标集是一个

NP（non-deterministic polynomial，非确定性多项式）问题，也是目前研究存在的难点。本书从研究生教育资源配置指标池中选择合适的指标，以便进行后续的评价。

本书提出基于蒙特卡罗树搜索（Monte Carlo tree search，MCTS）的指标选择方法。蒙特卡罗树搜索算法的四个阶段如图 6.1 所示。

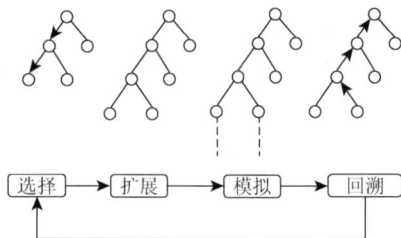

图 6.1　蒙特卡罗树搜索算法的四个阶段

（1）选择：从根节点开始递归选择最优的子节点直至叶子节点 N。

（2）扩展：判断子节点 N 如果不是终止节点，则创建更多的叶子节点并选择其中一个节点。

（3）模拟：从选择的节点模拟输出，得到一个运行结果。

（4）回溯：用模拟结果更新决策序列。

蒙特卡罗树搜索算法是一种基于统计概率的重复随机抽样算法，一般针对很难求得确切解的问题。蒙特卡罗树搜索算法由 Ulam 等提出，根据统计概率的结果来得到问题的近似解，通过多次模拟计算得到近似并且有效的结果。蒙特卡罗树搜索算法将复杂、难以求解的问题转化成简单、近似求解的问题，计算能力的发展使蒙特卡罗树搜索算法中大规模抽样计算成为可能。例如，求复杂多边形的面积问题，首先构建包含多边形的简单图形并计算出简单图形的面积，在简单图形内随机模拟点并判断模拟点是否在多边形内，使用模拟点出现在多边形内的概率乘以简单图形的面积即可得到多边形面积的近似值，当模拟的点足够多时求得的多边形的面积近似值无限趋近于真实值。

蒙特卡罗树搜索是机器学习领域中的一种将博弈树和蒙特卡罗模拟相结合的搜索算法，用于求解规划问题和序列决策问题，目前最成功的应用在于围棋博弈领域。Chaslot 等[①]介绍了两种渐进式策略，实验表明这两种渐进式策略显著提高了他们的围棋程序的博弈水平。近年来，蒙特卡罗树与神经网络相结合的方法

---

① Chaslot G M J B，Winands M H M，van den Herik H J，et al. Progressive strategies for Monte-Carlo tree search. New Mathematics and Natural Computation，2008，4（3）：343-357.

发展迅速,Guo 等[1]提出了一种改进的学习奖励函数以改进蒙特卡罗树搜索算法。将研究生研究发展(post-graduate research development,PGRD)和深度学习相结合后蒙特卡罗树搜索算法比以往应用更为广泛和实用。Silver 等[2]引入了一种将蒙特卡罗模拟与价值和策略网络相结合的搜索算法。使用这种搜索算法,他们的程序 AlphaGo 对其他围棋程序的胜率达到 99.8%,他们还设计了被称为 AlphaZero 的最强版本,该版本结合了蒙特卡罗树、强化学习和神经网络等方法,多次在与世界顶级围棋选手的对弈中取得胜利。蒙特卡罗树搜索算法中树的每一个节点对应一种博弈状态,节点的评估通过蒙特卡罗模拟进行。蒙特卡罗通过扩展博弈树来改善模拟策略,随着模拟次数的不断增加,博弈树不断扩展,评估的结果也不断接近最优解。蒙特卡罗树搜索算法一般分为四个阶段:选择阶段、扩展阶段、模拟阶段和回溯阶段。其中,在选择阶段选择评分最高的子节点,选择的过程到叶节点为止;在扩展阶段将叶节点的子节点加入到博弈树之中生成新的博弈树供后续评估;在模拟阶段对新加入的节点使用蒙特卡罗模拟的方式进行评估,得到一个游戏的评估值;在回溯阶段将评估的结果更新到路径的所有节点上。

本书提出一种基于蒙特卡罗树搜索的指标选择方法,也即蒙特卡罗树搜索索引选择(Monte Carlo tree search index selection,MCTSIS),该方法分为扩展阶段、选择阶段、模拟阶段和回溯阶段四个阶段。在初始化时对所有特征利用多层感知机进行快速评价得到每个特征的得分并初始化树的根节点,在扩展阶段扩展树的节点生成候选特征集合,在选择阶段利用双滑动窗口选择待模拟特征集合,在模拟阶段对选出的待模拟特征集合使用学习器进行模拟,并在回溯阶段选择当前轮次的最优特征集同时更新所有进入待模拟特征集合的特征的得分评价,特征得分的更新使得所有特征有进入双窗口被选择的机会。

如图 6.2 所示,模块(a)为完成数据清洗的特征集合,模块(b)为扩展、选择、模拟和回溯四个阶段,模块(c)为使用选择好的特征采用学习器进行学习任务的训练。在 k 次迭代中,S_k 为第 k 次迭代的最优特征集,在候选特征集中得分最高的特征排在最高处,在回溯阶段完成后将得分排名最高的特征加入最优特征集。在算法中用于特征评价的评价器和用于任务学习的学习器可以使用相同的方法也可以使用不同的方法。

① Guo X X,Singh S,Lewis R,et al. Deep learning for reward design to improve Monte Carlo tree search in ATARI Games. https://arxiv.org/abs/1604.07095v1[2016-04-24].

② Silver D,Huang A,Maddison C J,et al. Mastering the game of Go with deep neural networks and tree search. Nature,2016,529(7587):484-489.

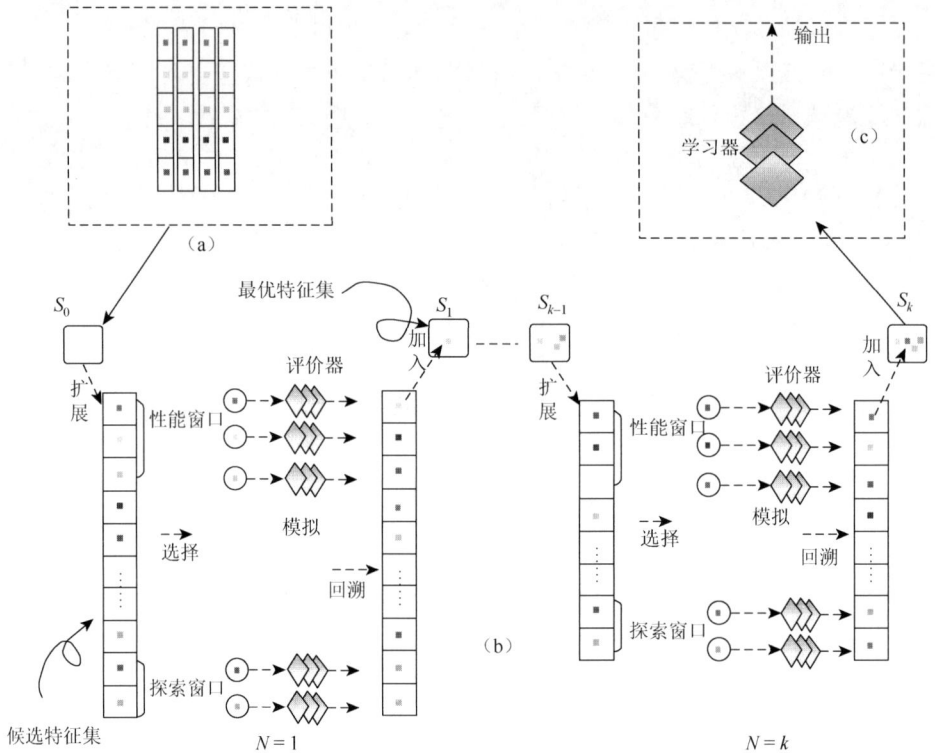

图 6.2　基于蒙特卡罗树搜索的指标选择方法

算法 6.1　基于双滑动窗口的蒙特卡罗树搜索特征选择

输入：$F_1, \cdots, F_t$ 是已经抽取的特征集 Set_s 中的 t 个特征

每个特征的得分 award[i]←0，$i = 1, \cdots, t$

每轮最优特征子集的评价得分 simb←0

输出：选择的最优特征集

//步骤 1. 初始化

对所有特征利用特征评价函数计算特征 F_i 对应的初始得分并计入 award[i]

do{

//步骤 2. 扩展

对于所有不在最优特征集中的特征，扩展成为蒙特卡罗树的叶节点

//步骤 3. 选择

根据叶节点对应的 award[i]选择得分最高的 m 个节点和得分最低的 n 个节点

将所选 $m + n$ 个节点分别加入上轮迭代的最优特征集，生成 $m + n$ 个候选特征集

//步骤 4. 模拟

使用特征评价器对候选特征集进行模拟并将结果保存

将本轮得分最高的特征子集的模拟结果存入 simb

//步骤 5. 回溯

利用上轮最优特征子集的得分和本轮每个候选子集的得分更新每个候选特征的得分

按式（6.3）降低初始得分高的 m 个特征的得分，使更多特征进入性能窗口进行选择

按式（6.4）提高初始得分低的 n 个特征的得分，使更多特征进入探索窗口进行选择

如果本轮的最优得分高于历史最优得分，那么更新历史最优得分和最优特征集

}**While**（最佳得分最近 P 次内有提高）

return 最优特征集

在步骤 1 中，本书使用多层感知机方法初始化所有特征的 award 值，其中特征 k 的得分赋予 award[k]。award[k]表示特征 k 对于对象分类的区分度并用于步骤 3 中的候选特征选择。同时初始化树的根节点，并将最优特征集初始化为空集。在步骤 2 中，将未包含在最佳特征集中的所有特征都扩展为蒙特卡罗树的叶子节点，也就是待模拟特征节点。在步骤 3 中，本书使用两个滑动窗口（性能窗口和探索窗口）来选择候选特征集。算法首先按照特征的 award 值进行排序，award 值越高代表其对应的特征的区分度越高。性能窗口选择区分度高的特征，本书选择得分最高的 m 个特征。探索窗口选择最有潜力的特征，本书选择得分最低的 n 个特征。将两个窗口选择的 m 个特征和 n 个特征分别添加到上轮生成的最优特征集并生成 $m+n$ 个候选特征集。在步骤 4 中，本书对 $m+n$ 个候选特征集使用特征评价器进行模拟训练，训练后将特征 F_i 对应特征集的得分存入 simb[i]。得分最高的候选特征集为当前轮次的优异特征集，将本轮表现最佳的候选特征集的得分存入 simb。当本轮最优特征集的得分大于上一轮训练时最优特征集的得分时，更新最优特征集 Set$_b$ 为本轮得分最高的特征集。如式（6.1）所示，SNN 为特征 F_i 和集合 Set$_b$ 组成的候选特征集的评价函数。

$$simb = \max(SNN(F_i, Set_b)), \ F_i \in Set_s \tag{6.1}$$

在步骤 5 中，如果最优特征集获得了更新，那么更新本轮其余候选特征的 award。如式（6.2）所示，其中 best_award 是上一次迭代中的最佳得分。

$$\Delta award[j] = \alpha(sim[j] - best\_award) + \beta(sim[j] - simb) \tag{6.2}$$

对于学习任务起负面影响的特征，在和上轮最优特征集生成候选特征集后进行模拟的得分会低于上轮最优特征集的单独模拟得分，即 sim[i]−best_award 的值将是负值；对于学习任务起正面影响的特征，sim[i]−best_award 的值将是正值。通过调整 α 和 β 的值，可以控制搜索新特征的效率。对于前 m 个特征，本书使用

式（6.3）更新特征对应的得分，对于后 n 个特征，本书使用式（6.4）更新特征对应的得分。对于前 m 个特征，表现较差的特征将获得负的 award，经过计算后其得分排名将下降，使得没有进入窗口（得分不变）的特征将进入性能窗口的搜索范围。相反地，对于得分最低的 n 个特征，从它们的 award 中减去负值，它们的排名将会上升，使更多特征能够进入探索窗口。使用双滑动窗口将为所有特征提供选择和模拟的机会。

$$award[i] = award[i] + \Delta award[i] \tag{6.3}$$
$$award[i] = award[i] - \Delta award[i] \tag{6.4}$$

如果连续 p 次迭代后 best_award 没有更新则算法终止，当前得到的特征集即为最优特征集。

6.5　"互联网+"时代研究生教育资源配置的评价方法

采用蒙特卡罗树搜索算法可以从研究生教育资源配置指标池中选取合适的评价指标。基于这些选取的指标，本书提出一种新的研究生教育资源配置评价方法。

6.5.1　目前研究生教育资源配置评价方法分析

教育资源配置评价方法普遍使用层次分析法等采用权重分析的方法。层次分析法是根据问题的性质及需要达到的总目标，将问题分解为不同的组成因素，并按照因素间的相互关联、影响以及隶属关系将因素按不同层次聚集组合，形成一个多层次的分析结构模型，从而最终使问题归结为最底层（供决策的方案、措施等）相对于最高层（总目标）的相对重要权值的确定或相对优劣次序的排定[①]。

这类方法存在如下不足。

1. 指标权重难以确定

评价指标的增加意味着要构造层次更深、数量更多、规模更庞大的判断矩阵。当指标较多时，每两个指标之间的重要程度的判断会更加困难，甚至会对层次单排序和总排序的一致性产生影响，使一致性检验不能通过。指标的权重的确定也缺乏合理有效的科学依据。

---

① 晏志强，杨柳，田经化. 基于 AHP 二级模糊综合评判方法对 5G 小区性能的自动化评估研究与实践. 长江信息通信，2021，34（5）：144-148.

2. 无法提供决策新方案

层次分析法是从备选方案中选择较优者, 即只能在现有的方案中进行选择。由于"互联网+"时代具有鲜明的数据时效性和动态性等特点, 因此这类方法难以有效地适应这种变化性去做出新决策, 从而也难以满足实际的需求变化。

3. 指标的定性评价难以令人信服

在科学的方法评价中, 一般都认为一门科学需要比较严格的数学论证和完善的定量方法。层次分析法中那些定性的描述指标难以令人信服。

基于上述分析, 本书不再采用基于权重的研究生教育资源配置评价方法, 而是提出一种新的评价方法——研究生教育资源配置柔性评价方法。它不再是一种硬性评价方法, 即结果属于确定的一个类别, 而是一种柔性评价方法, 即研究生教育资源配置的结果属于每个类别的可能性。这种方法更符合人的认知规律。

6.5.2　研究生教育资源配置柔性评价方法

假设研究生教育资源配置中的指标有 d 个, 研究生教育资源配置的结果划分为 n 个类别。每一个结果类别由一个多元正态分布刻画, 如式 (6.5) 所示:

$$f_i(x) = f(x \mid \mu_i, \Sigma_i) = \frac{1}{(2\pi)^{\frac{d}{2}} |\Sigma_i|^{\frac{1}{2}}} \exp\left\{ -\frac{(x-\mu_i)^{\mathrm{T}} \sum_i^{-1} (x-\mu_i)}{2} \right\} \tag{6.5}$$

其中, 类别均值 $\mu_i \in \mathbb{R}^d$; 协方差矩阵 $\Sigma_i \in \mathbb{R}^{d \times d}$; $|\Sigma|$ 为矩阵 Σ 的行列式; $f_i(x)$ 为 x 属于类别 C_i 的概率密度。

假设 X 的概率密度函数是在所有 k 个类别之上的高斯混合模型, 见式 (6.6):

$$f(x) = \sum_{i=1}^{k} f_i(x) P(C_i) = \sum_{i=1}^{k} f_i(x \mid \mu_i, \Sigma_i) P(C_i) \tag{6.6}$$

其中, 先验概率 $P(C_i)$ 满足 $\sum_{i=1}^{k} P(C_i) = 1$。

高斯混合模型是由均值 μ_i、协方差矩阵 Σ_i, 以及 k 个正态分布对应的混合概率 $P(C_i)$ 刻画, 因此模型参数可表示为式 (6.7):

$$\theta = \{\mu_1, \Sigma_1, P(C_1), \cdots, \mu_k, \Sigma_k, P(C_k)\} \tag{6.7}$$

对每一个类别 C_i, 估计 d 维的均值向量: $\mu_i = \{\mu_{i1}, \mu_{i2}, \cdots, \mu_{id}\}^{\mathrm{T}}$, 以及 $d \times d$ 的协方差矩阵, 如式 (6.8) 所示:

$$\Sigma_i = \begin{bmatrix} \left(\sigma_1^i\right)^2 & \sigma_{12}^i & \cdots & \sigma_{1d}^i \\ \sigma_{21}^i & \left(\sigma_2^i\right)^2 & \cdots & \sigma_{2d}^i \\ \vdots & \vdots & & \vdots \\ \sigma_{d1}^i & \sigma_{d2}^i & \cdots & \left(\sigma_d^i\right)^2 \end{bmatrix} \tag{6.8}$$

由于协方差矩阵是对称矩阵，需要估计 $\binom{d}{2} = \dfrac{d(d-1)}{2}$ 对协方差和 d 个方差，因此 Σ_i 一共有 $\dfrac{d(d+1)}{2}$ 个参数。实际中，难有足够的数据来对这么多的参数进行估计。一种简化方法是假设各个维度是彼此独立的，从而可以得到一个对角协方差矩阵，如式（6.9）所示：

$$\Sigma_i = \begin{bmatrix} \left(\sigma_1^i\right)^2 & 0 & \cdots & 0 \\ 0 & \left(\sigma_2^i\right)^2 & \cdots & 0 \\ \vdots & \vdots & & \vdots \\ 0 & 0 & \cdots & \left(\sigma_d^i\right)^2 \end{bmatrix} \tag{6.9}$$

在这一独立性假设之下，只需要估计 d 个参数来估计该对角协方差矩阵，步骤如下。

1. 初始化

对每一个类别 $C_i(i=1,2,\cdots,k)$，初始化均值 μ_i：从每个维度 X_a 中，在其取值范围内均匀地随机选取一个值 μ_{ia}。协方差矩阵初始化为 $d \times d$ 的单位矩阵 $\Sigma_i = I$。类别的先验概率初始化为 $P(C_i) = \dfrac{1}{k}$，使得每一个类别的概率相等。

2. 期望

给定点 $x_j(j=1,2,\cdots,n)$，计算类别 $C_i(i=1,2,\cdots,k)$ 的后验概率，记为 $w_{ij} = P(C_i \mid x_j)$。$P(C_i \mid x_j)$ 可看作点 x_j 对类别 C_i 的权值，$w_i = (w_{i1}, w_{i2}, \cdots, w_{in})^\mathrm{T}$ 表示类别 C_i 在所有 n 个点上的权向量。

3. 最大化

给定权值 w_{ij}，重新估计 Σ_i、μ_i 和 $P(C_i)$。类别 C_i 的均值 μ_i 可以由式（6.10）估计：

$$\mu_i = \frac{\sum_{j=1}^{n} w_{ij} x_j}{\sum_{j=1}^{n} w_{ij}} \tag{6.10}$$

用矩阵形式表示为

$$\mu_i = \frac{D^{\mathrm{T}} w_i}{w_i^{\mathrm{T}} 1} \tag{6.11}$$

令 $Z_i = D - 1 \cdot \mu_i^{\mathrm{T}}$ 为类别 C_i 的居中数据矩阵。令 $z_{ji} = x_j - \mu_i \in \mathbb{R}^d$ 表示 Z_i 中的第 j 个点。将 Σ_i 表示为外积形式,如式(6.12)所示:

$$\Sigma_i = \frac{\sum_{j=1}^{n} w_{ij} z_{ji} z_{ji}^{\mathrm{T}}}{w_i^{\mathrm{T}} 1} \tag{6.12}$$

考虑成对属性的情况,维度 X_a 和 X_b 之间的协方差可由式(6.13)估计:

$$\sigma_{ab}^i = \frac{\sum_{j=1}^{n} w_{ij}(x_{ja} - \mu_{ia})(x_{jb} - \mu_{ib})}{\sum_{j=1}^{n} w_{ij}} \tag{6.13}$$

其中,x_{ja} 和 μ_{ia} 分别为 x_j 和 μ_i 在第 a 个维度的值,x_{jb} 和 μ_{ib} 同理。

最后,每个类别的先验概率 $P(C_i)$ 由式(6.14)估计:

$$P(C_i) = \frac{\sum_{j=1}^{n} w_{ij}}{n} = \frac{w_i^1 1}{n} \tag{6.14}$$

方法在初始化 Σ_i、μ_i 和 $P(C_i)(i = 1, 2, \cdots, k)$ 之后,重复期望和最大化步骤直到收敛。关于收敛性测试,检测是否 $\sum_i \| \mu_i^t - \mu_i^{t-1} \|^2 \leqslant \epsilon$,其中,$\epsilon > 0$ 为收敛阈值,t 为迭代次数。换句话说,迭代过程持续直到类别均值变化很小为止。研究生教育资源配置柔性评价方法如下所示。

算法 6.2 研究生教育资源配置柔性评价方法

输入:研究生教育资源配置结果类别的 k,任意小的正数 ϵ

输出:每个主体的研究生教育资源配置类别

1 $t \leftarrow 0$

//初始化

2 随机初始化 $\mu_1^t, \cdots, \mu_k^t$

3 $\Sigma_i^t \leftarrow I, \forall i = 1, \cdots, k$

4 $P^t(C_i) \leftarrow \dfrac{1}{k}, \forall i = 1, \cdots, k$

5 repeat

6   $t \leftarrow t + 1$

//期望步骤

7 **for** $= 1, \cdots, k$ 且 $j = 1, \cdots, n$ **do**

8    $w_{ij} \leftarrow \dfrac{f(x_j \mid \mu_i, \Sigma_i) \cdot P(c_i)}{\sum\limits_{a=1}^{k} f(x_j \mid \mu_a, \Sigma_a) \cdot P(c_a)}$ //后验概率 $P^t(C_i \mid x_j)$

//最大化步骤

9 **for** $= 1, \cdots, k$ **do**

10   $\mu_i^t \leftarrow \dfrac{\sum\limits_{j=1}^{n} w_{ij} \cdot x_j}{\sum\limits_{j=1}^{n} w_{ij}}$ //重新估计均值

11   $\Sigma_i^t \leftarrow \dfrac{\sum\limits_{j=1}^{n} w_{ij}(x_j - \mu_i)(x_j - \mu_i)^{\mathrm{T}}}{\sum\limits_{j=1}^{n} w_{ij}}$ //重新估计协方差矩阵

12   $P^t(C_i) \leftarrow \dfrac{\sum\limits_{j=1}^{n} w_{ij}}{n}$ //重新估计先验概率

13 until $\sum\limits_{i=1}^{k} \| \mu_i^t - \mu_i^{t-1} \|^2 \leqslant \epsilon$

　　本书提出的"互联网+"时代研究生教育资源配置评价指标体系具有如下优点。

　　（1）指标池思想。

　　本书提出指标池思想。不同于目前广泛使用的固定指标、不同权重的思想，研究生教育资源配置的评价可以根据国家政策、教育发展需求等灵活地从指标池中选择合适的指标。这种方法避免了固定指标可能带来的一系列问题，如评价滞后、阻碍教育发展等。

　　（2）指标选择。

　　研究生教育资源配置评价方法中的指标选择不再是依据固定的指标进行加权求和，而是从指标池中采用指标选择方法合理地选择评价指标，这种指标选择方法可以不同的条件为依据，如国家政策等。

　　（3）柔性评价方法。

　　"互联网+"时代研究生教育资源配置评价方法不同于层次分析法，它不再给出确定的结果类别，而是判定研究生教育资源配置给每个类别的概率，因此更加符合人的认知规律,提高了配置的科学性和合理性,也更加具有引导性,提供了未来可能的发展方向。

6.6　本　章　小　结

本章主要讨论"互联网+"时代研究生教育资源配置的评价指标体系。首先,本章提出了研究生教育资源配置的原则,分析了传统研究生教育资源配置指标情况;其次,提出了"互联网+"时代研究生教育资源配置的指标池思想;再次,讨论了研究生教育资源配置选择依据,提出了基于蒙特卡罗树搜索的指标选择方法;最后,在分析目前评价方法不足的基础上,本章提出了一种新的"互联网+"时代研究生教育资源配置柔性评价方法。它不再是一种硬性评价方法,而是一种柔性评价方法,即判定研究生教育资源配置给每个类别的概率,该方法更符合人的认知规律。

第7章　研究生招生规模实证研究

7.1　引　言

研究生教育作为高等教育的最高层次,对于国家和社会的发展起着重要的作用。研究生招生规模作为研究生教育资源配置中的一项重要资源,其变化受到政府、市场和高校等多个方面的影响。政府作为研究生招生规模的重要决策者,根据国家发展战略和社会需求对研究生招生规模进行总体规划和调控。对于国家需求的新兴行业,国家增加相关专业的研究生招生规模,同时对于不鼓励发展的行业,国家也会限制其发展规模。市场作为研究生的重要需求方,对研究生招生规模的变化也起着重要作用。对于发展前景良好的行业,其研究生需求会不断增加,行业薪酬也会不断提高,会在一定程度上提高研究生报考该专业的意愿,也会促进该行业研究生招生规模的增加。高校作为研究生招生规模的执行者和反馈者,一方面根据政府政策和市场需求确定研究生招生规模,另一方面向政府和市场反馈研究生招生规模的变化。

研究生招生规模的变化是政府、市场和高校三方共同作用的结果,本章以某高校近年来研究生招生规模的变化为例,运用域变换理论对研究生招生规模的变化进行分析。

7.2　研究生招生规模数据

7.2.1　数据来源

2017 年,教育部、财政部、国家发展改革委印发《关于公布世界一流大学和一流学科建设高校及建设学科名单的通知》[①],公布了一流大学建设高校 42 所,其中 A 类 36 所,B 类 6 所,42 所一流大学建设名单如表 7.1 所示。本节对 36 所一流大学的博士生招生情况进行研究,分析大学指标和博士生招生人数之间的关系。

---

① 教育部　财政部　国家发展改革委公布世界一流大学和一流学科建设高校及建设学科名单. http://www.gov.cn/xinwen/2017-09/21/content_5226572.htm[2017-09-21].

表 7.1　42 所一流大学建设名单

类别	名单	数量
A 类	北京大学、中国人民大学、清华大学、北京航空航天大学、北京理工大学、中国农业大学、北京师范大学、中央民族大学、南开大学、天津大学、大连理工大学、吉林大学、哈尔滨工业大学、复旦大学、同济大学、上海交通大学、华东师范大学、南京大学、东南大学、浙江大学、中国科学技术大学、厦门大学、山东大学、中国海洋大学、武汉大学、华中科技大学、中南大学、中山大学、华南理工大学、四川大学、重庆大学、电子科技大学、西安交通大学、西北工业大学、兰州大学、国防科技大学	36 所
B 类	东北大学、郑州大学、湖南大学、云南大学、西北农林科技大学、新疆大学	6 所

在收集数据过程中，发现部分高校数据缺失，故将数据存在缺失的中央民族大学、郑州大学、云南大学、新疆大学和国防科技大学剔除出本次分析范围。同时由于统计口径不同，收集的中国人民大学的教研人员数量 263 人存在明显异常，故也将中国人民大学剔除。本节将对其余的 36 所高校数据进行分析，36 所高校名单如表 7.2 所示。

表 7.2　本次研究的 36 所一流大学建设名单

类别	高校列表	数量
一流大学	北京大学、清华大学、北京航空航天大学、北京理工大学、中国农业大学、北京师范大学、南开大学、天津大学、大连理工大学、吉林大学、哈尔滨工业大学、复旦大学、同济大学、上海交通大学、华东师范大学、南京大学、东南大学、浙江大学、中国科学技术大学、厦门大学、山东大学、中国海洋大学、武汉大学、华中科技大学、中南大学、中山大学、华南理工大学、四川大学、重庆大学、电子科技大学、西安交通大学、西北工业大学、兰州大学、东北大学、湖南大学、西北农林科技大学	36 所

本章使用的指标池如表 7.3 所示。

表 7.3　指标池说明

序号	指标池	指标分类
1	教研人员合计	人力资源
2	博士生导师数合计	人力资源
3	杰出人才数合计	人力资源
4	本年度收入总计	财务资源
5	科技经费总计	财务资源
6	教学科研仪器设备金额	财务资源

续表

序号	指标池	指标分类
7	自科、社科重点重大合计	物力资源
8	研究与发展课题总数	物力资源
9	基础研究	物力资源
10	A+学科数	物力资源
11	国家一级重点学科数	物力资源
12	"双一流"建设学科数	物力资源
13	国际级实验室、工程中心、社科基地数	物力资源
14	一级学科博士学位授权点	物力资源
15	研究生教育成果奖数	社会贡献
16	授予博士学位数	社会贡献
17	国家级科技成果奖数	社会贡献
18	立德树人得分情况	社会贡献
19	延期率	社会贡献
20	博士生就业率	社会贡献
21	国家哲学社会科学成果数	社会贡献
22	著作总数	社会贡献
23	服务国家战略得分	社会贡献
24	研究与咨询报告数	社会贡献
25	外国留学生博士毕业生数	社会贡献

从 2014 年研究生招生考试开始，报考研究生不再受年龄限制，同时，硕士生录取类别进行了调整，由之前的四种类别简化调整成了定向与非定向两种。2016 年国家新设定了"退役大学生士兵"专项硕士研究生招生计划，此计划仅面向退役大学生士兵，在全国研究生招生总规模内单列下达。2016 年在职人员攻读硕士学位不再通过全国联考，而是纳入全国硕士研究生统一招生考试。2017 年 8 月教育部印发《2018 年全国硕士研究生招生工作管理规定》，规定已被招生单位接收的推免生，不得再报名参加当年硕士研究生考试招生，否则取消其推免录取资格。同时，全日制招生计划与非全日制招生计划不得相互调整使用。2018 年 8 月教育部印发《2019 年全国硕士研究生招生工作管理规定》，对"退役大学生士兵"专项硕士研究生招生计划招录的加分政策更加明确，明确规定纳入此计划招录的，不再享受退役大学生士兵初试加分政策。此外，对于考生申请调剂的规定细则也变得更加明确。2019 年由于考生人数剧增，部分热门地区报考点考位紧张，晚报名的同学无法选择考点，之后临时新增报考点。2019 年为了防止此情况再次发生，把上年的应届本科生报考点选择由以往的应选择就读学校所在省（区、市）的报考点改为了由就读学校所

在地省级教育招生考试机构指定的报考点，为更多考生提供合适的考点。

从考研规模上看，2016 年全国考研人数 177 万人，2017 年较 2016 年增长 24 万人，达到 201 万人；2018 年较 2017 年增长 37 万人，达到 238 万人；2019 年报考人数达 290 万人；2020 年报考人数突破 300 万人，达到 341 万人；2021 年报考人数高达 377 万人。其中，专业硕士招生比例逐年递增，2011～2016 年，专业硕士的招生比例从 32% 上升至 47%。从"十二五"规划开始，教育部积极发展专业硕士研究生教育，且放宽了招生名额限制，多地在 2017 年专业硕士的报考人数超过了学术硕士的报考人数，北京 2017 年报考专业硕士人数首次超过 50%，达到了 52.2%。随着全国硕士研究生的报考竞争度增加，录取难度整体上升，而数据显示，工科类专业考生录取率更高。从招生来看，2016 年工科招生占比最大，为 36%，其次是管理学，占比 14%。从 2018 年招生信息采集系统的数据上看，2018 年报名较多的专业为金融硕士、会计、工商管理等属管理学学科的专业。

本节以某高校为例分析研究生招生规模变化。此高校工科优势突出，学校学术型一级学科硕士点 30 个、一级学科博士点 28 个，在全国第四轮学科评估中，有 9 个学科入选 A 类学科。2022 年，该高校新增了网络空间安全学院、医学技术学院，同时新增了集成电路科学与工程、马克思主义理论等一级学科博士点。该高校 2020～2021 年招生数据如表 7.4 所示。表 7.4 显示，学硕中 4 个专业的招生人数减少，3 个专业的招生人数增加，而专硕中 6 个专业的招生人数增加，2 个专业的招生人数减少，该趋势和国家对专硕的鼓励政策呈强相关性。

表 7.4　2021 年某高校招生波动较大的专业

专业	2021 年招生计划/人	全日制占比	与上年变化率	类别
马克思主义理论	15	100%	−53%	学硕
会计	10	0	−50%	专硕
生物医学工程	10	100%	−23%	学硕
计算机科学与技术	26	100%	−16%	学硕
仪器科学与技术	16	100%	−11%	学硕
汉语国际教育	8	100%	−11%	专硕
电子科学与技术	35	100%	13%	学硕
材料与化工	54	100%	15%	专硕
工程管理	140	0	17%	专硕
应用统计	13	100%	30%	专硕
心理健康教育	8	100%	33%	专硕
信息与通信工程	31	100%	72%	学硕

续表

专业	2021 年招生计划/人	全日制占比	与上年变化率	类别
能源动力	20	0	100%	专硕
网络空间安全	15	100%	150%	学硕
艺术设计	50	100%	194%	专硕

7.2.2　研究生招生规模具体数据

　　"双一流"高校招生规模增长显著,如表 7.5 所示,某高校从 2018 年开始招生计划数持续上涨,四年间累计增加了 900 人,2021 年招生人数达到 4900 人。同时,其他"双一流"高校也纷纷扩大了研究生招生名额,表 7.6 为 30 所"双一流"建设高校的 2021 年招生计划中扩招的人数统计。数据显示,超过 67%的一流大学建设高校和超过 77%的一流学科建设高校的招生计划都有所增长。

表 7.5　2021 年某高校招生波动较大的专业

年份	某高校招生人数/人	全国招生人数/万人
2015	3000	64.74
2016	3000	66.70
2017	4000	72.22
2018	4000	85.80
2019	4300	91.65
2020	4500	110.66
2021	4900	117.70

表 7.6　30 所"双一流"高校 2021 年扩招人数

学校名称	建设类型	2021 年计划招生数/人	2020 年招生数/人	扩招人数/人
郑州大学	一流大学	约 8100	约 6900	1200
福州大学	一流学科	约 4630	约 3500	1130
海南大学	一流学科	约 4300	约 3200	1100
暨南大学	一流学科	约 4700	约 3600	1100
河南大学	一流学科	约 4500	约 3400	1100
复旦大学	一流大学	约 7500	约 6400	1100
宁波大学	一流学科	约 3200	约 2200	1000

续表

学校名称	建设类型	2021 年计划招生数/人	2020 年招生数/人	扩招人数/人
中山大学	一流大学	约 8000	约 7000	1000
西安交通大学	一流大学	约 6700	约 5700	1000
西南大学	一流学科	约 4800	约 3800	1000
华中农业大学	一流学科	约 3600	约 2630	970
山东大学	一流大学	约 7750	约 6800	950
安徽大学	一流学科	约 3600	约 2800	800
苏州大学	一流学科	约 5320	约 4500	820
中国科学院大学	一流学科	约 9900	约 9100	800
东北林业大学	一流学科	约 2600	约 1900	700
西南交通大学	一流学科	约 5100	约 4380	720
厦门大学	一流大学	约 5700	约 5000	700
中国海洋大学	一流大学	约 4400		
南京理工大学	一流学科	约 4400	约 3700	700
河北工业大学	一流学科	约 2800	约 2200	600
太原理工大学	一流学科	约 3210	约 2600	610
北京师范大学	一流大学	约 4700	约 4100	600
南京邮电大学	一流学科	约 2500	约 1900	600
内蒙古大学	一流学科	约 2700	约 2150	550
中国科学技术大学	一流大学	约 5700	约 5150	550
兰州大学	一流大学	约 5200	约 4680	520
长安大学	一流学科	约 3550	约 3050	500
天津工业大学	一流学科	约 2000	约 1500	500
成都理工大学	一流学科	约 2130	约 1670	460

　　某高校的扩招案例由北京某"双一流"高校的 2015～2021 年的相关数据支持。由于此高校为理工科院校，因此，本节以法学、工学、管理学、教育学、理学五类学科门类为主要分析对象，结合其 2015～2021 年的招生规模、国家政策以及就业薪资等方面进行综合分析，研究并论证研究生资源配置的影响因素。

　　表 7.7 详细展示了 2015～2022 年全国研究生报名人数、增长率、录取人数以及录取率的情况。2015 年，报名人数为 164.9 万人，录取人数为 54.87 万人，录取率为 33.27%。相比前一年，报名人数出现了 4.12% 的下降。2016 年，报名人数增长了 7.34%，达到 177 万人，录取人数为 57.06 万人，录取率为 32.24%。2017 年，报名人数增长了 13.56%，达到 201 万人，录取人数为 58.98 万人，录取率为 29.34%。

2018 年，报名人数增长了 18.41%，达到 238 万人，录取人数为 72.22 万人，录取率为 30.34%。2019 年，报名人数增长了 21.8%，达到 290 万人，录取人数为 76.25 万人，录取率为 26.29%。2020 年，报名人数增长了 17.59%，达到 341 万人，录取人数为 81.13 万人，录取率为 23.79%。2021 年，报名人数增长了 10.56%，达到 377 万人，录取人数为 99.05 万人，录取率为 26.27%。2022 年，报名人数增长了 21.22%，达到 457 万人，录取人数为 105.07 万人，录取率为 22.99%。

表 7.7　2015～2022 年全国招生人数对比[①]

年份	报名人数/万人	增长率	录取人数/万人	录取率
2022	457	21.22%	105.07	22.99%
2021	377	10.56%	99.05	26.27%
2020	341	17.59%	81.13	23.79%
2019	290	21.8%	76.25	26.29%
2018	238	18.41%	72.22	30.34%
2017	201	13.56%	58.98	29.34%
2016	177	7.34%	57.06	32.24%
2015	164.9	–4.12%	54.87	33.27%

2015～2022 年，报名人数持续增长，增长率在 2015 年有所下降，但之后逐年上升，表明越来越多的学生倾向于参加研究生考试；录取人数也在这段时间内持续增长，但增长速度并未与报名人数增长速度完全匹配，表明录取竞争变得更加激烈；录取率从 2015 年的 33.27%下降到 2022 年的 22.99%，表明入学难度在逐年增加。这可能反映了中国高等教育竞争的加剧，以及更多学生寻求攻读研究生的趋势。

如表 7.8 所示，2015～2021 年某高校招生规模有所增加，法学招生人数增长了两倍左右，工学招生人数增长了约一倍，管理学、教育学和理学三类学科虽然没有明显变动，但是数据显示有上升趋势。图 7.1 为 2015～2022 年研究生课程数量趋势图，从 2015～2016 学年研究生院开设了 1600 门课程到 2021～2022 学年开设了 1900 门课程可以看出，研究生资源配置在课程配置方面有所增加。同时，图 7.2 为 2015～2021 年新进教职工人数，从图 7.2 可以看出，七年内新进教职工人数增加了两倍以上。总体来看，研究生教育资源配置逐年增加，原因可能包括研究生报考总人数逐年增加，招聘企业对学历有条件要求，以及国家政策支持人才往更高学历层次就读。图 7.3 为七年内选择继续攻读更高学位的应届毕业生比例，从图 7.3 可以看出，应届本科生选择继续就读更高层次学历的人数占

---

① 历年考研人数统计. https://learning.sohu.com/a/654159324_121124004[2023-03-14].

全体应届毕业生的比例总体呈上升趋势，说明应届生就读研究生的意愿相较之
前更加强烈。

表 7.8　2015～2021 年某高校招生人数对比

学科门类	2015 年	2016 年	2017 年	2018 年	2019 年	2020 年	2021 年	总计/人
法学/人	87	89	261	303	325	355	273	1693
工学/人	1798	1829	1924	1927	2004	3796	4000	17 278
管理学/人	713	678	982	1052	1058	1148	1071	6702
教育学/人	137	55	176	203	170	185	171	1097
理学/人	249	266	280	277	297	350	383	2102
总计/人	2984	2917	3623	3762	3854	5834	5898	28 872

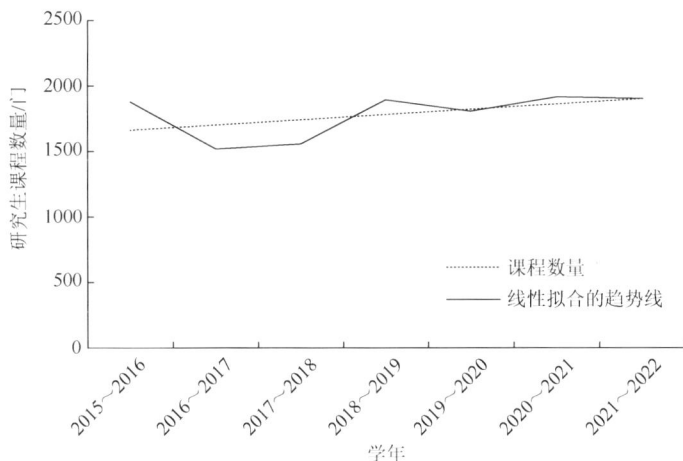

图 7.1　2015～2022 年研究生课程数量

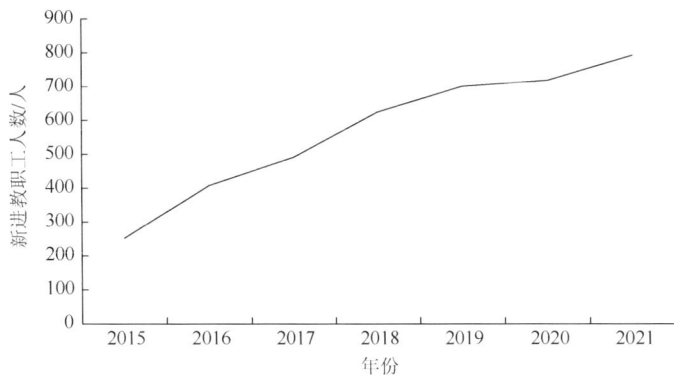

图 7.2　2015～2021 年新进教职工人数

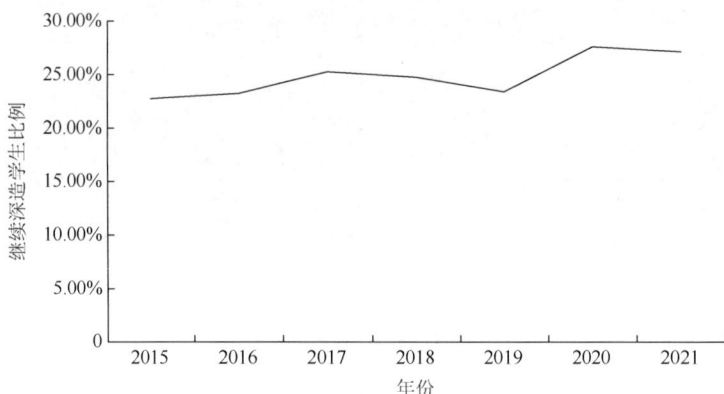

图 7.3　2015～2021 年学生选择继续深造比例

7.3　基于嵌入的研究生招生规模数据预处理

7.3.1　数据归一化

数据进行分析之前首先需要进行数据预处理，包括异常数据的剔除和数据归一化。数据归一化是常用的数据预处理操作，其目的在于将原始数据转化为统一的尺度，使不同单位和数量级的数据能够进行比较和分析。数据归一化的重要性在于：①使不同量纲的特征具有可比性。不同特征的量纲不同，对于一些基于距离的算法［如 KNN（K-nearest neighbor，K 最邻近）算法］，不同量纲的数据之间的距离计算可能会产生偏差，归一化能够减少这种偏差，确保特征之间具有可比性。②避免异常值的影响。若原始数据中存在异常值，则异常值会对模型产生很大的影响，通过归一化可以将数据限制在一定范围内，从而有效缓解原始数据中的异常值对模型性能的影响。③提高模型的收敛速度和准确度。模型训练的过程中，归一化能够将数据分布在一定范围内，避免模型在某些维度上出现过大的偏差，从而提高模型的收敛速度和准确度。

数据归一化处理主要包括数据同趋化处理和无量纲化处理两个方面。数据同趋化处理主要解决不同性质数据的问题，对不同性质的指标直接相加无法正确反映不同作用力的综合结果，必须先考虑改变逆指标数据性质，使所有指标对测评方案的作用力同趋化，再加总才能得出正确结果。数据无量纲化处理主要解决数据的可比较性[①]问题。数据归一化的方法包括"Max-Min"归一化、"Z-score"归一化，以及"MaxAbs"归一化等。

---

① 焦立新，金怀玉. 两段法——县域经济发展要素竞争力评价的新方法. 安徽科技学院学报，2010，24（6）：88-93.

1. "Max-Min" 归一化方法

线性函数归一化（Max-Min）将原始数据进行线性变化，使结果映射到[0, 1]的范围，以实现对原始数据的等比缩放。"Max-Min"归一化方法应用广泛，能较好地保持原有数据分布结构，但其对离群值的存在敏感，不适用于稀疏数据的处理。其计算公式为

$$x' = \frac{x - \min(x)}{\max(x) - \min(x)} \tag{7.1}$$

其中，x 为原始数据；$\max(x)$ 和 $\min(x)$ 分别为原始数据的最大和最小值；x' 为归一化后的数据。

2. "MaxAbs" 归一化方法

"MaxAbs"归一化方法将原始数据进行线性变换，将数据映射到[-1, 1]的范围，在归一化的同时保持原有的数据结构，适用于处理稀疏数据，但其对异常值的存在非常敏感，其计算公式为

$$x' = \frac{x}{\max(|x|)} \tag{7.2}$$

其中，x 为原始数据；$\max(|x|)$ 为原始数据绝对值的最大值；x' 为归一化后的数据。

3. "Z-score" 归一化方法

"Z-score"归一化方法基于原始数据的均值和标准差进行数据的归一化，其适用于原始数据最大值和最小值未知的情况，或原始数据中有超出取值范围的离群数据的情况[①]。经过"Z-score"归一化后的数据符合标准正态分布，其均值为 0，标准差为 1，计算公式为

$$x' = \frac{x - \mu}{\sigma} \tag{7.3}$$

其中，x 为原始数据；μ 为所有原始样本数据的均值；σ 为所有原始样本数据的标准差。

基于本节研究内容，以博士生招生资源数据为例，分析数据归一化对于模型拟合博士生招生资源特征与博士生招生人数的关系的重要性。在博士生招生资源中，高校间科技经费总计、本年度收入总计、教学科研仪器设备金额等指标的数据范围量级在 10^5，而国家级科技成果奖数、研究生教育成果奖数、A+学科数、

---

① 许锋. 人工神经网络与遗传算法相结合的入侵检测模型的研究. 镇江：江苏科技大学，2015.

一级学科博士学位授权点等指标的数据范围量级在10^1，这会导致模型对于高范围量级的数据特征过于敏感，而对低范围量级的数据特征对结果的影响忽略不计，进而影响模型的预测效果。而通过数据归一化，将博士生招生资源数据不同特征的值范围缩放到同一水平，使得每个特征对于损失函数的计算和优化过程的贡献大致相等，从而可以提高模型的稳定性和预测准确性。

4. 小数定标归一化方法

小数定标归一化方法通过移动数据的小数点位置来将数据映射到[-1，1]范围内，使得数据在进行计算时更加稳定。小数定标归一化的优点是简单易用，不需要对数据的分布做出任何假设，适用于各种类型的数据。缺点是当数据集的最大值和最小值变化较大时，可能会导致数据精度丢失。其计算公式为

$$x' = \frac{x}{10^k} \tag{7.4}$$

其中，x为原始数据；k为原始数据中最大绝对值数据的数据位数；x'为归一化后的数据。

5. 非线性归一化方法

非线性归一化方法将数据映射到一个非线性的范围内，以便于后续处理和分析。非线性归一化的主要目的是使得数据在不同的取值范围内有着相同的比例，从而更容易地比较它们的大小和趋势。常见的非线性归一化方法有 sigmoid 函数和 tanh 函数等。sigmoid 函数与 tanh 函数的数学公式见式（7.5）和式（7.6）：

$$\text{sigmoid}(x) = \frac{1}{1 + \exp(-x)} \tag{7.5}$$

$$\tanh(x) = \frac{1 - \exp(-2x)}{1 + \exp(-2x)} \tag{7.6}$$

上述函数都具有非线性的特点，它们可以将数据映射到一个固定的范围内，如[0, 1]或[-1, 1]。在进行非线性归一化时，需要根据实际的数据分布情况选择适当的函数，以便将数据映射到最合适的范围内。

根据指标池收集 36 所高校的相关数据，对数据集的描述如表 7.9 所示。

表 7.9　数据集指标分析

指标名称	平均值	标准差	最小值	25%分位数	50%分位数	75%分位数	最大值
博士生招生人数	1 132.8	558.1	417.0	718.5	930.0	1 523.3	2 529.0
教研人员合计	5 492.0	4 263.7	1 256.0	2 382.3	2 953.5	9 018.8	17 170.0
博士生导师数合计	1 117.6	571.1	367.0	719.8	935.5	1 371.5	2 812.0

续表

指标名称	平均值	标准差	最小值	25%分位数	50%分位数	75%分位数	最大值
杰出人才数合计	24.4	23.2	5.0	13.3	17.0	27.0	113.0
本年度收入总计	1 201 016.3	1 520 365.7	343 045	648 056.5	839 716.8	1 305 027.3	9 544 284.4
科技经费总计	230 436.6	133 469.4	48 781.6	130 080.5	193 789.0	305 868.8	596 778.9
教学科研仪器设备金额	295 028.9	148 175.6	104 691.6	165 733.7	261 307.7	344 358.1	634 037.0
自科、社科重点重大合计	23.8	19.4	1.0	12.0	17.0	27.5	81.0
研究与发展课题总数	5 087.9	2 625.3	1 656.0	3 075.0	4 722.0	6 616.0	12 577.0
基础研究	2 610.1	1 488.7	667.0	1 527.5	2 142.0	3 634.8	6 403.0
A+学科数	3.6	4.9	0	1.0	2.0	4.3	21.0
国家一级重点学科数	5.9	4.6	0	2.8	5.0	8.0	22.0
"双一流"建设学科数	8.4	8.6	1.0	3.0	5.5	11.0	41.0
国际级实验室、工程中心、社科基地数	6.9	5.6	2.0	3.0	5.0	9.3	29.0
一级学科博士学位授权点	32.9	10.8	16.0	26.5	31.0	40.5	59.0
研究生教育成果奖数	0.7	0.8	0	0	0.5	1.0	3.0
授予博士学位数	780.6	433.9	271.0	406.8	693.0	1 053.5	2 007.0
国家级科技成果奖数	4.5	4.5	0	2.0	3.5	6.3	22.0
立德树人得分情况	7.9	0.8	6.0	8.0	8.0	8.0	10.0
延期率	0.7	0.2	0.1	0.6	0.8	0.8	0.9
博士生就业率	1.0	0	0.8	1.0	1.0	1.0	1.0
国家哲学社会科学成果数	0.4	0.9	0	0	0	0	3.0
著作总数	115.3	69.6	16.0	55.5	107.5	165.8	290.0
服务国家战略得分	6.3	1.9	2.0	6.0	6.0	8.0	10.0
研究与咨询报告数	119.4	163.3	0	9.5	57.0	156.3	764.0
外国留学生博士毕业生数	28.0	31.3	3.0	11.5	18.5	28.3	147.0

7.3.2 基于嵌入的数据预处理

在研究生教育资源配置过程中，会面临各种挑战和复杂性。为了更好地理解和解决这些问题，研究人员采用了不同的方法和工具来分析和评估教育资源的多样性，并将其转化为可计算的指标。本书研究基于嵌入的研究生招生规模的变化情况，嵌入是指将高维数据映射到低维空间的过程，包括特征嵌入和输出嵌入。其中，一种常用的方法是对非数值指标进行 one-hot 编码。

研究生教育资源的多样性是指在研究生教育中所涉及的各种资源的广泛性和差异性。这些资源包括但不限于教师、设施、实验室、图书馆、资金等。针对这种多样性，研究人员需要将其转化为可以度量和比较的指标，以便更好地了解资源配置的情况。然而，由于资源的性质和种类各异，仅仅通过数值来表示它们可能不够准确和全面。为了解决这个问题，研究人员采用了 one-hot 编码的方法。在进行 one-hot 编码时，每个指标被表示为一个二进制向量，其中只有一个位是 1，其余位都是 0。这样做的目的是使指标之间的差异更加明显和可比较。假设我们要对教师的学历进行指标化，学历分为本科、硕士和博士三个层次。通过 one-hot 编码，我们可以将本科学历表示为[1, 0, 0]，硕士研究生学历表示为[0, 1, 0]，博士研究生学历表示为[0, 0, 1]。这样一来，我们就可以通过比较这些向量的不同位来评估不同学历的教师在资源配置中的重要性和影响力。

本书根据各个高校的情况以及市场、政策等因素利用机器学习算法预测高校研究生招生规模的分类变化情况。由于招生政策为高维的文字信息，高维向量会严重影响机器学习训练的效率和效果，故需要对国家政策等高维文字信息进行嵌入式数据预处理；同时，由于需要对研究生招生规模变化进行分类预测，故需要对研究生招生规模的变化情况进行嵌入式数据预处理。如表 7.10 所示，本书将政府政策进行评级，根据评级结果，按照嵌入式 one-hot 编码，对政府政策进行评级，评级为控制规模的政策，one-hot 编码结果为 1；评级为积极扩张的政策，one-hot 编码结果为 5；评级为适度扩张的政策，one-hot 编码结果为 3。对于招生规模变化的分类结果，可以有三分类和五分类两种模式，编码过程如表 7.11 所示。表 7.11 中的第一列是"招生规模变化 α"，表示招生规模相对于前一年的变化程度。第二列是"含义"，说明了不同招生规模变化范围对应的含义。第三列和第四列是"嵌入式预处理结果 1"和"嵌入式预处理结果 2"，这些数字代表了对每个招生规模变化范围进行三分类和五分类所对应的预处理结果。根据表 7.11 的描述，我们可以解读每个招生规模变化范围的含义和对应的预处理结果：当招生规模变化 α 小于 –10%时，表示招生规模比上一年降低了 10%以上，对应的预处理结果为 1。当招生规模变化 α 介于 –10%～–1%时，表示招生规模比上一年降低了 1%～10%，其三分类嵌入式

one-hot 编码结果为 1, 五分类嵌入式 one-hot 编码结果为 2。当招生规模变化 α 介于 -1%~1% 时, 表示招生规模与上一年持平, 其三分类和五分类的编码结果分别对应的预处理结果为 2 和 3。当招生规模变化 α 介于 1%~10% 时, 表示招生规模比上一年增加了 1%~10%, 其三分类和五分类的编码结果分别对应的预处理结果为 3 和 4。当招生规模变化 α 大于 10% 时, 表示招生规模比上一年增加了 10% 以上, 其三分类和五分类的编码结果分别对应的预处理结果为 3 和 5。

表 7.10　研究生招生政策嵌入式数据预处理

招生政策	评级	嵌入式预处理结果
1985 年国务院政府工作报告《当前的经济形势和经济体制改革》, 随后发布《中共中央关于教育体制改革的决定》。1986 年国家教委发布《关于改进和加强研究生工作的通知》, 指出"部分学科的招生计划紧密结合四化建设的需要不够; 近两年招生数量发展过快"	控制规模	1
1992 年颁布的《关于学位与研究生教育改革和发展的若干意见》提出,"2000 年在学研究生规模力争比 1992 年翻一番, 其中博士生数量要有更大的发展"。1993 年颁布《中国教育改革和发展纲要》, 提出"努力扩大研究生的培养数量"	积极扩张	5
为了进一步落实科教兴国战略, 加快培养国民经济建设和社会发展急需的高层次专门人才, 2003 年研究生教育招生规模继续保持较快增长。2018 年, 教育部、财政部、国家发展改革委印发《关于高等学校加快"双一流"建设的指导意见》, 指出"适度扩大博士研究生规模, 加快发展博士专业学位研究生教育"	适度扩张	3

表 7.11　招生规模变化情况嵌入式数据预处理

招生规模变化 α	含义	嵌入式预处理结果 1	嵌入式预处理结果 2
$\alpha \leqslant -10\%$	招生规模比上年降低 10% 以上	1	1
$-10\% < \alpha \leqslant -1\%$	招生规模比上年降低 1%~10%		2
$-1\% < \alpha < 1\%$	招生规模和上年持平	2	3
$1\% \leqslant \alpha < 10\%$	招生规模比上年增加 1%~10%	3	4
$\alpha \geqslant 10\%$	招生规模比上年增加 10% 以上		5

7.4　基于蒙特卡罗的柔性指标选择

本节研究基于蒙特卡罗的多任务柔性指标选择, 在研究生教育资源配置过程中，对于不同的资源配置任务会用到不同的指标集，且对于某些特定任务来说，最优指标集中的指标并非固定而是柔性概率分布存在，即对于特定任务，使用该指标的可能性为特定的概率值。

7.4.1　柔性指标选择

柔性指标选择是一种灵活的方法，用于在完成特定任务时选择最优的特征集合。与传统的固定指标不同，柔性指标选择允许通过指标的入选概率进行考量，以更好地适应任务的需求和数据的特点。在传统的固定指标选择中，通常会事先确定一组特定的指标，并将其视为解决问题的唯一标准。然而，在某些情况下，这种刚性的方法可能无法满足任务的复杂性和多样性。因此，柔性指标选择的方法应运而生。柔性指标选择的核心思想是将指标的入选视为一个概率事件，而不是简单的二选一决策。这意味着每个指标都有一定的概率被选入最优特征集合，这样可以更好地反映特征与任务目标之间的关联程度。

在柔性指标选择中，特征的入选概率可以通过多种方式进行估计。一种常见的方法是基于统计学的分析，如使用相关性分析、协方差矩阵、信息增益等方法来评估每个特征与任务目标之间的相关性和重要性。这样可以为每个特征分配一个相对权重，从而确定其入选概率。此外，机器学习算法也可以用于柔性指标选择。通过训练模型并使用特征选择算法（如 L1 正则化、基于树的特征重要性等），可以评估特征的重要性，并为其赋予相应的入选概率。这样可以基于数据的学习来决定最优特征集合，从而提高任务的效果和性能。柔性指标选择的一个优点是能够充分利用数据的信息，而不是仅仅依赖先验的假设。它可以根据数据的特点和任务的需求，动态地调整指标的入选概率，以适应不同的情况和问题。另一个优势是柔性指标选择具有较强的鲁棒性和适应性。当面对复杂和多变的任务时，固定的指标集合可能无法充分考虑任务的细微变化和特征的动态性。而柔性指标选择允许根据具体情况对特征的入选概率进行调整，从而更好地适应任务的变化和需求的变动。

然而，柔性指标选择也存在一些挑战和考虑因素。首先，确定入选概率需要基于合理的依据和合适的分析方法。特征之间的相关性、特征与任务目标的关联程度等因素需要仔细考虑和评估。其次，柔性指标选择依赖充足的数据和可靠的特征提取方法。缺乏数据或不准确的特征可能导致入选概率的不准确性和不可靠性。

7.4.2　基于蒙特卡罗的柔性指标选择方法

本节基于蒙特卡罗算法从构建的指标池中进行指标选择，算法的思想是利用蒙特卡罗树从多个指标中迭代选择最优指标集并确定指标入选的概率。

定义模型训练的 Loss_i 为第 i 所高校模型拟合结果和实际结果的差值的平方，定义 Loss 为 n 所高校拟合结果和实际结果的差值平方的平均值的平方根，在本实验中 n 的值为 36。

$$\text{Loss} = \sqrt{\frac{\sum_{i=1}^{n} \text{Loss}_i}{n}} \tag{7.7}$$

本算法进行指标选择的步骤如下。

（1）首先对所有的指标单独计算 Loss 评价指标的有效性。

（2）选择 Loss 最小的指标加入最优指标集。

（3）遍历未加入最优指标集的指标，依次从未加入最优指标集的指标中选择一个指标和当前最优指标集组成待评估指标集，进行模拟并计算所有待评估指标集的 Loss 值。

（4）选择最小 Loss 值的待评估指标集，并将该待评估指标集对应的新增指标加入最优指标集。

（5）持续迭代步骤（3）和步骤（4），直到 Loss 值不再下降，此时得到的最优指标集即为最终的最优的指标集。

（6）选择 Loss 值最低的 10 个最优指标集，并按照指标出现的次数计算各个指标入选的概率，并将指标的概率从高到低依次排列得到指标的柔性入选概率。

7.4.3　实验结果及分析

本节实验采用 Python 编程语言实现，版本号为 3.8，编译环境为 PyCharm。在进行多次迭代拟合后，选出的对博士生招生人数影响最大的 4 个指标为授予博士学位数、国家一级重点学科数、一级学科博士学位授权点、教学科研仪器设备金额，如表 7.12 所示，当最优指标集加入该 4 个特征时，LOSS 的下降最为明显。

表 7.12　影响博士生招生重要指标

序号	指标名称	Loss
1	授予博士学位数	168.2
2	国家一级重点学科数	120.8
3	一级学科博士学位授权点	102.1
4	教学科研仪器设备金额	87.3

经过多次迭代，实验结果如图 7.4 所示，实验最终选出了和博士生招生人数强相关的 13 个指标。在最优特征集选出前 4 个指标时，Loss 下降明显，当指标数大于 13 时，Loss 变化不再明显。

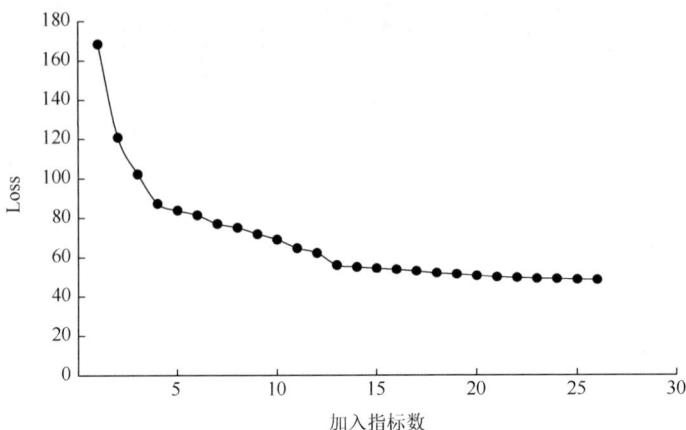

图 7.4　Loss 随加入指标数的变化趋势

最终选出的 13 个指标及对应的概率如表 7.13 所示。

表 7.13　选定指标集

指标序号	指标名称	柔性概率
1	授予博士学位数	100%
2	国家一级重点学科数	100%
3	一级学科博士学位授权点	100%
4	教学科研仪器设备金额	90%
5	立德树人得分情况	90%
6	国际级实验室、工程中心、社科基地数	90%
7	国家哲学社会科学成果数	80%
8	基础研究	80%
9	服务国家战略得分	80%
10	本年度收入总计	80%
11	著作总数	80%
12	博士生导师数合计	80%
13	科技经费总计	80%

7.5　基于域变换的研究生招生规模变化预测与分析

7.5.1　基于域变换的研究生招生规模变化预测与分析方法

本节的分析将从两个方面展开。首先，本节以 36 所"双一流"高校 2017 年的基础数据为基础，利用回归分析的方法来预测博士生的招生规模；其次，本节将以某高校的历年数据为例，使用分类分析的方式来预测研究生招生规模的变化情况。通过这两个方面的分析，我们将探讨影响研究生招生规模的因素。我们将收集 36 所"双一流"高校 2017 年的基础数据并利用回归方式预测博士生的招生规模，包括学校的历史招生规模、师资力量、科研实力等相关指标。通过建立一个回归模型，我们可以利用这些指标来预测博士生的招生规模。回归分析可以帮助我们了解不同指标与博士生招生规模之间的关系，并根据历史数据来预测未来的趋势。

在第二个方面的分析中，我们将选择某个具体的高校作为案例，利用该校的历年数据来预测研究生招生规模的变化情况。我们将收集该校过去几年的招生数据，包括每年的招生人数、专业设置情况、申请人的背景信息等。通过将这些数据应用于分类分析模型，我们可以评估各种因素对研究生招生规模变化的影响，并预测未来的招生趋势。分类分析可以帮助我们理解各种因素对招生规模的影响程度，并据此进行合理的预测和决策。

在进行这些分析时，我们将考虑一系列可能影响研究生招生规模的因素。这些因素可能包括学校的声誉、专业的热门程度、政策变化、经济因素等。我们将通过对数据的探索和建模，识别出对招生规模具有显著影响的因素，并据此进行预测和分析。上述模型能够帮助我们更好地理解研究生招生规模的变化趋势以及影响因素。这样的分析可以为高校招生部门和相关决策者提供有益的参考和决策依据。同时，这些分析方法也可以在其他类似的研究生教育资源配置问题中得到应用。

在机器学习算法中，分类任务是将输入数据划分为不同的类别或标签。在传统的分类方法中，我们通常会得到一个确定性的分类结果，即将每个样本分配到一个明确的类别中。然而，在某些情况下，仅仅给出确定性的分类结果可能无法完全反映预测的不确定性和可信度。为了更全面地评估预测结果的可靠性和不确定性，我们采用了柔性评价的方式。柔性评价不仅可以给出样本所属分类的结果，还可以提供该结果属于特定分类的概率或置信度。这种方式允许我们对预测结果进行更灵活的评估和解释。柔性评价的主要优势是能够提供更全面的信息。通过给出分类结果的概率或置信度，我们可以了解每个类别的相对可能性。例如，对于一个样本，机器学习算法可以预测其属于类别 A 的概率为 0.7，属于类别 B 的概率为 0.3。这样的柔性评价使我们能够对预测结果的准确性和可信度有更深入的了解。柔性评价的另一个优势是能够更好地应对不确定性和噪声。在现实世界的数据中，样本可能存在不确定性和噪声，导致模型的预测结果不确定或含有一定的误差。通过采用柔性评价的方式，我们可以更好地处理这些不确定性，并将其纳入预测结果的考量中。柔性评价的实现通常涉及概率模型或置信度度量的计算。在一些机器学习算法中，如朴素贝叶斯分类器或逻辑回归，我们可以直接得到样本属于各个类别的概率。在其他算法中，如支持向量机或神经网络，我们可以通过后处理技术，如软最大化（softmax）函数或置信度校准方法，来估计分类结果的概率或置信度。

7.5.2 实验结果及分析

根据选定的 13 个指标集对 36 所"双一流"院校进行博士生招生人数测算，测算结果如表 7.14 所示。

表 7.14　2017 年博士生招生人数预测值与实际值

单位代码	单位名称	博士生招生数/人	博士生招生数预测结果/人
10001	北京大学	2529	2496
10003	清华大学	2433	2431
10006	北京航空航天大学	893	902
10007	北京理工大学	806	753
10019	中国农业大学	829	840
10027	北京师范大学	824	823
10055	南开大学	928	954
10056	天津大学	932	882
10141	大连理工大学	753	698
10145	东北大学	599	534
10183	吉林大学	1659	1689
10213	哈尔滨工业大学	1299	1347
10246	复旦大学	1706	1780
10247	同济大学	996	1027
10248	上海交通大学	1753	1790
10269	华东师范大学	683	674
10284	南京大学	1341	1337
10286	东南大学	783	885
10335	浙江大学	2256	2262
10358	中国科学技术大学	1643	1510
10384	厦门大学	833	767

续表

单位代码	单位名称	博士生招生数/人	博士生招生数预测结果/人
10422	山东大学	1005	1018
10423	中国海洋大学	417	533
10486	武汉大学	1691	1678
10487	华中科技大学	1522	1596
10532	湖南大学	586	650
10533	中南大学	1208	1179
10558	中山大学	1467	1438
10561	华南理工大学	705	737
10610	四川大学	1527	1439
10611	重庆大学	662	724
10614	电子科技大学	438	414
10698	西安交通大学	1299	1237
10699	西北工业大学	723	788
10712	西北农林科技大学	485	390
10730	兰州大学	569	568

模型预测北京大学 2017 年博士生招生 2496 人，实际招生 2529 人，预测清华大学 2017 年博士生招生 2431 人，实际招生 2433 人。实验结果表明，选择的指标能够较好地预测博士生招生人数。图 7.5 更直观地显示了博士生招生预测人数与实际招生人数的对比情况。

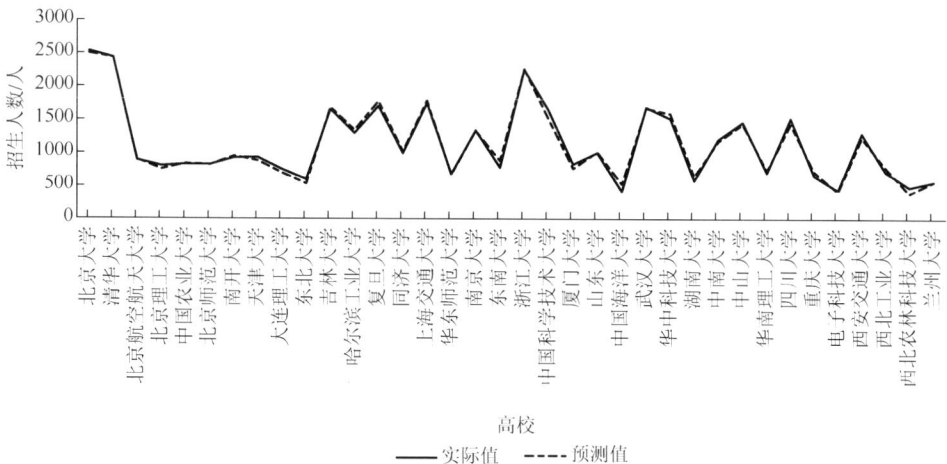

图 7.5 博士生招生预测人数与实际招生人数

　　表 7.15 展示了某高校研究生招生规模的历年变化情况，其中分类预测类别释义如表 7.11 所示。在表 7.15 中，第一列表示年份，第二列表示某高校实际的研究生招生规模和上年相比的变化情况，第三列表示利用分类算法预测的招生规模变化所属的对应分类，第四列表示预测该年招生规模变化所属对应类别的柔性概率。实验证明本模型可以较好地预测高校研究生招生规模的变化情况。

表 7.15　某高校研究生招生规模变化预测结果

年份	招生规模实际变化情况 α	五分类预测变化情况	柔性概率
2012	$-10\% < \alpha \leqslant -1\%$	2	78%
2013	$\alpha \geqslant 10\%$	5	81%
2014	$\alpha \leqslant -10\%$	1	84%
2015	$1\% \leqslant \alpha < 10\%$	4	85%
2016	$\alpha \leqslant -10\%$	1	80%
2017	$\alpha \geqslant 10\%$	5	86%

7.6　本　章　小　结

　　本章研究了研究生招生指标，通过实证分析的方式，揭示了研究生总体招生规模的变化情况；在分析过程中借鉴了域变换理论，并将其应用于研究生招生规模和资源配置的分析中；通过对相关数据的分析，证实了研究生招生规模与资源配置之间的联系。随后，本章以"双一流"高校中的博士生招生人数为研究对象。首先确定了一个全面的指标集合，包括了影响博士生招生人数的各种因素，并从这个指标集合中利用蒙特卡罗思想选择重要的指标，进行定量计算。通过这种方式，本章构建了一个预测博士生招生人数的模型和一个预测研究生招生规模变化的模型。模型综合考虑了各种影响因素以提高预测的准确性。经过实验证明，该模型在预测博士生招生人数和研究生招生规模变化上取得了较好的准确率。本章的研究为理解和预测研究生招生规模提供了新的理论和实践工具，有助于高校和政府部门做出更科学、更合理的决策。

第8章 总结与展望

8.1 本书小结

随着互联网时代的到来，信息技术快速发展，一方面，政府、市场、学校、师生等各方参与者都能参与到资源配置的过程中；另一方面，互联网技术也为信息快速、便捷地传递带来了可能，研究生教育资源配置效率得到了极大的提升。本书聚焦于"互联网+"时代我国研究生教育资源配置发展的现状，发现目前我国研究生教育资源配置面临空间区域性差异过大、层次结构布局不合理、研究生资源利用率不高、资源配置不均匀、传统资源配置理论不能满足"互联网+"时代资源配置需要等的挑战。为了有效地结合资源管理的优势，更合理地分配资源，提升资源配置的效能，在分析了现有资源配置理论的不足后，本书提出了一种全新的资源配置域变换理论。

本书通过分析"互联网+"时代研究生教育资源配置的配置目的、相关主体、配置机制和发展策略，为研究生教育资源配置模型提供理论依据，并进一步研究了"互联网+"时代研究生教育资源的域嵌入，对研究生教育资源配置领域中的多种类型的数据进行数字化表示，为研究生教育资源配置模型提供数据。本书采用图的数据结构构建了研究生教育资源配置模型，提出了静态条件下、主体变化条件下的主体教育资源相似性度量方法，并且研究了研究生教育资源配置面临的约束条件，讨论了基于域变换理论的研究生教育资源配置模型。

最后，为解决传统研究生教育资源配置存在的评价指标体系来源单一、结构简单、调整慢和缺乏反馈等问题，明确了"互联网+"时代研究生教育资源配置评价指标池，并针对目前研究生教育资源配置普遍采用的层次分析法等静态分析法带来的指标权重确立缺乏科学依据、无法适应"互联网+"时代数据时效性及动态性等问题，提出一种全新的研究生教育资源配置柔性评价方法。通过"双一流"高校博士生招生的实证研究，给出了"互联网+"时代研究生教育资源配置的实现方式。

8.2 未来展望

据《全国教育经费执行情况统计公告》统计，2016～2020 年全国教育经费总投入分别为 3.89 万亿元、4.26 万亿元、4.61 万亿元、5.02 万亿元和 5.3 万亿元，其中高等教育投入占比超过四分之一，2020 年全国高等教育经费总投入达到了 1.4 万亿元。随着政府高等教育经费投入的日益增加，近几年财政经费占比呈现出逐年上升的趋势，这说明我国高度重视高等教育事业。

党的二十大报告第一次单独成章把教育、科技、人才三者放在一起，一体部署，意义深远。报告指出："教育、科技、人才是全面建设社会主义现代化国家的基础性、战略性支撑。""我们要坚持教育优先发展、科技自立自强、人才引领驱动，加快建设教育强国、科技强国、人才强国，坚持为党育人、为国育才，全面提高人才自主培养质量，着力造就拔尖创新人才，聚天下英才而用之。"[①]这突出了科教兴国战略在社会主义现代化建设全局中的重要地位，强调了教育、科技、人才在全面建设社会主义现代化国家中的基础性、战略性支撑作用。科技进步依靠人才，人才依靠教育。科技是关键，人才是根本，教育是基础。研究生教育作为我国最高层次的国民高等教育，承担着培养高端拔尖创新人才的重任，肩负着创新发展的重要使命，是国家发展、社会进步的重要基石。

高校作为高等教育服务活动的具体实施者，对研究生教育资源的配置主要体现在两个方面，一方面是作为一个整体，依靠自身学术力量、科研水平、社会声誉等要素对外争取资源；另一方面是将资源对内分配到不同的院系、学科专业、教师、学生、管理部门和管理人员之间。因此，高校在研究生教育资源配置过程中不只是一个消极被动的资源接受者，更是一个具有一定自主权，能够积极主动地参与资源配置的主体。近年来，我国科研经费的规模和总数不断增加，根据艾瑞深中国校友会网发布的 2019 年中国大学科研经费排名 100 强数据，排名第一的清华大学接近 154 亿元，从经费排名上可以看出，经费前 30 名的高校都为"985 工程"大学，为中国最好的一批高校，排名前 49 名的高校均在 2022 年教育部公布的第二轮全国"双一流"大学名单里。这些高校在办学规模上超越了大部分的高校，学校的经费也处于全国的前列，高校的科研经费与其综合实力成正比。一方面，研究实力来自科研经费的投入，同时科研经费也是评价一所学校的研究实力以及能否创建世界一流大学的标准之一；另一方面，政府在财政方面更倾向于向综合实力高、科研能力强的高校倾斜。

传统教学模式下，研究生教育资源中的财力资源和物力资源的不平衡，会导致人力资源的不平衡，而人力资源的不平衡又反过来影响了财力资源和物力资源的再分配。长此以往，便形成了"马太效应"。随着信息技术的发展，互联网信息共享性和传递信息高效性的独特优势，为解决研究生教育资源不平衡问题提供

---

① 习近平：高举中国特色社会主义伟大旗帜 为全面建设社会主义现代化国家而团结奋斗——在中国共产党第二十次全国代表大会上的报告. http://www.gov.cn/xinwen/2022-10/25/content_5721685.htm[2022-10-25].

了可能。借助互联网优势，优势教育资源得以高效地传播，降低了学习者学习的经济和时间成本，同时师生可以跨越时间和空间的限制进行交流，也进一步缓解了研究生教育资源中人力资源不均衡的问题。"互联网+"是解决我国研究生教育资源配置中存在的资源分配不均衡、配置效率不高、资源使用效率低下等问题的有效方式。

在此基础上，政府通过使用法律手段、行政手段、经济手段、信息公开等方式对研究生教育进行调控，通过宏观调控合理配置研究生教育资源以实现教育公平、劳动力供需平衡、人才可持续发展，确保研究生教育在实现资源优化配置的同时，为社会培养国家需要的高层次人才，形成满足社会经济发展对高层次人才的需求、研究生教育规模扩张、良性循环的发展模式。同时，鼓励优质高校与地方政府、企业合作，共建研究生培养基地，共享优质教育资源。深化人才培养改革，服务国家、地方发展需要，为研究生培养提供优质的资源和多样化的成长平台。而高校在提高教育质量，增强科研实力的基础上，也要及时对接市场。作为就业市场的重要一端，高等院校的专业设置和调整如何适应经济社会发展，成了一道既有前瞻性，又有现实性的考题。高校应当仔细对准市场对人才的需求，瞄准科技前沿和关键领域，推进学科专业调整，优化学科专业结构，加快人才供给侧结构性改革，让毕业生"适销对路"。作为人才的供给方，高校要以高水平专业建设实现高水平人才培养，以高水平人才培养助推经济与社会转型发展，要答好培养模式适应市场需要的考题。

总之，"互联网+"时代可在一定程度上缓解由研究生教育资源分布不均所带来的矛盾和压力，实现研究生教育资源共享，推动研究生育资源均衡配置，使优质教育资源可以得到最充分的利用，促进研究生教育的起点公平、过程公平和结果公平，推进我国研究生教育健康发展。

后　记

　　完成这本关于研究生教育资源配置的学术专著，对我们而言是一段充满挑战和成就感的旅程。本书的完成离不开众多人的支持和协助，在此我们要向所有给予帮助和鼓励的人表示由衷的感谢。

　　在现代社会，高等教育的重要性越发凸显，研究生教育则作为培养创新型人才的关键环节，承担着巨大的使命和责任。然而，在资源有限、需求多样的背景下，如何合理配置研究生教育资源，一直是一个复杂而又具有挑战性的课题。在这个学术专著中，我们提出了域变换理论，探讨了资源配置的影响因素和模式，构建了资源配置模型和评价指标体系，并通过实证研究验证了理论的可行性。在此，我们就这本书的主要内容和研究成果进行一个简要总结。

　　域变换理论是本书的核心思想，它强调了不同领域之间的转化和交叉，试图在研究生教育资源配置中实现不同知识领域的有机连接。古代智慧中的"天人合一""兼爱非攻"等思想，都与域变换理论的内涵相呼应。这种融合不仅为我们提供了新的思考角度，也为资源配置问题的解决带来了更广阔的可能性。

　　在撰写本书的过程中，我们深切感受到了学术研究的辛苦和乐趣。每一次的思考、探索和写作，都是我们不断进步的动力。古代智慧为我们提供了宝贵的启示，指引我们在当代社会中解决实际问题。同时，现代资源配置理论和方法也为我们提供了强有力的工具，使我们能够更科学地进行研究和分析。

　　写作过程中，与我们合作的各位老师做了大量的资料搜集、整理和创作。各章的主要分工如下：第1章和第2章由李侃撰写，第5章和第6章由李侃、屈少杰撰写，第7章和第8章由屈少杰撰写，第4章由屈少杰、赵子祎撰写，第3章由屈少杰、张雨薇撰写，最后由我们对全书进行了修改和定稿。

　　回顾这段研究历程，我们深感收获颇丰。然而，也要承认本书还存在一些局限性，需要在今后的研究中不断完善和发展。资源配置问题是一个复杂而又持续变化的课题，我们还需要进一步深化对于影响因素和模式的理解，探索更加完善的研究生教育资源配置模型。